Hamburg literarisch

Nicht irgendwo und irgendwie zu sein,
sondern nur hier

Hamburg literarisch

Herausgegeben von Werner Irro

Ellert & Richter Verlag

Inhalt

Der Puls
der großen Stadt
Vorwort

Es ist ein denkwürdiger Befund, den der Hamburg-Kenner Gerhard Mauz der Stadt ausstellt: »Hamburg will nicht erkannt werden. Hamburg wünscht, ungreifbar zu bleiben.« Der Journalist und Gerichtsreporter hat der Stadt und ihren Bewohnern tief in die Seele geblickt und entdeckt dabei viel Wunsch nach Distanz: »Der Hamburger existiert, so wenig Existenz wie möglich zeigend. Bekundungen jedweder Art würden ein Licht auf seine Existenz werfen und sind darum unerwünscht.«

Nicht gesehen zu werden, ungreifbar zu bleiben, kann sich nur eine Stadt wünschen, die sich auf der sicheren Seite des Erfolgs weiß und es nicht nötig hat, für sich zu werben. Für Schriftstellerinnen und Schriftsteller bedeutet eine solche Ausgangslage die größtmögliche Herausforderung. Ihr wichtigster Impuls ist es, genau hinzusehen und das Besondere, Individuelle herauszulösen aus dem großen allgemeinen Bild. Autoren schreiben nicht über eine Stadt; sie schreiben über die Menschen in ihr, zeigen sie uns mit allen Höhen und Tiefen, die ein Leben ausmachen.

Nicht weniger nimmt sich diese Sammlung von literarischen Hamburg-Texten vor: indiskret zu sein und hinter die Fassaden zu blicken, die Hamburg, diese freie, strahlende, windige Stadt am Wasser ihren Bewohnerinnen und Besuchern hinhält. Könnte es nicht sein, dass dabei ein neues Bild entsteht, das mit der üblichen Postkartenansicht nicht deckungsgleich ist, ein Bild, das die Stadt aber keineswegs uninteressanter macht?

Die Beiträge wurden nach zwei Gesichtspunkten ausgewählt. Die Texte zeigen den Alltag in der Stadt, die Autoren folgen den Figuren in ihre Milieus, beleuchten ihre Lebensumstände, zeichnen ihre Freuden, Sorgen und Herausforderungen nach. Zugleich erstreckt sich die Auswahl über einen Zeitraum von über zweihundert Jahren, von 1790 bis heute. Die Texte sind chronologisch geordnet, markante Jahreszahlen und Ereignisse geben den Erzähltakt vor, für das 19. Jahrhundert etwa die Besetzung durch die Franzosen, der Große Brand, Cholera, die Auswanderungswellen. In den Romanauszügen und Berichten finden somit die großen, die Stadtgeschichte prägenden, genauso aber auch stille, so nur von Schriftstellern gesehene Begebenheiten ihren Widerhall. Ein ungewohnter Blick auf Hamburg, wie ihn nur die Literatur zeigen kann.

In den beiden frühesten Berichten erleben wir Hamburg im ausgehenden 18. Jahrhundert als weltoffenen, anregenden, äußerst geschäftigen Ort. Die Französische Revolution hat neue Werte auf die politische Agenda gesetzt, die keineswegs überall Anklang finden, auch hier nicht. Mit Georg Heinrich Sieveking sehen wir das Beispiel eines Hamburger Kaufmanns, erfolgreich in seinem Geschäft, politisch ausgesprochen fortschrittlich, kommunal engagiert. Der Reisebericht von Karl August Böttiger fängt die Faszination ein, die zum einen von diesem Mann ausging, ebenso jedoch von dem geistigen Leben in der Stadt: Hamburg – ein Anziehungspunkt für Literaten und Geschäftsreisende und Umschlagplatz für Nachrichten. Aber auch die sozialen Einrichtungen, gerade für ärmere Bevölkerungsschichten, werden gezeigt. Die Berichte bleiben, ganz der Zeit entsprechend, eng in der Perspektive des gebildeten, wohlhabenden Bürgertums.

Hundert Jahre später beschreiben zwei Autoren die Stadt gleichsam von unten. Ilse Frapan blickt auf eine unscheinbare, ruhmlose, bescheidene Existenz: einer von hunderttausend anonymen Menschen, die das Uhrwerk der Stadt am Laufen halten. Anklagend und laut dagegen Jakob Loewenbergs Blick in das Gängeviertel. Auch das ist Hamburg.

Eine Stadt der politischen Gegensätze begegnet uns in den Jahren unmittelbar vor und nach dem Ersten Weltkrieg. Zwischen dem Jubel für den Kaiser, den der kleine Junge Arie Goral 1913 erlebt, und dem tatkräftigen Aufbruch einer jungen Generation von Frauen in eine »neue Zeit«, wie sie Carmen Korn für 1919 beschreibt, liegt ein Krieg, der nur Beschädigte und Wunden zurückgelassen hat. Gleich darauf zwei Parallelwelten: die zur Revolte bereiten Arbeiter 1923, denen Larissa Reissner ein Denkmal setzt, und das nicht gegensätzlicher zu denkende bürgerliche Milieu eines Jungen in Joachim Maass' Roman »Die unwiederbringliche Zeit«.

Darum geht es: Jedes der vierundzwanzig Kapitel zeichnet ein ganz eigenes Bild von Hamburg. Doch bei aller Unterschiedlichkeit der Beiträge – der sehr häufig wiederkehrende Refrain lautet: Hamburg, Stadt der Kaufleute und des Handels. So naheliegend es erscheint, welch großen Raum die wirtschaftliche Prägung der Stadt einnimmt, überrascht es doch, wie präsent dies bis in die unmittelbare Gegenwart hinein ist. Es ist nicht so, dass die Autorinnen und Autoren vor allem über das Wirtschaftsleben schrieben; als Begleitton, leise, beiläufig, setzt es sich aber im Ohr fest und will nicht wieder verschwinden.

Erstaunlich auch dies: Gar nicht wenige der Autoren stammen aus Hamburger Kaufmannsfamilien und übten sogar selbst zeitweise entsprechende Tätigkeiten aus. Marianne Prell und Elise Averdieck, die sich als Pädagoginnen so erfolgreich für Kinder und Jugendliche, für Kranke einsetzten, kamen beide aus Familien, die mit Warenhandel wohlhabend geworden waren.

Der Puls der Stadt – also doch vorgegeben von Handelshäusern, Export-Import-Maklern, Kaufleuten, wo alles seinen diskreten hanseatischen Gang geht? Die Kontore haben gepolsterte Türen, nichts dringt nach außen. Man hat hier einfach Erfolg, ohne darüber zu sprechen. Und die ihn nicht haben, suchen sich stillschweigend ein anderes Auskommen.

Daran schließt sich eine weitere überraschende Beobachtung an: Das Thema Großstadt hat kaum Spuren hinterlassen in den Romanen, die hier spielen. Von der Stadt mit ihrer bunten Menschenansammlung aus echten Hamburgern, Zugezogenen, Reisenden, den so unterschiedlichen Stadtteilen, dem unruhigen Millionenstadtgetriebe, ja selbst vom grellen, lauten Hotspot Hafen mit St. Pauli geht offenbar kein Impuls aus, sich damit literarisch auseinanderzusetzen, Spannungen nachzugehen, Kontraste zuzuspitzen, starke Gefühle zu zeigen.

Allein ein Text unternimmt den Versuch, Hamburg als große, wilde Stadt zu zeigen. Das Raue, Unangepasste wird vor allem auf der inhaltlichen Ebene dargestellt. Nicht zufällig bedient sich der Text eines Genres, in dem sich Autorinnen und Autoren besonders große Freiheiten des Erzählens herausnehmen. In ihrem Debütroman »Revolverherz« hat Simone Buchholz vor vierzehn Jahren eine originelle Heldin ersonnen, eine Staatsanwältin, die das genaue Gegenteil dessen verkörpert, was man erwartet. Ein knalliger Kriminalroman, der unmittelbar und direkt auf das antwortet, was Hamburg eben auch ist, Szenestadt, Schmuddelstadt, Fußballstadt, Hafenstadt und so vieles mehr.

Klassengegensätze, Industrialisierung, eine aufrührerische Arbeiterschaft, soziale Spannungen haben dagegen kaum literarische Spuren hinterlassen. Fehlanzeige auch da, wo man erwarten könnte, die schillernden Seiten einer modernen europäischen Metropole dargestellt zu sehen. All das findet wenig Niederschlag in der Literatur. Schriftstellerinnen und Schriftsteller, die in Hamburg leben oder hier ihre Romane spielen lassen, gehen anderen

Erfahrungen nach. Eher gering sind die Ausschläge auf der sozialen Gefühlsskala, der Puls bleibt ruhig.

Hamburg hat keinen Döblin hervorgebracht wie Berlin, keinen Dos Passos wie New York. Hamburg hat Wolfgang Borchert, dessen literarische Form der große Roman nicht sein konnte, Krieg und Krankheit ließen es nicht zu. Seine Texte über Hamburg lassen sich allerdings auffallend genau wie die Stichworte lesen, die auszuschreiben wären, sie legen die Fährten, denen nachzugehen wäre. »Hamburg! Das ist mehr als ein Haufen Steine, Dächer, Fenster, Tapeten, Betten, Straßen, Brücken und Laternen. Das ist mehr als Fabrikschornsteine und Autogehupe – mehr als Möwengelächter, Straßenbahnschrei und das Donnern der Eisenbahnen – das ist mehr als Schiffssirenen, kreischende Kräne, Flüche und Tanzmusik – oh, das ist unendlich viel mehr.« Und er fährt fort, leidenschaftlich, bewegt: »Das ist unser Wille zu sein. Nicht irgendwo und irgendwie zu sein, sondern hier und nur hier zwischen Alsterbach und Elbestrom zu sein (...).« Borchert war die Zeit nicht gegeben, weiterzuschreiben, ihm blieb nur das Bekenntnis, der Schrei. Ein unvollendetes Erbe.

Der Puls der Stadt – ist er so ruhig, wie es Teile der Hamburg-Literatur vorgeben? Das spräche ja in keinem Fall gegen die einzelnen Romane, die Anthologie versammelt zahlreiche Glanzstücke. Das Brodeln findet im Innenleben der Figuren statt, vor allem die in der Gegenwart spielenden Romane führen das vor. Sei es die junge Frau bei Karen Duve, die sich nicht festlegen und festsetzen kann, wofür ein Taxi das perfekte Bild abgibt; sei es die Mutter und Musikerin bei Dörte Hansen, die damit hadert, beiden Verpflichtungen nicht in gleichem Maße gerecht werden zu können, oder seien es die Jugendlichen bei Tina Uebel, die ihren Ort zwischen Schule, Elternhaus und Freunden noch nicht gefunden haben. Nicht irgendwo und irgendwie zu sein, sondern den eigenen Ort zu finden, wird für sie alle zu einer grundsätzlichen Herausforderung. Eine in sich ruhende Stadt wie die Hansestadt könnte dafür einen besonders guten Rahmen abgeben.

Hamburg will nicht erkannt werden? Höchste Zeit, den Vorhang wegzuziehen und nachzuschauen, wer und was sich da offenbar so gern entzieht. Literatur legt nicht fest, sie legt offen. Autorinnen und Autoren produzieren konkrete Bilder, erzählen wirklichkeitsnahe Geschichten. Ein erster Schritt.

Werner Irro

Georg Heinrich Sieveking (1790)

Georg Heinrich Sieveking verkörperte so etwas wie das Ideal des weltläufigen Kaufmanns in Hamburg im ausgehenden 18. Jahrhundert. 1751 in Hamburg geboren, begann er als Fünfzehnjähriger eine Lehre im Handelshaus von Senator Caspar Voght, 1793 übernahm er als Alleininhaber die Geschäfte. Es bestanden Handelsverbindungen von Russland bis Nordamerika, von Indien bis Afrika, daneben galt sein besonderes Interesse Frankreich, dem damals wichtigsten Handelspartner Hamburgs. Angeregt von Schriftstellern wie Lessing und Klopstock begrüßte er die Französische Revolution als Wegbereiter für die Ideale der Aufklärung, für Freiheit, Selbstbestimmung, Menschenrechte. Vielseitig interessiert engagierte er sich in Hamburger Vereinen zur Beförderung der Künste und der Literatur, etwa in der Patriotischen Gesellschaft von 1765, einer von Hamburger Bürgern getragenen zivilgesellschaftlichen Organisation, die sich um die Gründung und den Unterhalt von gemeinnützigen kommunalen Einrichtungen verdient machte.

Die geschäftlichen und städtischen Aktivitäten Sievekings fanden ihre direkte Begleitung in dem offenen Haus, das Sieveking mit seiner Frau Johanna Margaretha, genannt Hannchen, in Neumühlen führte. Viele gutsituierte Familien erwarben damals Gartenhäuser für das Wochenende, vor der Stadt gelegen, gern mit Blick auf die Elbe. Der Landsitz, den Sieveking zusammen mit Freunden erwarb, wurde zu einem weit über die Hansestadt hinaus bekannten gesellschaftlichen Ort, wo man sich traf und neue Kontakte knüpfte. Jeden Sonntag lud das Ehepaar zu einem großen Gastmahl ein; Geschäftspartner, Schriftsteller und Reisende, die sich gerade in der Stadt aufhielten, nahmen daran teil.

Georg Heinrich Sieveking starb 1799 früh, zwei Söhne setzten sein politisches Wirken fort. Der Urenkel des Kaufmanns, selbst Wirtschaftshistoriker, verfasste 1913 ein umfangreiches Lebensbild seines Vorfahren. Die Zeit, der geistige Horizont, die Persönlichkeiten werden darin unmittelbar lebendig, ebenso wie das tägliche »Kaufmanns- und Geldgetriebe«.

»In Hamburg – Fleisch und Fisch und Wein
Sind hier sehr gut das merke«

so sang Matthias Claudius, und Baggesen bemerkte, er hätte füglich auch Bier hinzusetzen können. Wir verstehen aber danach auch, wie die Doktorin Reimarus am 18. Dezember 1794 schreiben konnte: »Es würde Cramer sehr wohl unter uns sein, wenn zum Wohlsein in Hamburg nicht viel Geld gehörte.«

Bei den Erörterungen über die Münzfrage wurde 1788 eine Schätzung der Summen angestellt, die Hamburg jährlich dem umliegenden Lande vor allem für die von dort bezogenen Nahrungs- und Genußmittel auszurichten hätte. Dies Verzeichnis, das uns einen Einblick in die Hamburgische Küche tun läßt und uns auch die ökonomische Bedeutung der Ausfahrten der Hamburger zeigt, lautet:

Die Blankeneser, Helgoländer und andere Fischer diesseits der Elbe lösen jährlich in Hamburg für See- und Revierfische, Hummer, Lachse, Krebse wenigstens	100 000
Aus dem Holsteinischen diesseits der Elbe an Hühnern, Kücken, Kapaunen, Kalekuten, Gänsen, Enten, Krametsvögel, Eier, Kohl, Kartoffeln, gelbe Wurzeln, Zwiebeln, kleine Käse, Grütze, verschiedene andere Sachen	100 000
An Butter bei Kleinigkeit aus der Wilster, Hasen, Milchkäse, Romkäse, etwas Saat	30 000
An Obst aus dem alten Lande jährlich	80 000
An Bickbeeren, Hühner, Kapaunen, Tauben, Gänse, Enten, Eier, Petersilien, Wurzeln, Braunkohl, Zippeln, Knoblauch, Honig aus dem Lüneburg und Stift Bremen	60 000
An Milch, Gartengewächsen, Himbeeren nebst anderem Obst, Rohm, frische Butter aus dem nachbarlichen Eilande als Altenwerder, Wilhelmsburg, Reigerstieg	70 000
An Krebse, Zellery, Mercksche Rüben, Sauerkohl, getrocknetes und etwas frisches Obst, Revierfische oberwärts der Elbe	20 000
An Milch aus Ottensen und anderen holsteinischen Dörfern in der Nähe	10 000
In den beiden Märkten für Töpfe, Küchengeschirr, Stiefel, Schuhe und andere Sachen	10 000

Der Handwerker und ordinäre Mann verzehrt wenigstens in Altona, Ottensen an Bier, Brantwein, auch bei Ausfahrten im Sommer nach den holsteinischen Dörfern	30 000
Für Piqueniqs von Reichen und anderen Bemittelten in Wandsbeck, Neuensted, Ütersen, Relling, Pinneberg, Wellingsbüttel, Poppenbüttel, Iersbeck und anderen nahe im Holsteinischen liegenden Dörfern wenigstens jährlich	20 000
Fuhrlohn an holsteinische Fuhrleute vor den Toren	10 000
Für Holz, Torf, Kohlen, was auf Wagen in die Stadt gebracht wird, und der Handwerker und Arbeiter und Krüger und dergleichen Leute kaufen, da ebenfalls das Agio sich nicht repartieren läßt, der Bauer sich auch nicht bekümmert, ob das Geld 20 oder 30% tut	40 000
Summe: Courant Taler	580 000

Diese Summe wird nun nachgerade jährlich aus der Stadt geholet, dafür hat Hamburg nicht die geringsten eigenen Produkte wieder zu geben, man möchte denn Gassenkummer und Pferdemist dahin rechnen; denn das wird noch ausgeführt ... Auch ist diese Summe nicht zu hoch eins ins andere angegeben, und man kann immer noch 50-60 000 Taler dazu rechnen, welche an anderen Kleinigkeiten ausgegeben werden an Fremde ... Mit Fleisch würde sich der Verzehr Hamburgs aus der Nachbarschaft auf 8 bis 900 000 Taler stellen.

Zu diesen Genüssen aus der näheren Umgebung traten die der Handelsstadt aus allen Fernen vermittelten Kolonialwaren, Weine und dergleichen.

Goethe selbst, der den Einladungen eines Jacobi und Claudius nicht folgte und der einmal bekannte, er traue den nordischen Sumpf- und Wassernestern gar nichts Gutes zu, ließ sich doch von der Kirchen- und Küchenmutter Lene Jacobi ein Musterkästchen solcher soliden Reize wie geräuchertes Rindfleisch, Rinds- und Schweinezungen, geräucherte Aale und andere wunderbare Fische, fremde Käse und dergleichen Leckerbissen übersenden. Als der Inhalt des Kastens von dem wohlnährenden Zustande jener Gegend Zeugnis ablegte, meinte Goethe: »Schon das beigelegte Verzeichnis des fürtrefflichen Spediteurs ist ein Gastmahl an sich; und da er so klug war, weder etwas Moralisches noch Ästhetisches mit beizupacken, so ist unsere reine Sinnlichkeit im ungestörten harmonischen Genuß der unvergleichlichen Gaben.«

Ewald rief 1798 in seiner Reisebeschreibung »Phantasien auf einer Reise durch die Gegenden des Friedens« nach einem Hamburger Frühstück aus: solch ein gutes Frühstück sei seinem Geiste und seinem Herzen wie eine gute Lorgnette oder englische Brille, wodurch man alles schärfer, richtiger, näher sehen kann.

In die Steifheit der Hamburgischen Geselligkeit brachten die Fremden einige Bewegung. Allein auch hier haben wir es zunächst mit Zwangsgeselligkeit zu tun. In einem Briefe vom 1. April 1782 beschwert sich Sieveking Caspar Voght gegenüber über die Last der fremden Besucher: »Ich habe nicht Zeit, viel zu traktieren. Aber ich muß es zuweilen des Wohlstands wegen tun. Es sind eine Menge Fremder an unsere Adresse. Die Kerls bringen mich auf eine unverantwortliche Art um meine Zeit, wenn ich sie nicht so mit einer Mahlzeit, die ich ihnen vorwerfe, abkaufe. Wenn sie ihre erste Visite gemacht und ihre Mahlzeit gekriegt haben, dann bin ich weiter nicht für sie zu Hause.« [...]

Sievekings ausgedehnte Handelsverbindungen brachten Empfehlungen aller erdenklichen Art an das Haus, und Fremde erschienen täglich auf dem Kontor. Zum Sonntag wurden sie dann nach Neumühlen geladen. Die Tafel war für 70-80 Personen gelegt, und die Couverts reichten zuweilen nicht aus, so groß war das Gewühl und so unbegrenzt die, übrigens durchaus einfach und ohne Luxus geübte Gastfreiheit.

Das Gewimmel, das am Sonntag in Neumühlen herrschte, schildert Böttiger anschaulich, wie er es 1795 antraf: »Gegen 2 Uhr nachmittags kommen aus allen Gegenden Kutschen und Fußgänger. Die Salons, der Garten, alles füllt sich mit Menschen, die sich einander nicht kennen, einander nicht vorgestellt werden, oft selbst der Dame des Hauses nicht bekannt sind. Ich habe zwei Sonntage da gespeist. Das erste Mal waren 80, das zweite Mal 70 Couverts in zwei großen Speisesälen gelegt, und noch waren überzählige Gäste.

Für den Fremden mag dies ein ganz angenehmes Schauspiel sein. Es ist eine congregatio gentium wie am jüngsten Gericht und eine Zungenvermischung wie in der Pfingstepistel. Da war beide Mal der letzte Sprößling aus dem Hause Gonzaga, ein Prinz ohne Land, aber mit vielem Verstand und ein erklärter Demokrat, gegenwärtig. Da waren ein paar reiche Holländerinnen, die vor Juwelen glänzten. Da saß ein Engländer aus Liverpool neben einem Republikaner aus Bordeaux, neben ihnen eine Dlle Feraud, die an Dumouriez' Seite focht und mit ihm emigrierte, und neben ihr in scherzhaftem Gespräche Barthelemy, ein Bruder des Baseler und Agent der Republik. Weiter oben ein schwedischer Konsul, der aus Marokko zurückgekehrt war, in Unterredung mit einem Paar englischen Juden aus St. Domingo und einem Amerikaner aus New Jersey. Der Bankier Küstner aus Leipzig saß dem ehrlichen Büsch gegenüber. Mir hatte mein Glücksstern das erste Mal den wackern Reichardt zum Nachbarn und Exegeten der Tischgesellschaft gegeben, da mein anderer Nachbar, ein muffiger Emigrant, nirgends recht anzuzapfen war. Mich mußte also dies bunte Gewühl recht angenehm unterhalten, weil ich mich durchaus in einer neuen Welt befand.

Auch nach Tisch, wo in einem andern Salon Kaffee getrunken und ein Emigrant als Virtuos auf dem Klavier beklatscht wurde, hatte das bunte Getümmel kein Ende. Nur erst gegen Abend, wenn der Torschluß allgemeine Retirade befiehlt, mögen die Wirte etwas zur Besonnenheit kommen.«

Eingehender schildert Ewald in seinen »Phantasien« vom Jahre 1798 die Hamburgische Geselligkeit. »Der größte Aufwand wird ohne Zweifel in Landhäusern und Gärten gemacht, und wirklich, wenn einmal Aufwand gemacht werden soll, wie es in einer reichen Handelsstadt unvermeidlich und auch nützlich ist, so mag er hier gemacht werden, weil ein schönes Landhaus, ein gut angelegter Garten in einer schönen Gegend allerdings am meisten zum Lebensgenuß beiträgt. Nur schade, daß meist bloß die Weiber diese Landhäuser und Gärten recht genießen und daß die Männer den ganzen Tag, auch die schönsten Frühlingstage auf ihren Kontors schmachten müssen!«

Büsch bemerkt hierzu, daß Sieveking in der Regel abends nach Neumühlen kam und morgens mit den Kindern, die Unterricht hatten, in die Stadt ging. Nur dienstags und freitags blieb er in der Stadt; der ganze Dienstag und Mittwoch, ebenso der ganze Freitag und Samstag mußten dem Geschäfte gewidmet werden. Das waren die Posttage. Dann blieben aber Frau und Kinder mit ihm in der Stadt.

Sehen wir, inwiefern Sieveking das in seinen »Fragmenten« aufgestellte Ideal der Geselligkeit zu erfüllen strebte.

Ewald freute sich des schlichten, einfachen, bescheidenen Mannes, der weder mit seinem großen Vermögen, noch mit seinem Verstande, seiner Welterfahrung oder seinen Kenntnissen auch im geringsten zu glänzen suchte. „Alles ist bei ihm wie die Bibliothek eines ordentlichen Gelehrten. Es steht verschlossen da und wird nur hervorgeholt, wenn es gebraucht wird. Ich sehe ihn noch immer mit dem eben nicht neuen violetten Rocke und den schlicht heruntergekämmten runden Haaren, wie er mit ruhiger Freundlichkeit seine Gäste empfängt, fragt, mit wenigen Worten zum Sprechen bringt und jedem wohl zu machen sucht. Seine Gattin harmoniert ganz mit seinem Geiste, nur eine Quinte höher und feiner, wie es sich für das Weib gebührt.«

Böttiger hebt auch die einfache Toilette der Frau Sieveking hervor: das erste Mal erschien sie in einer einfachen Taftchemise, da sie am Mittag bei ihrem Gartennachbar Reichardt das neunte Kind aus der Taufe gehoben hatte, und verschmähte das zweite Mal in einem ganz gewöhnlichen Kattunkleide allen erborgten Glanz demütig stolz.

Einmal sah Ewald Klopstock bei Sieveking. »Seine echt höfliche Gattin, die einen so schnellen und feinen Takt hat für alles, was einem ihrer Gäste wohl machen kann, setzte mich [zu] ihm. Klopstock war sehr heiter, selbst lustig. Eine Dame brachte ihm ein Glas Burgunder (sein Lieblingswein) mit Blumen bekränzt; und kaum hätte sich ein Mann von diesen Jahren mit der Gewandtheit, Artigkeit und Galanterie dabei benehmen können wie Klopstock, ohne doch im geringsten der Würde seines Alters zu vergeben.«

Schon bei dem ersten Besuch hatte Sieveking Ewald gefragt, wen er wohl in Hamburg kennenlernen wolle, und, als er ihm die Namen nannte, ihn versichert, daß er sie künftigen Sonntag bei ihm finden solle. Ewald traf eine Gesellschaft von fünfzig Personen; Klopstock, Büsch, Reimarus, Meyer, Reinhard und Poel mit ihren Gattinnen, Schmeisser, Dr. Unzer von Altona, einen Kommissair der Republik, der eben von London kam, einen Schweden usw.

In seinen »Fragmenten« hatte Sieveking die besseren Zirkel in Frankreich, in denen die Gelehrten und schönen Geister und Künstler und die schönen Weiber den Ton angaben, als Muster seiner Gesellschaft aufgestellt. In allem, im Kommen und Gehen, in Spiel, Musik und Tanz oder Lesen für sich oder mit andern, sollte die größte Freiheit herrschen. Ewald fand dies Ideal in Neumühlen verwirklicht.

»Die Tafel ist gut, fein und reichlich, aber nicht übermäßig besetzt. Bei Tische wird, nach der vernünftigen französischen Sitte, von allen Schüsseln zugleich gegessen. Jeder nimmt sich oder läßt sich geben, von welcher Schüssel er will; und so wird es möglich, daß eine Gesellschaft von 40 Personen in einer Stunde abgegessen haben, wenn sie wollen. Jeder fordert sich Wein, welchen er will, und teilt denen mit, die mit ihm gleichen Geschmack haben. Jeder macht den Wirt mit der Schüssel, die er vorlegt, und mit der Bouteille, die er sich geben ließ. Jeder steht vom Tische auf, geht zu einem Andern, zu Mehreren, zu Allen, wie es ihm einfällt und solange es ihm gefällt. Jeder verläßt den Tisch ganz, wann es ihm gefällt. Er geht dann in den Garten, besieht Kupferstiche, Gemälde, durchblättert Bücher, setzt sich mit einem Buche an einen Lieblingsort oder fährt gar stillschweigend in die Stadt zurück.

Kurz, jeder ist frei für sich und hat keine andere Verbindlichkeit, als andre ebenso frei zu lassen, wie er selbst ist. Der Ton ist natürlich, frei, munter. Man teilt sich in kleine Zirkel; jeder Zirkel beschäftigt sich auf seine Weise: mehrere Zirkel vereinigen sich, fließen ineinander, teilen sich wieder, vereinigen sich mit andern, ohne Umstände und Zwang. Wenigstens gibt Sievekings Haus ein Beispiel von dem, was er selbst sagt: Es wird der Schwelgerei entzogen, was man für die Freude aufwendet.«

Die Gastfreundschaft Neumühlens beschränkte sich aber nicht auf die sonntäglichen Feste. Das geräumige Haus sah häufig im Sommer dauerndere Gäste. Einer, der stets mit neuer Begeisterung in diesem Elysium einkehrte, war August Hennings. In seinem »Genius der Zeit« schrieb er 1796:

»Du kennst in Neumühlen die Bank mit der Aussicht über die Elbe; denke mich hier [in] Reihen mit Männern, die nicht den leeren Weltton, sondern die Sprache der Vernunft führen, und mit Frauen, deren Liebenswürdigkeit nicht der flatterhafte Reiz blendender Witz- oder Schönheitsfunken, sondern der echte Wert der Grazie und Anmut ist. Hier ein stiller Sommerabend bei dem jetzigen Mondlichte, das Rauschen der nahen Quelle, das Geplätscher der Ruder eines Boots auf der Elbe, die feierliche Laubhöhe, die den Teich und das Haus umgürtet und dann das Ufer hinauf und hinabwärts fortgeht! Ein Gesang der melodischsten Töne mit dem geschmackvollsten Ausdruck der Empfindung; erst eine Romanze, dann auf vieles Bitten noch eine; bescheiden mit so vielen Talenten, und doch zu edel, um andern ihren Genuß zu entziehen!«

Es geht nichts über die Schönheit dieser Elbufer, in solcher Gesellschaft genossen, rief Hennings aus, als er Ende Juli 1798 an einem Sonntagabend nach Teufelsbrück auf der Elbe gefahren und in herrlichstem Mondschein zu Fuß zurückgegangen war.

»Klopstock kam mittags nach Neumühlen und blieb die Nacht über. Als Licht angezündet ward, ertönte Gesang und Saitenspiel. Ein Rigenser namens Pölchau, im Besitz einer herrlichen Stimme, löste sich mit Wichmann aus Celle beim Piano ab. Pölchau sang eine Ode von Klopstock nach Schwenk. Dann folgten einige von Kunz gesetzte Bardenlieder aus ‚Hermann und die Fürsten‘. Als der Gesang verhallt war, trat die Gesellschaft hinaus, von den frohen Stimmen der Kinder gerufen; es war märchenhaft schön! Im dunkeln Gebüsch des Gartens waren flammende Pechtonnen verteilt! Die nahe Kalkbrennerei erleuchtete mit rotem Feuer die Bäume und Gebäude, und über allem leuchtete mit silberner Klarheit der Mond und die unzähligen Sterne. Im Scheine der Flammen hüpften die Kinder wie Kobolde umher und bildeten tanzende Gruppen. Aus dem Zimmer wurde gesungen: die Friedensweihe von Voß nach Zelter und andre Kompositionen dieses Künstlers. Nach dem Abendessen ward die Unterhaltung fortgesetzt; die jungen Leute fingen an zu tanzen, die älteren hörten dem Gesange zu. ‚Ein König von Thule‘ von Goethe, gesungen von Pölchaus schöner Stimme, ward mit Beifall gekrönt.«

So war der gesellige Ton in Neumühlen. Es ward unvermerkt ein Uhr, ehe man dran dachte, sich zu trennen. Es herrscht eine solche Harmonie in den Kreisen, daß immer einer sich nach dem andern richtet und doch jeder tut, was er will. Es gab Zerstreuung genug und doch Freiheit zur Ruhe, zur Sammlung, zu ernstem Gespräch.

Das Vergnügen schadete nicht dem ernsten Geschäft der Männer, nicht den häuslichen Tugenden der Frauen oder der Bildung der Kinder. Eine innige Vertraulichkeit verband verschiedene Familien, machte sie aber nicht ablehnend gegen Fremde. Sie waren frei von Selbstgenügsamkeit, und kein Besuch war ihnen lästig; vielmehr brachte die Vielseitigkeit des Kreises es mit sich, daß jeder seinen Boden fand und daß kein einzelner Charakter vorherrschte.

Güte, Gastfreiheit in edelster Simplizität, Geist und Bildung, Witz und Laune in sprudelnder Fülle belebten jeden Einzelnen, gebend oder empfangend. Das Ganze war einzig in seiner Art. – Hier lebte ich mit meiner Frau und vier Kindern so ungezwungen, als hätten wir immer nur eine Familie ausgemacht, und so wie ich meine Gesellschaft unter den älteren fand, fanden meine Töchter sie unter den jungen Mädchen, die Söhne unter den jungen Leuten, und jeder war wie zu Hause.«

Auch Wilhelm von Humboldt zählte die in Neumühlen mit seiner Frau zugebrachten Wochen zu den frohesten seines Lebens.

»Viele Schicksale«, so meinte Sophie Wattenbach, Hennings Enkelin, als sie 1864 Briefe dieser Zeit zusammenstellte, »sind vorübergezogen; selten hat fremdes Leid so heftig nachgezittert als in den warmen Herzen dieser Glücklichen; aber kein Zwiespalt hat ihre Eintracht gestört, und die Erinnerung an Neumühlen liegt noch wie ein Schimmer ferner Abendröte auf den Erzählungen der wenigen Zeitgenossen, die noch davon zu sagen wissen.«

Einer dieser jüngeren Zeitgenossen faßte sein Urteil über den Kreis so zusammen: »Soll ich von dem Neumühlener Leben und dessen prunkloser Geselligkeit reden, so muß ich gestehen, das Leben auf diesem lieblichen Fleck am Ufer der Elbe war in seiner Art ein schönes und reiches, eine der schönsten Blüten am Schluß des vorigen und im Anfang des jetzigen Jahrhunderts; und die wenigen jetzt in der Welt zerstreut Überlebenden des Neumühlener Kreises und der Familien, die seinen Kern bildeten, mögen zum Teil noch etwas wie Sehnsucht nach einem verlorenen Paradiese mit sich herumtragen.«

Ständig suchten Georg Heinrich Sieveking und seine Gattin [ihr Landhaus in] Neumühlen zu verschönern. »Sievekings Garten«, so schrieb die Doktorin Reimarus am 5. Mai 1795, »ist durch einige Veränderungen viel schöner geworden.« Am 9. Juni berichtete sie ihrem Bruder: »Unsern 25. Hochzeitstag haben wir heute sehr angenehm auf Sievekings Garten in Gesellschaft guter Menschen zugebracht. Mein Mann war sehr froh und heiter. Wie wir ankamen, war ein lieblicher Regen vorüber, die Sonne schien und die Nachtigall sang, und uns umstanden Kinder und Kindeskinder, alle jubelten mit Blumen in den Händen!«

Am 14. September 1797 schrieb die Doktorin: »Du müßtest sehen, wie lieblich sich's ausnimmt, wenn in der neuen offenen Halle ,auf Säulen ruht ihr Dach' die Mütter mit ihren Kindern herumtanzen.«

Böttiger konnte von seinem Tischplatz gerade den Fenstern gegenüber seinen Blick auf den majestätischen Strom und auf die vorüberziehenden Schiffe gleiten lassen. Ein Glas des edelsten an der Garonne gekelterten Traubensaftes, mit solchen Aussichten vor dem Auge hinabgeschlürft, war ihm wahrer Nektar! Am Abend saß man auf der an der Elbe aufgemauerten Terrasse im bunten Kreise festlich gekleideter Menschen beim Kaffee. In weniger als einer halben Stunde segelten 14 große Schiffe, Dänen, Engländer, Holländer, Franzosen und Amerikaner vorbei. »Ein neben mir stehender Hamburger Kaufmann erhielt Glückwünsche, weil eben sein Schiff aus Cadix ankam. Ein anderer versicherte mich mit stolzem, aber sehr verzeihlichem Selbstbewußtsein, daß Hamburg nicht allein jetzt der zweite Handelsplatz in Europa, sondern in sehr vielen Artikeln in unmittelbarer Konkurrenz mit London selbst sei.«

Ewald ließ sich 1798 nach Tisch von Piter Poel den Garten zeigen. Er bewunderte ein Bergbosket nach der Elbe hin. »Schon aus einer Strohhütte, in der sich die Gesellschaft ohne Verabredung auf verschiedenen Wegen zusammengefunden hatte, ist eine treffliche Aussicht auf die Elbe und ihre Inseln; aber jetzt ist noch ein Berg geebnet worden, der ganz schroff nach der Elbe herunterging. Oben wird eine Anlage von Tannen gemacht, und hier hat man einen Blick auf die Elbe, der fast einzig in seiner Art ist. Die meisten Inseln liegen in ihrem ganzen Umfange vor unseren Augen. Das Auge kann sie umschiffen und umschifft sie so gern. In jeder schattigen Bucht landet es und ruht sich aus. Es schleicht um jedes Haus herum und guckt durch die Bäume, die es umgeben. Es irrt an dem Ufer hin und wieder zurück. Es blickt hinüber nach Harburg, dessen Schloß ihm entgegendämmert, und es wird am Ende mit fortgezogen von der großen, lieblichen, allbeherrschenden, allanziehenden Elbe –, sie zu begleiten, bis sie der Himmel bedeckt, bis sie sich in den Himmel verliert!

Es ist ein trefflicher, hochaufspannender Anblick! Ich wüßte kein Mittel, was aus dem niedrigen Erdgewühle, aus dem Kaufmanns- und Geldgetriebe herausreißen und in eine menschlichere, menschenwürdigere Region versetzen könnte, als er! Auch wird dies so allgemein empfunden, daß sich eine Menge Volks an dem Abhang gelagert hatte – nicht um zu essen und zu trinken, sondern um die Aussicht zu genießen.

Es sind noch viele schöne Plätze in dem Garten; unter anderem ein schöner Rasenplatz, auf dem Tee getrunken ward, von dem man in so manche schattige, heimliche Gänge hineinsehen kann, die zu trautem Gespräche einladen; eine Aussicht auf einen klaren Teich, unter den schönsten Kastanienbäumen, die ein Bach nähren kann, und besonders eine kleine Laube in dem heimlichsten Teile des Gartens, die Madame Sieveking ihrem Gatten zum Arbeiten hat einrichten lassen.«

Karl August Böttiger

Reise nach Hamburg 1795

Goethe war nie in Hamburg, doch wie sehr er die kulinarischen Köstlichkeiten der Stadt zu genießen wusste, ist bei Sieveking nachzulesen. Er selbst blieb lieber in Weimar. Karl August Böttiger, früh gefördert von Johann Gottfried Herder und Christoph Martin Wieland, zählte lange zum Kreis wichtiger Persönlichkeiten um Goethe, bis er sich in seinen literarischen Urteilen gegen ihn stellte und in Ungnade fiel. Dabei war er ein eigenständiger Kopf, seine Befunde waren scharfzüngig, ohne Rücksichtnahme auf Personen und Werke formuliert. Gcrade das macht seine Texte heute so erfrischend zu lesen als lebendige, geistvolle Zeugnisse der Zeit.

Böttiger lebte lange als Gymnasialdirektor in Weimar, mit pädagogischen Schriften und einer weitgespannten journalistischen Tätigkeit hatte er auf sich aufmerksam gemacht. 1804 wechselte er nach Dresden, wo er die Aufsicht über das Museum der Antiken übernahm. Er arbeitete an führenden Zeitschriften mit, auch englischen und französischen. Er reiste viel, besuchte Gelehrte und bedeutende Persönlichkeiten, mit denen er in einem regen Briefaustausch stand.

Als Ausweis seines vielfältigen Interesses und seiner Bildung lassen sich seine Reiseberichte lesen, so der Bericht einer Reise nach Hamburg, die Böttiger 1795 unternahm. Mit klarem Blick beschreibt er das geistige Leben in der Stadt, die »Tag-Nacht-Verkehrung«, die ihm, dem an kleinstädtische Stille Gewöhnten, zu schaffen mache, und ebenso die einzigartige Möglichkeit, »Stubengelehrsamkeit mit praktischer Lebensweisheit« verbinden zu können, wie sie hier gegeben sei. Der Bericht erschien erstmals 1838, drei Jahre nach dem Tod des Verfassers, von seinem Sohn herausgegeben.

Wenn unser Vater Wieland sich seine Reise nach Hamburg und Kiel recht reizend vorphantasiert, so gehört es immer zu den ersten Bedingungen seines Aufenthaltes in Hamburg, nie aus dem Kreise der erlesenen Familie Reimarus zu kommen. Und er hat recht. Sie ist der Licht- und Mittelpunkt des geistigen Hamburg (welches sorgfältig von dem gelehrten Hamburg unterschieden werden muß, denn in diesem führt Herr Thieß nur ein einziges Mitglied dieser Familie an). Das Fleischliche bedarf eines solchen Salzes, auf daß es nicht faul und im eignen Fette fühllos werde.

Die Stunden, die ich in diesem Kreise am Eß- und Teetische und in Sievekings Gartenresidenz bei Neumühlen zugebracht habe, gehören zu den frohesten und unvergeßlichsten meiner niedersächsischen Pilgrimschaft. A. v. Hennings, der Amtmann zu Plön, hatte mich der Familie angemeldet. Außerdem hatte mir Herder einen Gruß an die unchristliche Familie aufgetragen, der dem Überbringer ein sehr freundliches Gesicht eintrug.

Die beiden Häupter der Familie sind der würdige Doctor Johann Albrecht Heinrich Reimarus und seine unverheiratete Schwester Elisa Reimarus. Der Doctor, jetzt in seinem 67. Jahre, ist Kosmopolit im edelsten und umfassendsten Sinne des Worts; der erste praktische Arzt, der von früh 8 Uhr bis nachmittags 2 Uhr in seinem wohlgekannten Wagen alle Straßen und Tweeds Hamburgs durchrennt und oft nur Ratschläge erteilt, wo andere Ärzte die eigentliche Versorgung haben, eines der ältesten und tätigsten Mitglieder der hamburgischen patriotischen Gesellschaft, Politiker, Philosoph, Naturforscher, alles nicht im encyklopädischen Taschenformate, sondern mit Tiefe und Gründlichkeit, in Royalfolio, ohne alle Pedanterei, von einem zum andern mit vielgewandter Leichtigkeit schnell übergehend.

Nur seine Kranken beschweren sich bisweilen mit Recht über zu sehr geteilte Aufmerksamkeit und Zerstreuung am Krankenbette. Denn es ist freilich nichts Seltenes, daß ein neues Barometer, eine kunstreiche Erfindung, ein Kupferstich in der Krankenstube, der ihm beim Eintritte ins Gesicht fällt, ihn dermaßen fesselt, daß er darüber den Kranken und das Recept vergißt und wie aus einer Ekstase erst zurückgerufen werden muß. Zuweilen mag denn dies auch unangenehme Folgen für den Patienten selbst haben.

Das neueste Beispiel davon war der wackere Heß, der Topograph Hamburgs und freimütige Verfasser der Durchflüge. Er litt außerordentlich an Eingeweideverstopfungen und Hypochondrie und brauchte Reimarus. Dieser hatte von einem andern beliebten Arzt gehört, daß eine hartnäckige Hypochondrie des Schulcollegen Wesselhöft durch Klystiere von Belladonna sich völlig gehoben habe. In der Zerstreuung hatte er statt 14 Quentchen 40 gehört und ließ sie nun auch, obgleich der Apotheker das Recept noch einmal zurückschickte, wie Reimarus, der es in Heßens Zimmer geschrieben hatte, noch da war und Politik verhandelte, unabänderlich in einem Klystiere applicieren. Die natürliche Folge war, daß Heß länger als 24 Stunden in eine Art Raserei geriet und mit dem Tode rang.

Dies war die allgemeine Stadtgeschichte, als ich nach Hamburg kam, wobei der gute Reimarus eben nicht geschont wurde, um so mehr, da sich Heß auch bei diesem Unfall sehr edel genommen und seine Freunde gebeten hatte, dies unwillkürliche Versehen ja nicht zu hoch anzurechnen, auch versicherte, daß er, wenn es ihn auch das Leben kostete, doch die herzlichste Hochachtung für seinen Freund Reimarus mit ins Grab nehmen werde.

Zum Glück und Trost für Reimarus erholte sich Heß wieder etwas, und ich hatte die Freude, noch den Tag vor meiner Abreise ihn auf Sievekings Garten zwar noch sehr schwach von Körper, aber kräftig am Geiste zu sprechen und die zärtliche Aufmerksamkeit zu bemerken, die ihm die ganze Familie zu beweisen suchte. [...]

Elise Reimarus hat nur die zartere Empfindsamkeit und den feineren Takt für moralische Sittlichkeit von ihrem Geschlechte. Übrigens ist sie die hellste Forscherin und Denkerin, die wohlwollendtse Friedensstifterin und Zurechtlegerin dessen, was andere verschoben und versehen haben, und die tätigste Freundin. Lessings Geist ist in ihr, und von ihm spricht und hört sie am liebsten. Auch Klopstock ist ihr gleich ehrwürdig und liebenswürdig. Man ist durch sie am besten bei ihm eingeführt und empfohlen. Fremden, die an sie und ihren Bruder adressiert sind, ist sie gern Führerin und ordnet ihre Besuche und Lustpartien. Sie führt einen ausgebreiteten Briefwechsel, und ihre Briefe sind die Zierde jedes Portefeuilles. In frühern Jahren hatte sie mehrmals Gelegenheit, sich zu verheiraten. Da sie sich aber mit der Vorstellung plagte, daß ihr dieser oder jener Mann bloß darum die Hand biete, weil sie die Tochter des großen Reimarus sei, nicht aber um ihrer selbst willen, so schlug sie aus diesem Stolze mehrere Anträge aus und wählte so den ehelosen Stand, in welchem sie um so ungestörter ihren Forschungen und gelehrten Liebhabereien nachhängen kann. Sie besitzt Seelenstärke genug, um so manchen Lieblingsvorstellungen der weicheren Empfindsamkeit, z.B. dem Glauben an Wiederfinden und Wiedererkennen nach dem Tode, eine Idee, die doch in der Tat nur in Graden vom zu Tische sitzen in Abrahams Schoß oder andern sinnlichen Vorstellungen von den Paradiesfreuden verschieden ist, schon lange gänzlich entsagt zu haben.

Zufällig kam ich in einer meiner Unterredungen darauf zu sprechen, daß ich schon längst von dem süßen, aber täuschenden

Traume von der Erziehung des Menschengeschlechts, einer von Jahrhundert zu Jahrhundert wachsenden Vervollkommnung zu höherer Humanität in dieser Periode unseres Erdenlebens, erwacht sei. Hier funkelte ihr Auge und sie versicherte mich nun mit Innigkeit, daß sie seit vielen Jahren an dies Gedicht gutmütiger Schwärmerei nicht mehr glauben könne. Zugleich erfuhr ich die Anekdote, daß Lessing selbst zu der Zeit, wo er seine Erziehung des Menschengeschlechts herausgab, nicht mehr an diesen früher geträumten Traum geglaubt, ihn aber bloß darum damals herausgegeben habe, um den theologischen Streitern eine Diversion zu machen. Daß es Lessing selbst damit kein Ernst gewesen sei, beweisen auch, recht verstanden, mehrere Stellen seines Nathan.

Madame Reimarus, die Gattin des Doctors, ist mit dem ihrer Familie gleichsam erblichen Verstand und Witz nicht am schlechtesten bedacht worden. Sie ist es wert, eine Hennings zu sein und hat, trotz ihres ansehnlichen Embonpoints, die treffendste Familienähnlichkeit mit ihrem würdigen Bruder, dem Kammerherrn Hennings zu Plön. Der Vater war ein berühmter Jurist und Gerichtsverwalter zu Pinneberg, der seinen Kindern eine treffliche und keine Kosten scheuende Bildung gab. Er brachte seine erwachsene und schöne Tochter nach Hamburg, um ihr von D. Reimarus, der damals aus England zurückgekommen war und als Impfarzt sehr geschätzt wurde, die Blattern einimpfen zu lassen. Dies geschah auch mit dem besten Erfolg. Ja, es erfolgte sogar eine förmliche Inoculation der Liebe, der Impfarzt führte seine Patientin nach erfolgter Genesung an den Traualtar. [...]

Nichts ist in der Tat fröhlicher und genußreicher als eine Teetischconversation im Kreise dieser Familie, zu der ich während meines Aufenthaltes in Hamburg so oft eilte, als ich mich anderswo wegschleichen konnte. Während Vater Reimarus im Kaftan und mit der Pfeife bald mit einsitzt, bald in dem benachbarten Zimmer Arzneien zubereitet, aber auch von daher durch die geöffnete Tür den Faden des Gesprächs festhält und oft seine Bejahung oder Verneinung mit vorgestrecktem Kopfe hereinruft, sitzt die Mutter Reimarus am dampfenden Teeständer. [...]

Einmal war der gute Reimarus recht warm über den noch immer fortdauernden Pfaffen- und Glaubensdespotismus. Er erzählte dabei, daß er anfänglich sehr wider die Herausgabe der bekannten Fragmente seines Vaters gewesen wäre, weil er das Zeitalter noch nicht für reif dazu gehalten habe. Aber Lessing habe durchaus auf ihre Bekanntmachung bestanden. »Das trübe Wasser«, sagte Reimarus zu Lessing, »darf nicht eher ausgeschüttet werden, als bis man reines hat.« »Aber«, erwiderte Lessing, »wer das trübe nicht ausschüttet, kann doch nie reines bekommen!« [...]

Einmal speiste ich bei Reimarus. [...] Bei Tische bemerkte ich auch einen Sohn von Reimarus, der mit größter Eilfertigkeit aß, um nur wieder aufs Comptoir bei Voigt zu kommen, wo er die Handlung lernt. Es ist merkwürdig, daß aus dieser scientistischen Familie der einzige Sohn und Stammhalter sich der Kaufmannschaft gewidmet hat. Aber das Comptoir eines Voigt ist freilich gehaltreicher und in so mancher Beziehung lehrreicher als die gelehrteste Universität Deutschlands. Der einzige Voltaire wurde durch seinen Geistesumsatz ein Millionär. Aber Menschen, die durch Warenumsatz Millionäre wurden, begegnet man in Hamburg auf allen Straßen. Dabei schwelgt ein Hamburger Kaufmann, der sich nur etwas über die Mäklerzunft erhebt, in allen geistigen Genüssen. Wie armselig erscheint der angestaunteste Kathederpolitikus auf der Universität gegen das Oberhaupt eines großen Handelshauses in Hamburg; das seine Agenten in Paris, Basel und London bezahlt und durch sie besser bedient wird, als mancher Fürst mit seinem ganzen *département étranger* und *corps diplomatique*. Voigt, ein ehrwürdiger Name in Hamburg, war seit zwei Jahren auf einer Reise nach Schottland und England abwesend, hatte in Edinburgh Anatomie gehört und sammelte [literarische Schätze], während sein Handlungscompagnon Burmester mit 20 Commis Schiffe nach Ost- und Westindien, Cadix und Bordeaux befrachtet.

Dergleichen Betrachtungen mußten sich mir in Menge aufdrängen, so oft ich die hamburgische Kaufmannsgröße in aller ihrer Pracht und Herrlichkeit auf Sievekings Garten zu bewundern eingeladen war. Reimarus' älteste Tochter, einst unter dem Namen Hannchen Reimarus durch körperliche und geistige Reize die Königin unter ihren Gespielinnen und durch ihre unverkünstelte Bescheidenheit selbst von denen geliebt, die sie verdunkelte, ist seit neun Jahren Sievekings Gattin und die Mutter von einem gedoppelten schönen Kinderpaar, die an den Knien und um den Hals ihrer immer noch schönen Mutter an das bekannte Juwelenkästchen der Römerin Cornelia erinnern. Sieveking, ein kleiner untersetzter Mann, aber voll Kraft und Gedrungenheit, höchst bestimmt in seinem Ausdruck im Französischen sowohl als in der Muttersprache, im unabsehlichen Wirrwarr seiner Geschäfte nie zerstreut oder abwesend, ist ohne Widerrede einer der klügsten und reichsten Männer Hamburgs und, was er ist, durch sich selbst. Er kam mit 6000 Mark zum alten Voigt, ward nach und nach Compagnon der Handlung und verdankte allerdings dem edlen Benehmen des Vaters und des Sohnes Voigt ungeheure Vorteile. Aber sein eigener Mut war es doch, der ihn, trotz aller ihn unmittelbar bedrohenden Gewitter und Verfolgungen, während des ganzen Kriegs öffentlich die Partei der Franzosen ergreifen und dadurch sich und den übrigen Hamburger Kaufleuten eine Goldgrube eröffnen ließ, aus welcher bis jetzt zum Verdruß des ganzen übrigen Deutschlands Millionen aus Frankreich nach Hamburg abgeleitet werden. Denn daß man dies vorzüglich Sievekings Beharrlichkeit beim Interesse des republikanischen Frankreichs zu danken habe, das können selbst seine Feinde in Hamburg nicht in Abrede stellen. Freilich mochte nun auch der Drang der Umstände den Mann zuweilen über die Grenzlinie der Mäßigung führen und ihn nötigen, selbst das Blut- und Schreckenssystem eines Robespierre zu verteidigen. Aber er wollte wenigstens auch hier konsequent handeln. Jetzt erntet er goldene Garben von diesem Felde. Er hält seinen eigenen Agenten in Paris und gewinnt unermeßliche Summen durch behutsamen Ankauf von sichern Nationalgütern; ein Handel, der überhaupt in Hamburg jetzt alles in Atem setzt und zum Teil auch die bittern Klagen des Bürgers Crouvelle beim Hamburger Senate wegen der bodenlosen Agiotage der Hamburger Kaufleute veranlaßte.

Die geschäftsvolle Tätigkeit eines Mannes, wie Sieveking ist, erregt einem behaglichen Stubensitzer und Bücherwurm, wie unsereinem, beinahe Schwindel. Er liest oft in einer Stunde mehr als 40 Briefe und schreibt oft täglich eigenhändig ebenso viele in verschiedenen Sprachen. Dabei gewinnt er noch Zeit, die interessantesten Zeitungen, Journale, Flugschriften aus allen Ländern und selbst aus verschiedenen Erdteilen zu durchlaufen, stundenlange Konferenzen mit fremden Kaufleuten zu halten, alle seine Bücher und Buchhalter zu revidieren, in der Stadt herumzufahren, um nötige Besuche zu machen und hundert Unterbrechungen durch schnellere Tätigkeit wieder auszugleichen. Daß auch hier durch tägliche Übung ein gewisser Mechanismus erlangt werden könne, will ich gern glauben; aber es gehört doch auch ein von Natur privilegierter Kopf dazu. Es entgeht ihm sogar kein neues Produkt aus der schönen Literatur, und er ist das Orakel der leselustigen Frauen, denen er mit vieler Kennerschaft die Lektüre auf ihrer Toilette reguliert. Freilich kann bei allem diesen noch die Frage aufgeworfen werden: Genießt ein solches Tätigkeitsungeheuer auch seines Lebens wirklich wie andere Menschen? Fast möchte ich dies nach meinen wenigen Beobachtungen ganz verneinen. »Mein Mann kommt«, so sagte mir Madame Sieveking selbst, »in der schönsten Jahreszeit kaum einmal in der Woche zu uns in den Garten; an großen Posttagen speist er oft mittags gar nicht und sitzt bis abends 10 Uhr auf dem Comptoir.« Also wäre sonntags der einzige Erholungstag, wo er im Schoße seiner Familie, seiner Gattin und seiner Kinder froh werden könnte. Allein da ist wieder nicht daran zu denken. Alle Fremde, die die Woche über Empfehlungsschreiben brachten oder Geschäfte mit dem Hause hatten, erhalten regelmäßig eine Einladungskarte für den Sonntag. [...]

Mit Axen machte ich eines Morgens eine kleine Runde, um einige öffentliche Hamburger Anstalten zu sehen. Wir besuchten zuerst das neue prächtige Waisenhaus, das 300.000 Mark gekostet hat und sich bloß durch Subscription erhält. [...] Weit zweckmäßiger in ihrer Art schienen mir die Schulen, Arbeitsstuben und Depots in der großen Armenversorgungsanstalt, die in dem alten, freilich sehr winklichten und rostigen Waisenhause jetzt ihren Sitz hat, zu sein.

Da Axen selbst ein Vorsteher davon ist, so war das Detail, das er mir hier erteilte, um so genauer und belehrender. Das Ganze machte Voigts und des Syndicus Maatsen rastloser Tätigkeit und Kombinationsgabe große Ehre. [...] Der Geist der Ordnung, der diese ganze viele tausend Menschen umfassende Anstalt belebte, ist in der Tat bewunderungswürdig und trägt ganz das Gepräge des echten republikanischen Gemeingeistes, wovon Hamburg mehr Beweise aufstellt als irgendeine andere Stadt in Deutschland. Freilich wird nun im Geheimen weniger wohlgetan. Alles beruft sich auf die anschnlichen Beiträge, die man zur Armenanstalt gebe. Besonders machen die Kleider für die Armen ungemeine Kosten, da diese sie weniger schonen, weil sie ja doch neue bekommen müssen, und die Familien ihre abgesetzten Kleider jetzt weniger als sonst an Arme verschenken. Aber dies sind wahre Kleinigkeiten gegen den reellen Nutzen, der durch diese neue Schöpfung erreicht wird.

Die edelste Art von Wohltätigkeit der Hamburger ist ohne Zweifel die mit Aufopferungen mancher Art verbundene Aufseherschaft und Besorgung so mancher öffentlichen Anstalt, die hier wahre Ehrenämter sind und durchaus nichts einbringen, aber wohl oft große Kosten verursachen, wie z. B. die Vorsteherstellen bei dem Waisenhause, wo die Vorsteher jährlich den Kindern ein großes Fest aus ihrem Beutel geben, auch sonst große Schenkungen machen. Aber das ist in Hamburg einmal so herkömmlich. Selbst die Ratsherren dienen mehr aus Ehre als aus Gewinn ihrem

Vaterlande. Ein Gelehrter, der Ratsherr wird, verliert alle Praxis, muß Kutschen und Pferde halten und großen Aufwand machen, so daß er völlig ruiniert wäre, wenn er nicht eigene Vermögen hätte oder nun wenigstens auf eine reiche Heirat sicher rechnen könnte.

Indessen suchen sich auch viele, deren Geschäfte und Bequemlichkeitsliebe gleich groß sind, von solchen Stellen wegzudrängen und geben lieber desto ansehnlichere Geldbeträge. Denn, England ausgenommen, wird wohl in ganz Europa nirgends jetzt in Verhältnis mehr durch Subscriptionen und freiwillige Beiträge für gemeinnützige Anstalten gegeben als in Hamburg. Man rechnet wenig, wenn man die jährliche Subscription auf eine Million anschlägt. Dabei wird oft das strengste und edelste Incognito beobachtet. So schenkte schon zwei Jahre nacheinander ein Unbekannter 2000 Taler in die Armenkassse, aber mit der ausdrücklichen Bedingung, daß man nicht nach dem Geber forsche, in welchem Falle dieser Beitrag gewiß aufhören würde. In manchen Fällen ist es denn freilich auch wohl gar kaufmännische Speculation, wenn man große Summen subscribiert. Man erhält dadurch vor dem Publikum als reicher Mann ein größeres Gewicht und bestätigt seinen heimlich vielleicht sinkenden Credit. Aber mögen auch die Gründe des Gebers sein, welche sie wollen, kurz, der Hamburger zieht gern und ohne zu ermüden seinen Beutel, wenn nur jemand da ist, der die Besorgung übernimmt, die er bei seinen Geschäften nicht übernehmen kann. [...]

Der Morgen am Sonntage war über alle Beschreibung schön und einladend. Schon pochte mein Herz den fröhlichen Aussichten entgegen. Aber unverschuldete Verspätungen hielten mich länger in meinem Logis, als ich gerechnet hatte. In kurzem Galopp rannte ich aus meinem Gartenrevier über den diesmal doppelt langen Jungfernstieg. Atemlos kam ich zu Lichtensteins Wohnung und empfing hier von einer alten Haushälterin den leidigen Trost, daß der Herr Professor sehnlich auf mich gewartet, aber in der Gefahr, eingesperrt zu werden, nun fortgegangen sei, meiner aber an dem Altonaer Tore warten wollte. Ich lief aufs Neue, so viel meine Fersen vermochten. Aber bei der dritten Straße lähmte der fürchterliche Schall der Kirch- und Sperrstunde meine Füße. Gute Nacht, ihr schönen Elbufer! Euch werde ich diesmal nicht erblicken.

Die Päpste Hammoniens haben gute Gründe, warum sie ihr Wort Gottes nicht mit dem Worte Gottes in der Natur in Streit kommen lassen wollen. Darum lassen sie wohlweislich ihre Tore sperren. Guter Brockes, der du in Hamburg Gott in der Natur sangst, du mußtest doch sonntags früh davonschleichen, wenn du nicht mit eingepfercht sein wolltest! – Mit Bitterkeit und Verwünschungen, über die ich mich selbst tadle, schlich ich in meine Wohnung zurück.

Mir war doch wohl, als unser Wagen am 31. August sich zum Lüneburger Tore – so nenne ich's, weil wir dahin fuhren – hinausrollte. Mir, dem an kleinstädtische Stille und Lebensordnung Verwöhnten, wollte die Hamburger Tag-Nacht-Verkehrung und das gewerbsame Getümmel einer Handelsstadt, wo ich nichts zu mäkeln, zu feilschen und zu befrachten hatte, in die Länge sehr drückend und einschnürend werden. Mag's auch wohl Neid gewesen sein, der aus einem Schmollwinkel meines Herzens hervorblinzelte und mir die Schätze und Lebensgenüsse vorbuchstabierte, die Merkur hier über seine Lieblinge ausschüttet, während wir mit unsern Virgilen und Homeren kaum ein Kartoffelgericht verdienen! Nein, von diesem Neide habe ich, gottlob, auch nicht die leiseste Ahnung gehabt.

Aber wohl von einem andern. Die herrliche Gelegenheit, die ein hier lebender Gelehrter hat, Buchstabenweisheit und Stubengelehrsamkeit mit praktischer Lebensweisheit, mit Völker- und Länderkenntniß umzutauschen und aus hundert Quellen anschauliche Erkenntniß zu schöpfen, die uns mittelländischen Maulwürfen auf immer verschlossen bleiben. Dies war oft, wenn ich in Sievekings Garten fast alle Menschenschädel versammelt sah, aus denen Blumenbach seine verschiedenen Menschenracen decadenweise demonstriert, und aus diesen Schädeln so viel Wissenswürdiges herauszupumpen fand, wenn ich bei Ebeling die neuesten Drucke aus Calcutta und Mexiko, bei Reimarus die neuesten Entdeckungen aus Edinburgh und Pisa, bei Büsch die lichtvollsten Berechnungen über den klingenden und papiernen Schatz der Nationen vorgezeigt erhielt, der Gegenstand meines Neides. Wenn ich in Fauches Buchladen die neuesten französischen, bei Remnant die neuesten englischen und amerikanischen Produkte durchblätterte und berechnete, wie selten sich so etwas nach monatlichen Umwegen zu uns verirre und wie viel hier mit solchen neuen Artikeln literarisch zu speculieren sei; wenn ich am Hafen oder Elbufer stehend diese ganze neue Wasserwelt mit Allem, was darauf wimmelte, jubelte, fluchte und lachte, ansah und mir sagen mußte, daß mir von alle diesem, von Nautik, Seehandel, Assecuranzwesen usw. geradezu nichts bekannt sei, daß ich, der ich so gut ein Amphibion sein könnte, wie diese Tausende, ein Land- und Laubfrosch sein und bleiben würde mein Lebtage: da fühlte ich unmutsvoll die engen Schranken meines kleinen Studierstübchens im Thüringerlande, wo die sechs Schritt breite Ilm vorzugsweise der Fluß heißt und wir die Schiffe nur aus den Bilderbüchern zum Weihnachtsgeschenke kennen.

Als ich aus der tötenden Einförmigkeit und öden Unfruchtbarkeit der Heidegegenden zwischen Celle und Harburg, wo man stundenlang fährt, ohne auch nur ein grünendes Bäumchen, geschweige ein Kornfeld oder eine Wiese zu sehen, wo die nach Erde hungernden Einwohner da, wo einige Vegetation haftete, die dünnen Schalen der Erde abkratzen und daraus ihre Dünger zubereiten, wo statt wolliger Schafe hier und da eine straffhaarige Heidschnucke das werdende Gräschen ausspäht – auf einmal, wie durch einen Zauberschlag, an das fette Elbufer mich versetzt und von da auf unserm Ever (Elbschiff von einem Maste) mich Altona und Hamburg gegenübergestellt sah, und nun von diesem über alle Beschreibung prächtigen und imposanten Schauspiele hingerissen, mich in den Wald der Maste von mehr als 1200 Schiffen, die in Altonas und Hamburgs Hafen jetzt vor Anker lagen, versenkte, da wurde meine hochgespannte Erwartung noch höher gespannt, als wir uns in Altona in unserm Wagen sitzend hatten hinaufwinden lassen und uns nun, wie ein Kaninchen, das ein Raubvogel auf einen gedrängten Jahrmarkt herabfallen ließ, plötzlich mit Litzenbrüdern, Lohnkutschern, Gassenkungen, Matrosen, Obstweibern von allen Seiten in dichten Haufen umschwärmt sahen, da dachte ich: wie muß es nun erst in Hamburg sich tummeln, und meine Erwartung wuchs mit jeder Minute. Keine dieser Erwartungen ist getäuscht, alle sind eher noch übertroffen worden. Aber dieses Getümmels war ich schon in den ersten zwei Tagen völlig überdrüssig. Der größte Guckkasten ist doch nur – ein Guckkasten.

Marianne Prell

Weihnacht 1813

Marianne Prell wurde 1805 in eine Hamburger Kaufmanns-familie hineingeboren. Als Mitglied der erbgesessenen Bürgerschaft war ihr Vater in mehreren Deputationen enga-giert; im Frühjahr 1813 hatte er sich mit vielen anderen gegen die französische Fremdherrschaft aufgelehnt. Marianne Prell gründete 1832 als Pädagogin eine Elementarschule für Knaben in Altona, die später nach St. Georg verlegt wurde. 1863 veröffentlichte sie ihre „Erinnerungen aus der Franzo-senzeit in Hamburg von 1806 bis 1814; für Jung und Alt erzählt". Ihre Aufzeichnungen wirkten frisch und eindrück-lich, sie wurden viel gelesen.

Hamburg war von Napoleons Machtstreben massiv betroffen. In dem Wirtschaftskrieg, den Frankreich gegen Großbritannien führte, hatte Napoleon 1806 mit der soge-nannten Kontinentalsperre sämtliche Einfuhren britischer Waren über deutsche Häfen untersagt. Um dies durchzu-setzen, ließ er Hamburg besetzen, die Stadt wurde dem Fran-zösischen Kaiserreich eingegliedert. Nach dem gescheiterten Feldzug gegen Russland erließ der empfindlich geschwächte Kaiser den Befehl, Hamburg zur Festung auszubauen. Marschall Davout, sein Statthalter, setzte dies mit großer Härte um.

Im Dezember 1813 spitzte sich die Lage dramatisch zu. Marschall Davout plünderte die Stadtkasse, erfand immer neue Abgaben, presste den Bauern Fleisch und Gemüse ab, beschlagnahmte Wohnraum und machte Kirchen zu Pferdeställen. Alle Einwohner, die keine Lebensmittelvorräte für sechs Monate vorweisen konnten, mussten die Stadt bis zum 24. Dezember verlassen. Viele Familien wurden gewaltsam aus ihren Wohnungen geholt; von den 120 000 Einwohnern wurden bis zu 20 000 Menschen aus der Stadt geworfen.

Solch ein Weihnachten, wie Hamburg damals sah, hat keiner von Euch je erlebt und wird, so Gott will, kein Mensch in Hamburg je wieder erleben! Daß an keine Geschenke, an kein eigentliches Feiern gedacht werden konnte, versteht sich von selbst. Am Abend des 19. Dezembers waren an der Alster all die schönen Gartenhäuser außerhalb des Dammtors abgebrannt; am 20. erhielten die Bewohner des Hamburgerberges (St. Pauli) den Befehl, binnen vier Tagen (also zum Weihnachtsabend) ihre Häuser zu räumen; am 23. ward Hamm bis zur Kirche, auch das Schulhaus und die Predigerwohnung abgebrannt. Daneben hatte Hogendorp bekannt gemacht, wer auf den Wall gehe, solle 50 Stockprügel bekommen; sobald man aber einen Kanonenschuß höre, solle jeder binnen zwei Minuten die Straße verlassen. – Stellt Euch die beklommene Stimmung an diesem Weihnachtsfeste vor! – An Kirchengehen mochten auch die wenigsten denken; nur die große Michaeliskirche war noch unentweiht geblieben. Die Jakobikirche war schon am 15. Dezember zum Pferdestall verlangt worden. Auf besonderes Bitten der Prediger hieß es, sie solle verschont bleiben; am Sonntag darauf halten also die guten Leute ein feierliches Dankfest über die glückliche Abwendung der Gefahr; am 19. wird aber die Kirche trotz aller Versprechungen doch zum Pferdestall genommen. Am ersten Weihnachtstage ging es der Nikolai- und der Katharinenkirche auch nicht besser. Für die Nikolai-Gemeinde ward nun in der Börsenhalle, für die Katharinen- in einem Eckhause am Steckelhörn und für die Jakobi-Gemeinde im Hause des Hauptpastoren gepredigt.

Am Mittag des 24. Dezembers erhielt mein Vater einen Brief vom Maire Rüder, daß er, wie die andern Herren der Verproviantierungs-Kommission, unweigerlich diesen Abend sich bei dem Militär-Kommandanten, Herrn Major Kaminsky, einfinden solle, widrigenfalls der Colonel Charlot beim Prinzen darauf antragen werde, die Herren mit ihren Familien zur Stadt hinauszutreiben. Der Brief lautet wörtlich:

Hamburg, den 24. Dezember 1813.
Der Maire der Stadt Hamburg.

Mein Herr!

Der Herr Präsident der Commission de Sûreté, Herr Colonel Charlot, meldet mir, daß er unterrichtet sei, daß verschiedene der ernannten Herren Kommissairs sich unter verschiedenen Vorwänden ihrer aufgetragenen Funktion entziehen. Herr Colonel schreibt mir soeben 11 Uhr Abends: *Si ces Messieurs refusent dèsormais de se rendre aux invitations qui leur sont faites, je proposerai près de Son Altesse la mesure de les faire expulser eux et leurs familles. Ceux d'entre eux qui n'auraient point obtempéré aux invitations qui ont dû leur être faites ce soir, seront compris dans ces dispositions.* Also, entweder, meine Herren, folgen Sie strikte den Befehlen des Herrn Militär-Kommandanten oder rechnen Ihrem Eigensinne die traurigen Folgen an. Doch zähle ich unter Ihnen würdige Greise mit wahrer Bürgertugend, den unermüdeten

Herrn Friedensrichter Dr. Hasse, der nur in Erfüllung heiliger Pflichten gegen Staat und Menschheit eine Erholung seiner Amtspflichten findet. Ich huldige dem Talent und der civischen Tugend, kann aber nicht träge übelwillige Kollegen vor den Folgen Ihrer Laune und Ihres Eigensinnes sichern.

Hochachtend
(gez.) Rüder.

Gleich nach Tische ging unser Vater also zum Kommandanten, und verabredete mit Mutter, falls er um 7 Uhr nicht wieder da sei, so möge sie allein uns nur unsere kleinen Weihnachtsgeschenke geben. Trotz aller trüben Zeiten hatte Mutter nämlich doch einen kleinen Tannenbaum für uns aufgeputzt, freilich nicht mit Konfekt, aber doch mit Äpfeln, Nüssen und Lichtern; auch einige braune Kuchen hatte unser Nachbar, der alte gute Zuckerbäcker, uns gebracht; außerdem sollten wir jede noch eine kleine Puppe haben, deren Anzüge Mutter erst Abends vorher genäht hatte. Als nun Vater um 7 Uhr, auch um halb 8 Uhr nicht kam, da zündete Mutter die Lichter an, klingelte wie früher, und fröhlich wie früher stürzten die kleineren Geschwister ins Zimmer; ich erinnere mich, daß es mir aber doch sehr traurig war, Vater nicht dabei zu wissen. Desto lebhafter war unsere Freude, als bald darauf die Haustür geöffnet ward, und Mutter und ich gleich Vaters Tritt und Stimme erkannten. Er kam aber nicht allein; ein französischer Adjudant begleitete ihn. Er freute sich, daß Mutter auch ohne ihn die Weihnachtbescherung angefangen, und erzählte ihr, daß er gleich wieder fort müsse; dieser Herr, der Adjudant, habe nur die Gefälligkeit gehabt, ihn auf einige Augenblicke zu seiner Familie zu begleiten. Mutter machte nun geschwind Tee, ich mußte einige braune Kuchen auf einen Teller legen und dann dem Adjudanten, welcher sich dicht an den Ofen gesetzt hatte, Tee und Kuchen präsentieren. Als ich nun so mit dem kleinen Teebrett vor ihm stand, bemerkte ich, daß er weinte. Natürlich flüsterte ich das gleich ganz leise meiner Mutter zu, welche sich nun in ein längeres Gespräch mit ihm einließ. Da erzählte er denn, er sei ein Italiener; seit 8 Jahren habe er keine Weihnachtsfeier mehr gesehen; diese Lichter erinnerten ihn an seine Kindheit usw.

Nach einer Viertelstunde gingen er und Vater schon wieder weg. Vater hoffte noch, bald wiederkommen zu können, aber gegen 9 Uhr kam ein Nachtwächter (eine Art Konstabler) und brachte ein kurzes Billet von Vater, des Inhalts: Mutter möge nur mit uns Kindern zu Abend essen, er werde wohl diese Nacht nicht nach Hause kommen, da die Nichtverproviantierten durchaus noch diese Nacht arretiert werden sollten.

Früher pflegten wir am Weihnachtsabend immer Apfelkuchen zu essen; in Ermangelung derselben hatte Mutter einen Apfelpfannekuchen backen lassen, welchen wir denn auch kindlich vergnügt verzehrten. Vater kam aber erst am andern Morgen gegen 7 Uhr nach Hause.

Von den Erlebnissen dieser Nacht hat mein Vater uns so oft erzählt, daß ich Euch notwendig eine umständliche Schilderung davon machen muß. Bei dem Kommandanten fand Vater natürlich auch die andern Mitglieder der Verproviantierungs-Kommission versammelt; es ward ihnen angezeigt, daß noch in dieser Nacht alle Nichtverproviantierten eingezogen und morgen früh zum Tor hinausgebracht werden müßten. Alle Vorstellungen der Bürger blieben fruchtlos: »Sie kennen den Krieg nicht, meine Herren«, sagte der Kommandant, »Sie haben noch keine Belagerung erlebt. Die Stadt ist so gut befestigt, daß der Feind uns nicht leicht aus unserer Position treiben wird, es sei denn, daß er uns durch Hunger zur Übergabe zwinge. Kommt aber erst wirklich Hungersnot, dann ist die ärmere Klasse am schlimmsten daran. Die Bürger können den Leuten dann ebensowenig etwas geben, wie wir; dann müssen wir sie zur Stadt hinaustreiben. Während sie jetzt aber noch allenfalls in Altona und der Umgegend notdürftig ein Unterkommen finden, werden sie dann von den Russen (welche uns ja durch Hunger zur Übergabe zwingen wollen) nicht etwa mitleidig aufgenommen, sondern man wird auf sie schießen, um sie wieder in die Stadt zurückzutreiben; wir aber werden ihnen die Tore nicht öffnen, und so müssen sie denn elendiglich auf dem Glacis umkommen. Freiwillig gehen sie jetzt nicht, es ist ja schon am 18. der Befehl gekommen, daß sie die Stadt verlassen sollten; es ist eine Wohltat für sie, wenn wir sie jetzt gewaltsam hinausbringen.«

Dawider ließ sich nun freilich weiter nichts sagen. Man bat nur noch um Aufschub bis zum andern Morgen; allein davon wollte der übrigens recht menschenfreundliche Kommandant, ein Pole, durchaus nichts wissen. Es sei der ausdrückliche Befehl des Prinzen.

Ob die Franzosen dies Austreiben absichtlich aus Grausamkeit am Weihnachtsabend vornahmen oder ob es nur durch eine traurige Verkettung von Umständen so gekommen, ist wohl schwer zu entscheiden. Ich bin sehr geneigt zu glauben, daß die Franzosen gar nicht an Weihnachten gedacht haben, sondern nur an die Russen, welche uns damals so nahe standen, daß sie z. B. schon am 5. Januar Eppendorf besetzten.

So viel als möglich suchten indes die Herren der Kommission die Sache in die Länge zu ziehen; einer derselben machte den Vorschlag, ob es bei dem kalten Wetter nicht ganz zweckmäßig sei, vorher erst etwas Warmes zu genießen, etwa ein wenig Punsch zu machen. Dagegen hatten die anwesenden Offiziere nichts einzuwenden. Die Bürger ließen nun für ihre Kosten ein kleines Abendessen herbeiholen; bis der Punsch fertig war, verstrich einige Zeit, und bis er ausgetrunken war, verstrich noch etwas mehr Zeit; dabei suchte man die Unterhaltung auch möglichst in die Länge zu spinnen. Endlich gegen Mitternacht drang der Kommandant doch ernstlich auf Ausführung der Order. Zu bedauern waren dabei auch die französischen Soldaten, die nun schon so lange hatten warten müssen. Es war nämlich bestimmt, daß jeder der sechs Bürger einen französischen Offizier, dreißig Soldaten und eine Anzahl Gendarmen zur Begleitung haben solle.

Vater erhielt zur Begleitung den uns nun schon bekannten Adjudanten, den Italiener, was ihm natürlich sehr lieb war, da er voraussah, daß dieser ihm möglichst gelinde Maßregeln gestatten werde. Um ihn nur recht in seiner weichen Stimmung zu erhalten, klopfte Vater nun zuerst bei einer Familie an, wo viele Kinder waren. Die Leute hatten schon vor einigen Tagen zu Vater gesagt, sie wollten nur erst das Weihnachtsfest abwarten und dann nach Altona gehen, wo der Mann in der Knauer'schen Tabaksfabrik Arbeit bekommen könne. Als angeklopft wurde, öffnete dieser das Fenster und fragte ganz unwillig, wer denn da solchen Lärm mache? »Wir wollten uns nur erkundigen«, hieß es, »ob Sie jetzt verproviantiert seien?« »Ich habe ja schon neulich erklärt, daß ich mich nicht verproviantieren kann und nicht verproviantieren will«, war die trotzige Antwort. »Dann kommen Sie nur erst einmal geschwind mit Licht herunter und machen die Haustür auf«, rief Vater ihm zu. Als er Vaters Stimme erkannte, kam er zwar gleich, aber wie erschrak er, als er die vielen Soldaten sah! Er zitterte so sehr, daß er das Licht kaum halten konnte. Währenddes war auch die Frau herbeigekommen; Vater und der Adjudant gingen nun hinauf, die Soldaten blieben unten. Jetzt wachten auch die Kinder in der Kammer auf, erschraken und fingen an zu weinen. »Das hilft alles nicht«, sagte mein Vater, »machen Sie sich nur geschwind fertig, Sie müssen zur Stadt hinaus!« »Aber mein Gott, mitten in der Nacht? mit all den Kindern? und das bei dieser Kälte?« Und nun kann man sich das Jammergeschrei denken! – Dem Adjudanten war das zu viel; er stürzte zum Zimmer hinaus und winkte meinem Vater, ihm zu folgen. Auf dem Vorplatz fiel er ihm um den Hals: »Um Gotteswillen!« rief er aus, »seien Sie doch nicht so hart gegen diese armen Leute, ich bin ja kein Barbar! Ich muß leider meine Order vollziehen, aber wir können doch möglichst gelinde sein.«

Die Frau mochte die Sache doch wohl durchschaut haben, denn als die Herren wieder ins Zimmer traten, hatte sie die Kinder teilweise angekleidet und beruhigt, und bat nun sehr demütig, ob sie den Kleinen nicht erst ein wenig Warmes zu trinken geben dürfe. Der Offizier erlaubte es gern, und während der Mann einige Habseligkeiten einpackte, machte sie nun Feuer an und kochte Kaffee. Allzuschnell ging das natürlich nicht. Plötzlich kam jemand die Treppe heraufgestolpert; es war der französische Sergeant, welcher unten die Soldaten kommandierte; dieser gab nicht undeutlich zu verstehen, daß das keine Manier sei, sich bei einer Familie so lange aufzuhalten usw. »Jetzt gebrauchen Sie Ihr Ansehen«, flüsterte Vater seinem jungen Begleiter zu. Dieser verwies denn auch den Sergeanten sogleich wieder an seinen Posten: Er habe hier nichts zu befehlen, wenn weiter marschiert werden solle, werde er schon Order erhalten usw.

Bald war denn alles so ziemlich eingepackt, den Schlüssel der Wohnung nahm ein Nachbar in Verwahrung und die Familie wurde einigen Gendarmen übergeben, die sie nach der Petri-Kirche brachten, wo bald von allen Seiten die Unglücklichen anlangten, welche am andern Morgen zum Tor hinaustransportiert werden sollten. Die traurigen Gruppen, die sich auf diese Weise in der Petri-Kirche bildeten, hat Benedixen auf einem großen Ölgemälde dargestellt, welches man noch jetzt in jener Kirche sehen kann.

Mein Vater mußte nun noch die ganze Nacht mit den Franzosen umherziehen und natürlich noch mehrere Familien wegbringen lassen, bei denen sich mehr oder minder die vorige Szene wiederholte. Sein Kanton umfaßte die Gegend am Schaarmarkt, Schaarsteinweg, Brauerknechtgraben, Vorsetzen etc. Bei den schlechten glatten Wegen und der spärlichen, fast gänzlich erlöschenden Straßenbeleuchtung schlugen die armen todmüden Soldaten alle Augenblick mit ihren Gewehren auf das Pflaster nieder, bis man endlich um zwei Uhr noch einen Krämer herausklopfte, um einige Pfund Lichter zu kaufen, welche die Soldaten auf ihre Gewehre steckten. So ging denn nun die Nacht hin, schrecklich für meinen Vater und den Adjudanten, schrecklich für die frierenden Soldaten und am schrecklichsten für die armen Menschen, welche mitten in der Nacht Haus und Heimat verlassen mußten, um sie vielleicht niemals wiederzusehen; denn wie viele von ihnen durch Angst, Hunger und Kälte aufgerieben sind, davon ist ja schon früher die Rede gewesen.

Sobald der Morgen graute, kehrten die Bürger der Verproviantierungs-Kommission von ihrer Wanderung heim. Die andern waren wohl nicht so glücklich gewesen als mein Vater, der, unterstützt von seinem menschenfreundlichen Begleiter, im Verhältnis nur wenig Familien weggebracht hatte. Sobald er nach Hause kam, war es aber das erste, daß er die noch verschont gebliebenen Leute von der Gefahr benachrichtigen ließ, welche diese Nacht über ihrem Haupte geschwebt hatte, und sie veranlaßte, schnell ihre Sachen zusammenzupacken und freiwillig die Stadt zu verlassen. Der Prinz ließ an demselben Morgen bekannt machen, daß aus Mitleid noch heute und morgen (am ersten und zweiten Weihnachtstage) von 12 bis 2 Uhr die Tore geöffnet werden sollten, und dies benutzten denn mehrere hundert Menschen, um dem drohenden Verderben zu entrinnen. Zugleich ward ihnen verheißen, daß ihr hier bleibendes Eigentum, welches sie ja Verwandten und Freunden zum Aufbewahren geben könnten, sicher geschützt werden solle. (Dennoch wurden schon am 9. Januar die Verwandten und Freunde der Ausgewanderten aufgefordert, das zurückgelassene Bettzeug und Leinen an die Hospitäler abzuliefern.)

Am 27. Dezember abends war wieder die ganze Luft rot, weil der Grindel, der Rothebaum und ein Teil des Hamburgerberges abgebrannt wurde, so wie am 28. der Brand des Schulterblattes den Himmel rötete.

Heinrich Heine

Hamburg ist eine gute Stadt (1831)

Von heute aus gesehen steht der Hamburg-Text von Heinrich Heine zwischen der sog. Franzosenzeit und dem Großen Brand. Eine Zeit der Konsolidierung nach dem Wüten des Militärs, während die Demokratiebewegung noch in weiter Ferne liegt. Eine selbstbezogene Zeit für die Stadt. Um 1831, der politischen Anfeindungen und der Zensur in Preußen überdrüssig, war der Autor gerade nach Paris umgesiedelt, schrieb Heine das Romanfragment »Aus den Memoiren des Herren von Schnabelewopski«. Darin erinnert sich der Erzähler einer zwölf Jahre zurückliegenden Reise als junger Mann von Polen nach Holland, wo er Theologie studieren wollte. Seine erste Station damals war Hamburg.

Heine war 1816 als Neunzehnjähriger nach Hamburg gekommen, hier sollte er für eine kaufmännische Lehre in das Bankhaus seines Onkels Salomon Heine eintreten. Mancherlei Unstimmigkeiten führten dazu, dass er drei Jahre später die Stadt wieder verließ, im Streit mit dem Onkel, ohne greifbare berufliche Aussichten. Immerhin konnte er in dieser Zeit erste Gedichte publizieren. Heinrich Heines Verhältnis gegenüber Hamburg blieb zeitlebens distanziert, seine Auslassungen waren spöttisch und bissig. Die materialistische Ausrichtung der Stadt, in der es »Huren genug, aber keine

Musen gebe«, bildete die wiederkehrende Folie seiner Kritik. Nur tote Künstler würden geschätzt, den lebenden begegne man mit Missachtung.

Das Hamburg-Bild, das Heine im Schnabelewopski-Text zeichnet, umfasst neben kommentierenden Beschreibungen auch eine melancholische Seite. Den sommerlich leichten Wochen, die der junge Reisende erlebte, wird eine frostige Winterzeit gegenübergestellt, in der sich der Ältere nun befindet. Mit den Alsterschwänen, die man am Flug in den warmen Süden hindere und die in den »dunklen Eisgruben« des Nordens festgehalten würden, fasst der Erzähler auch eigene Hoffnungen, die er nun als Täuschungen erkennt, in ein auf die Stadt abgestimmtes Bild.

Mein erster Ausflug, als ich Schnabelewops verließ, war nach Deutschland, und zwar nach Hamburg, wo ich sechs Monat blieb, statt gleich nach Leiden zu reisen und mich dort nach dem Wunsche meiner Eltern, dem Studium der Gottesgelahrtheit zu ergeben. Ich muß gestehen, daß ich während jenes Semesters mich mehr mit weltlichen Dingen abgab als mit göttlichen.

Die Stadt Hamburg ist eine gute Stadt; lauter solide Häuser. Hier herrscht nicht der schändliche Macbeth, sondern hier herrscht Banko. Der Geist Bankos herrscht überall in diesem kleinen Freistaate, dessen sichtbares Oberhaupt ein hoch- und wohlweiser Senat. In der Tat, es ist ein Freistaat und hier findet man die größte politische Freiheit. Die Bürger können hier tun was sie wollen und der hoch- und wohlweise Senat kann hier ebenfalls tun was er will; jeder ist hier freier Herr seiner Handlungen. Es ist eine Republik. Hätte Lafayette nicht das Glück gehabt den Ludwig Philipp zu finden, so würde er gewiß seinen Franzosen die hamburgischen Senatoren und Oberalten empfohlen haben. Hamburg ist die beste Republik. Seine Sitten sind englisch und sein Essen ist himmlisch. Wahrlich, es gibt Gerichte zwischen den Wandrahmen und dem Dreckwall, wovon unsere Philosophen keine Ahnung haben. Die Hamburger sind gute Leute und essen gut. Über Religion, Politik und Wissenschaft sind ihre respektiven Meinungen sehr verschieden, aber in Betreff des Essens herrscht das schönste Einverständnis. Mögen die christlichen Theologen dort noch so sehr streiten über die Bedeutung des Abendmahls; über die Bedeutung des Mittagmahls sind sie ganz einig. Mag es unter den Juden dort eine Partei geben, die das Tischgebet auf deutsch spricht, während eine andere es auf hebräisch absingt; beide Parteien essen und essen gut und wissen das Essen gleich richtig zu beurteilen. Die Advokaten, die Bratenwender der Gesetze, die so lange die Gesetze wenden und anwenden bis ein Braten für sie dabei abfällt, diese mögen noch so sehr streiten: ob die Gerichte öffentlich sein sollen oder nicht; darüber sind sie einig, daß alle Gerichte gut sein müssen, und jeder von ihnen hat sein Leibgericht. Das Militär denkt gewiß ganz tapfer spartanisch, aber von der schwarzen Suppe will es doch nichts wissen. Die Ärzte, die in der Behandlung der Krankheiten so sehr uneinig sind und die dortige Nationalkrankheit (nämlich Magenbeschwerden), als Braunianer durch noch größere Portionen Rauchfleisch, oder als Homöopathen durch 1/10.000 Tropfen Absinth in einer großen Kumpe Mockturtelsuppe zu kurieren pflegen, diese Ärzte sind ganz einig wenn von dem Geschmacke der Suppe und des Rauchfleisches selbst die Rede ist. Hamburg ist die Vaterstadt des letztern, des Rauchfleisches, und rühmt sich dessen, wie Mainz sich seines Johann Faust und Eisleben sich seines Luthers zu rühmen pflegt. Aber was bedeutet die Buchdruckerei und die Reformation in Vergleichung mit Rauchfleisch? Ob beide ersteren genutzt oder geschadet, darüber streiten zwei Parteien in Deutschland; aber sogar unsere eifrigsten Jesuiten sind eingeständig, daß das Rauchfleisch eine gute, für den Menschen heilsame Erfindung ist.

Hamburg ist erbaut von Karl dem Großen und wird bewohnt von 80.000 kleinen Leuten, die alle mit Karl dem Großen, der in Aachen begraben liegt, nicht tauschen würden. Vielleicht beträgt die Bevölkerung von Hamburg gegen 100.000; ich weiß es nicht genau, obgleich ich ganze Tage lang auf den Straßen ging um mir dort die Menschen zu betrachten. Auch habe ich gewiß manchen Mann übersehen, indem die Frauen meine besondere Aufmerksamkeit in Anspruch nahmen. Letztere fand ich durchaus nicht mager, sondern meistens sogar korpulent, mitunter reizend schön, und im Durchschnitt, von einer gewissen wohlhabenden Sinnlichkeit, die mir bei Leibe! nicht mißfiel. Wenn sie in der romantischen Liebe sich nicht allzuschwärmerisch zeigen und von der großen Leidenschaft des Herzens wenig ahnen: so ist das nicht ihre Schuld, sondern die Schuld Amors, des kleinen Gottes, der manchmal die schärfsten Liebespfeile auf seinen Bogen legt, aber aus Schalkheit oder Ungeschick viel zu tief schießt, und statt des Herzens der Hamburgerinnen nur ihren Magen zu treffen pflegt. Was die Männer betrifft, so sah ich meistens untersetzte Gestalten, verständige kalte Augen, kurze Stirn, nachlässig herabhängende, rote Wangen, die Eßwerkzeuge besonders ausgebildet, der Hut wie festgenagelt auf dem Kopfe, und die Hände in beiden Hosentaschen, wie einer der eben fragen will: was hab ich zu bezahlen?

Zu den Merkwürdigkeiten der Stadt gehören: 1) Das alte Rathaus, wo die großen Hamburger Bankiers, aus Stein gemeißelt und mit Zepter und Reichsapfel in Händen, abkonterfeit stehen. 2) Die Börse, wo sich täglich die Söhne Hammonias versammeln, wie einst die Römer auf dem Forum, und wo über ihren Häuptern eine schwarze Ehrentafel hängt mit den Namen ausgezeichneter Mitbürger. 3) Die schöne Marianne, ein außerordentlich schönes Frauenzimmer, woran der Zahn der Zeit schon seit zwanzig Jahren kaut – nebenbei gesagt, »der Zahn der Zeit« ist eine schlechte Metapher, denn sie ist so alt, daß sie gewiß keine Zähne mehr hat, nämlich die Zeit – die schöne Marianne hat vielmehr jetzt noch alle ihre

Zähne und noch immer Haare darauf, nämlich auf den Zähnen. 4) Die ehemalige Zentralkassa. 5) Altona. 6) Die Originalmanuskripte von Marrs Tragödien. 7) Der Eigentümer des Rödingschen Kabinetts. 8) Die Börsenhalle. 9) Die Bacchushalle, und endlich 10) das Stadttheater. Letzteres verdient besonders gepriesen zu werden, seine Mitglieder sind lauter gute Bürger, ehrsame Hausväter, die sich nicht verstellen können und niemanden täuschen, Männer die das Theater zum Gotteshause machen, indem sie den Unglücklichen, der an der Menschheit verzweifelt, aufs wirksamste überzeugen, daß nicht alles in der Welt eitel Heuchelei und Verstellung ist.

Bei Aufzählung der Merkwürdigkeiten der Republik Hamburg kann ich nicht umhin zu erwähnen, daß, zu meiner Zeit, der Apollosaal auf der Drehbahn sehr brillant war. Jetzt ist er sehr heruntergekommen, und es werden dort philharmonische Konzerte gegeben, Taschenspielerkünste gezeigt und Naturforscher gefüttert. Einst war es anders! Es schmetterten die Trompeten, es wirbelten die Pauken, es flatterten die Straußfedern, und Heloise und Mina rannten durch die Reihen der Oginskipolonäse, und alles war sehr anständig. Schöne Zeit, wo mir das Glück lächelte! Und das Glück hieß Heloise! Es war ein süßes, liebes, beglückendes Glück mit Rosenwangen, Liliennäschen, heißduftigen Nelkenlippen, Augen wie der blaue Bergsee, aber etwas Dummheit lag auf der Stirne, wie ein trüber Wolkenflor über einer prangenden Frühlingslandschaft. Sie war schlank wie eine Pappel und lebhaft wie ein Vogel, und ihre Haut war so zart, daß sie zwölf Tage geschwollen blieb durch den Stich einer Haarnadel. Ihr Schmollen, als ich sie gestochen hatte, dauerte aber nur zwölf Sekunden, und dann lächelte sie – schöne Zeit, als das Glück mir lächelte! Minka lächelte seltener, denn sie hatte keine schönen Zähne. Desto schöner aber waren ihre Tränen, wenn sie weinte, und sie weinte bei jedem fremden Unglück und sie war wohltätig über alle Begriffe. Den Armen gab sie ihren letzten Schilling; sie war sogar oft in der Lage wo sie ihr letztes Hemd weggab, wenn man es verlangte. Sie war so seelengut. Sie konnte nichts abschlagen, ausgenommen ihr Wasser. Dieser weiche, nachgiebige Charakter kontrastierte gar lieblich mit ihrer äußeren Erscheinung. Eine kühne, junonische Gestalt; weißer frecher Nacken, umringelt von wilden schwarzen Locken, wie von wollüstigen Schlangen; Augen, die unter ihren düsteren Siegesbogen so weltbeherrschend strahlten; purpurstolze, hochgewölbte Lippen; marmorne, gebietende Hände, worauf leider einige Sommersprossen; auch hatte sie, in der Form eines kleinen Dolchs, ein braunes Muttermal an der linken Hüfte. [...]

Für Leser denen die Stadt Hamburg nicht bekannt ist – und es gibt deren vielleicht in China und Oberbayern – für diese muß ich bemerken: daß der schönste Spaziergang der Söhne und Töchter Hammonias den rechtmäßigen Namen Jungfernsteg führt; daß er aus einer Lindenallee besteht, die auf der einen Seite von einer Reihe Häuser, auf der anderen Seite von dem großen Alsterbassin begrenzt wird; und daß vor letzterem, ins Wasser hineingebaut, zwei zeltartige lustige Kaffeehäuslein stehen, die man Pavillons nennt. Besonders vor dem einem, dem sogenannten Schweizerpavillon, läßt sich gut sitzen wenn es Sommer ist und die Nachmittagssonne nicht zu wild glüht, sondern nur heiter lächelt und mit ihrem Glanze die Linden, die Häuser, die Menschen, die Alster und die Schwäne, die sich darauf wiegen, fast märchenhaft lieblich übergießt. Da läßt sich gut sitzen, und da saß ich gut, gar manchen Sommernachmittag, und dachte, was ein junger Mensch zu denken pflegt, nämlich gar nichts, und betrachtete, was ein junger Mensch zu betrachten pflegt, nämlich die jungen Mädchen, die vorübergingen – und da flatterten sie vorüber jene holden Wesen mit ihren geflügelten Häubchen und ihren verdeckten Körbchen, worin nichts enthalten ist – da trippelten sie dahin, die bunten Vierlanderinnen, die ganz Hamburg mit Erdbeeren und eigener Milch versehen, und deren Röcke noch immer viel zu lang sind – da stolzierten die schönen Kaufmannstöchter, mit deren Liebe man auch so viel bares Geld bekömmt – da hüpft eine Amme, auf den Armen ein rosiges Knäbchen, das sie beständig küßt, während sie an ihren Geliebten denkt – da wandeln Priesterinnen der schaumentstiegenen Göttin, hanseatische Vestalen, Dianen die auf die Jagd gehn, Najaden, Dryaden, Hamadryaden und sonstige Predigerstöchter – ach! da wandelt auch Minka und Heloisa! Wie oft saß ich vor dem Pavillon und sah sie vorüberwandeln in ihren rosagestreiften Roben – die Elle kostet 4 Mark und 3 Schilling und Herr Seligmann hat mir versichert, die Rosastreifen würden im Waschen die Farbe behalten – Prächtige Dirnen! riefen dann die tugendhaften Jünglinge, die neben mir saßen – Ich erinnere mich, ein großer Assekuradeur, der immer wie ein Pfingstochs geputzt ging, sagte einst: die eine möcht ich mir mal als Frühstück und die andere als Abendbrot zu Gemüte führen, und ich würde an solchem Tage gar nicht zu Mittag speisen – Sie ist ein Engel! sagte einst ein Seekapitän ganz laut, so daß sich beide Mädchen zu gleicher Zeit umsahen, und sich dann einander eifersüchtig anblickten – Ich selber sagte nie etwas, und ich dachte meine süßesten Garnichtsgedanken, und betrachtete die Mädchen, und den heiter sanften Himmel, und den langen Petriturm mit der schlanken Taille, und die stille blaue Alster, worauf die Schwäne so stolz und so lieblich und so sicher umherschwammen. Die Schwäne! Stundenlang konnte ich sie betrachten, diese holden Geschöpfe mit ihren sanften langen Hälsen, wie sie sich üppig auf den weichen Fluten wiegten, wie sie zuweilen selig untertauchten und wieder auftauchten und übermütig plätscherten, bis der Himmel dunkelte, und die goldenen Sterne hervortraten, verlangend, verheißend, wunderbar zärtlich, verklärt. Die Sterne! Sind es goldne Blumen am bräutlichen Busen des Himmels? Sind es verliebte Engelsaugen, die sich sehnsüchtig spiegeln in den blauen Gewässern der Erde und mit den Schwänen buhlen?

– – – Ach! das ist nun lange her. Ich war damals jung und törigt. Jetzt bin ich alt und törigt. Manche Blume ist unterdessen verwelkt und manche sogar zertreten worden. Manches seidne Kleid ist unterdessen zerrissen, und sogar der rosagestreifte Kattun des Herren Seligmann hat unterdessen die Farbe verloren. Er selbst aber ist ebenfalls verblichen – die Firma ist jetzt »Seligmanns selige Witwe« – und Heloisa, das sanfte Wesen, das geschaffen schien nur auf weichbeblümte indische Teppiche zu wandeln und mit Pfauenfedern gefächelt zu werden, sie ging unter in Matrosenlärm, Punsch, Tabaksrauch und schlechter Musik. Als ich Minka wiedersah – sie nannte sich jetzt Kathinka und wohnte zwischen Hamburg und Altona – da sah sie aus wie der Tempel Salomonis als ihn Nebukadnezar zerstört hatte und roch nach assyrischem Knaster – und als sie mir Heloisas Tod erzählte, weinte sie bitterlich und riß sich verzweiflungsvoll die Haare aus, und wurde schier ohnmächtig, und mußte ein großes Glas Branntewein austrinken, um zur Besinnung zu kommen.

Und die Stadt selbst, wie war sie verändert! Und der Jungfernsteg! Der Schnee lag auf den Dächern und es schien als hätten sogar die Häuser gealtert und weiße Haare bekommen. Die Linden des Jungfernstegs waren nur tote Bäume mit dürren Ästen, die sich gespenstisch im kalten Winde bewegten. Der Himmel war schneidend blau und dunkelte hastig. Es war Sonntag, fünf Uhr, die allgemeine Fütterungstunde, und die Wagen rollten, Herren und Damen stiegen aus, mit einem gefrorenen Lächeln auf den hungrigen Lippen – Entsetzlich! in diesem Augenblick durchschauerte mich die schreckliche Bemerkung, daß ein unergründlicher Blödsinn auf allen diesen Gesichtern lag, und daß alle Menschen die eben vorbeigingen in einem wunderbaren Wahnwitz befangen schienen. Ich hatte sie schon vor zwölf Jahren, um dieselbe Stunde, mit denselben Mienen, wie die Puppen einer Rathausuhr, in derselben Bewegung gesehen, und sie hatten seitdem ununterbrochen in derselben Weise gerechnet, die Börse besucht, sich einander eingeladen, die Kinnbacken bewegt, ihre Trinkgelder bezahlt, und wieder gerechnet: zweimal zwei ist vier – Entsetzlich! rief ich, wenn einem von diesen Leuten, während er auf dem Contoirbock säße, plötzlich einfiele, daß zweimal zwei eigentlich fünf sei, und daß er also sein ganzes Leben verrechnet und sein ganzes Leben in einem schauderhaften Irrtum vergeudet habe! Auf einmal aber ergriff mich selbst ein närrischer Wahnsinn, und als ich die vorüberwandelnden Menschen genauer betrachtete, kam es mir vor als seien sie selber nichts anders als Zahlen, als arabische Chiffern; und da ging eine krummfüßige Zwei neben einer fatalen Drei, ihrer schwangeren und vollbusigen Frau Gemahlin; dahinter ging Herr Vier auf Krücken; einherwatschelnd kam eine fatale Fünf, rundbäuchig mit kleinem Köpfchen; dann kam eine wohlbekannte kleine Sechse und eine noch wohlbekanntere böse Sieben – doch als ich die unglückliche Acht, wie sie vorüberschwankte, ganz genau betrachtete, erkannte ich den Assekuradeur der sonst wie ein Pfingstochs geputzt ging, jetzt aber wie die magerste von Pharaos mageren Kühen aussah – blasse hohle Wangen, wie ein leerer Suppenteller, kaltrote Nase wie eine Winterrose, abgeschabter schwarzer Rock der einen kümmerlich weißen Widerschein gab, ein Hut worin Saturn mit der Sense einige Luftlöcher geschnitten, doch die Stiefel noch immer spiegelblank gewichst – und er schien nicht mehr daran zu denken, Heloisa und Minka als Frühstück und Abendbrot zu verzehren, er schien sich vielmehr nach einem Mittagessen von gewöhnlichem Rindfleisch zu sehnen. Unter den vorüberrollenden Nullen erkannte ich noch manchen alten Bekannten. Diese und die anderen Zahlenmenschen rollten vorüber, hastig und hungrig, während unfern, längst den Häusern des Jungfernstegs, noch grauenhafter drollig, ein Leichenzug sich hinbewegte. Ein trübsinniger Mummenschanz! hinter den Trauerwagen, einherstelzend auf ihren dünnen schwarzseidenen Beinchen, gleich Marionetten des Todes, gingen die wohlbekannten Ratsdiener, privilegierte Leidtragende in parodiert altburgundischem Kostüm; kurze schwarze Mäntel und schwarze Pluderhosen, weiße Perücken und weiße Halsbergen, wozwischen die roten bezahlten

Gesichter gar possenhaft hervorgucken, kurze Stahldegen an den Hüften, unterm Arm ein grüner Regenschirm.

Aber noch unheimlicher und verwirrender als diese Bilder, die sich, wie ein chinesisches Schattenspiel, schweigend vorbeibewegten, waren die Töne, die von einer anderen Seite in mein Ohr drangen. Es waren heisere, schnarrende, metallose Töne, ein unsinniges Kreischen, ein ängstliches Plätschern und verzweifelndes Schlürfen, ein Keichen und Schollern, ein Stöhnen und Ächzen, ein unbeschreibbar eiskalter Schmerzlaut. Das Bassin der Alster war zugefroren, nur nahe am Ufer war ein großes breites Viereck in der Eisdecke ausgehauen, und die entsetzlichen Töne, die ich eben vernommen, kamen aus den Kehlen der armen weißen Geschöpfe, die darin herumschwammen und in entsetzlicher Todesangst schrieen, und ach! es waren dieselben Schwäne, die einst so weich und heiter meine Seele bewegten. Ach! die schönen weißen Schwäne, man hatte ihnen die Flügel gebrochen, damit sie im Herbst nicht auswandern konnten, nach dem warmen Süden, und jetzt hielt der Norden sie festgebannt in seinen dunkeln Eisgruben – und der Markeur des Pavillons meinte, sie befänden sich wohl darin und die Kälte sei ihnen gesund. Das ist aber nicht wahr, es ist einem nicht wohl, wenn man ohnmächtig in einem kalten Pfuhl eingekerkert ist, fast eingefroren, und einem die Flügel gebrochen sind, und man nicht fortfliegen kann nach dem schönen Süden, wo die schönen Blumen, wo die goldnen Sonnenlichter, wo die blauen Bergseen – Ach! auch mir erging es einst nicht viel besser, und ich verstand die Qual dieser armen Schwäne; und als es gar immer dunkler wurde, und die Sterne oben hell hervortraten, dieselben Sterne die einst, in schönen Sommernächten, so liebeheiß mit den Schwänen gebuhlt, jetzt aber so winterkalt, so frostig klar und fast verhöhnend auf sie herabblickten – wohl begriff ich jetzt, daß die Sterne keine liebende mitfühlende Wesen sind, sondern nur glänzende Täuschungen der Nacht, ewige Trugbilder in einem erträumten Himmel, goldne Lügen im dunkelblauen Nichts – – –

Elise Averdieck

Hamburgs Brand (1842)

Elise Averdieck war im 19. Jahrhundert eine tatkräftige Pädagogin in Hamburg. Sie kümmerte sich vor allem um Kinder aus armen Familien, später gründete sie ein Krankenhaus, das christliche Krankenhaus Bethesda in St. Georg, das später nach Hamm umzog. Averdieck stand der Erweckungsbewegung nahe, die der Rationalität Frömmigkeit und herzliche Tatkraft entgegenstellte. Ähnlich wie Marianne Prell in eine wohlhabende Kaufmannsfamilie hineingeboren, 1808, half sie zunächst ihrer Mutter bei der Erziehung ihrer elf Geschwister, bevor sie 1837 eine christliche Vorschule für Jungen in St. Georg gründete. Vor dem Steintor gelegen, galt St. Georg als Elendsquartier. Auch der Sozialpädagoge Johann Hinrich Wichern war hier in einer Sonntagsschule aktiv, bevor er 1833 das Rauhe Haus gründete. Nicht zufällig sitzt Elise Averdieck am 5. Mai 1842, dem ersten Tag des Brandes, in der Hammer Kirche beim Gottesdienst neben Wichern.

Elise Averdiecks Bericht über den Hamburger Brand beruht auf ihren Tagebuchaufzeichnungen. Veröffentlicht wurden diese ein Jahr nach ihrem Tod in dem Band »Lebenserinnerungen. Aus ihren eigenen Aufzeichnungen zusammengestellt von Hannah Gleiss« (1908).

Der Hamburger Brand bedeutete für die Stadt eine Katastrophe. Die Zahl der Toten und Verletzten war zwar vergleichsweise gering, doch wurden 20 000 Menschen obdachlos, nahezu 70 000 Menschen mussten ihre Häuser verlassen, etwa die Hälfte aller Einwohner. Ein großer Teil der Innenstadt, vom Rödingsmarkt bis zur heutigen Kunsthalle, von der Deichstraße bis zum Jungfernstieg, fiel dem Feuer zum Opfer. Es erstaunt, wie ruhig Elise Averdieck den ersten Tag des Brands beschreibt. Erst mit dem Einsturz des Nikolaiturms wird das Ausmaß der beginnenden Katastrophe deutlich, und da sollte die Stadt noch drei Tage lang brennen.

Es verlangt mich, noch einmal in der Feder die Schreckenszeit vom 5. bis 8. Mai zu durchleben. Das ganze Ereignis war zu gewaltig, nahm Mut und Kraft und Zeit zu sehr in Anspruch, als daß ich mich hätte in den verflossenen zwölf Wochen schon daran machen können, niederzuschreiben die Erlebnisse der Schreckenstage, so, wie sie mich persönlich betroffen haben.

Am Mittwoch, den 4. Mai, war mein Bruder Eduard mit seiner Frau abends bei uns, und wir gingen erst gegen zwölf Uhr zu Bette. Um zwei Uhr weckte mich Schwester Klara, weil der Wächter »Feuer« rief. Ich stand auf, sah den geröteten Himmel, und nachdem wir erfuhren, das Feuer sei in der Katharinenstraße, begaben wir uns alle wieder zur Ruhe. Eine Feuersbrunst ist ja nicht so etwas ganz Ungewöhnliches in einer großen Stadt. Um halb sechs Uhr stand ich auf und ging zum Kirchhof zu Vaters Grab. Es war ein wunderschöner heller Morgen. Unterwegs hörte ich, das Feuer sei nicht in der Katharinenstraße, sondern in der Deichstraße. Der Türmer zog fünfmal an. Um sechs Uhr fuhren zu meinem Erstaunen die St. Georger Spritzen zur Stadt. Ich ging wieder nach Hause, trank mit den andern Kaffee und ging dann nach Hamm zur Kirche. Mit steigender Bangigkeit hörte ich fort und fort das Anziehen der Feuerglocke. In der Nähe der Hammer Kirche umflatterten mich hin und wieder kleinere und größere schwarze Flöckchen. Ich nahm so eins auf und erkannte Stückchen verbrannten Papiers, ahnte aber nicht, daß das Verkündiger des Hamburger Brandes seien. Es war spät geworden, die Predigt hatte schon angefangen, ich saß hinten im Gestühl neben Kandidat Wichern. Meine Gedanken waren zerstreut, und die große Unruhe meines Nachbarn raubte mir vollends alle Andacht.

Ich erinnere nichts von der Predigt. Wichern sagte beim aus der Kirche Gehen zu seiner Frau: »Ich will gleich mit einem Dutzend Jungs zur Stadt und sehen, wo man helfen kann.« Dies und der fort und fort tönende Klang der Sturmglocke, die jetzt zwanzig und darüber anzog, trieb mich eilig nach Hause. Es hieß, die ganze Deichstraße stehe bis zum Hopfenmarkt in Flammen. Ich hielt es für Übertreibung, für Märchen, doch im Hause hörte ich dasselbe, und es wurde durch Augenzeugen vergewissert. Nun wurde mir's Hamburgs wegen angst. Um ein Uhr hielt mich's nicht länger. Drei meiner Geschwister wohnten in der Stadt. Ich wollte dem Schrecken näher sein. In der Steinstraße setzte ich mich in den Omnibus. Ein Kanonier stieg mit mir ein, sagend, der Nikolaiturm brenne. Mir schauderte es zu glauben, aber die nächste Straßenöffnung zeigte mir die dunkelrote Glut in der oberen Kuppel des Turms. Stehend und gehend brachte ich von zwei bis fünf Uhr mit Goldenstedts in der Admiralitätsstraße zu.

Größer und heller wurde die Glut, dann loderte eine Flamme zwischen den Säulen durch, mehr und mehr folgten, bis der obere Turm in einem Flammenmeer stand. Um ein Uhr hatte das Glockenspiel, daran wir uns so oft gefreut, auf furchtbare Weise sein Grablied geläutet. Nun war alles stumm. Hoch und schwarz, wie ein großer Märtyrer, stand der Turm da, drei Stunden lang von den Flammen umschlungen. Da nannten die Glocken der anderen

Türme die fünfte Stunde, die nach alter guter Weise zum Gebet ruft. Um zwölf Uhr hatte Nikolai noch mit gerufen, nun mußte er schweigen, das brach ihm das Herz. Die andern riefen. Er wankte, neigte langsam und majestätisch seine Spitze, bis sie senkrecht nach unten gekehrt war, und stürzte hinab. – Ein unvergeßlicher Anblick!

Bald folgten die acht Säulen, eine nach der anderen, sich nach außen biegend, da sie das Haupt verloren, das sie zusammenhielt. Dann die zweite Kuppel und so fort bis zum runden Fuß des Turmes.

Rödingsmarkt, Deichstraße, Steintwiete, Hopfenmarkt, Neueburg, Görttwiete, Bohnenstraße, kleiner und großer Burstah, Korbmachertwiete, kurz Tafellaken, Hahntrapp, alles brannte schon am Donnerstagabend.

Die verschiedensten Gemütsbewegungen erkannte man auf den Physiognomien. Die Spritzenleute größtenteils munter und von Wein glühend. Hier und da schreckensbleiche Gesichter. Dann wieder Gleichgültigkeit und Sicherheit. Leute, die ins Theater gehen wollten und nicht begreifen konnten, daß und warum kein Schauspiel sein solle. Hier feierlicher Ernst und zweifelnde Besorgnis, dort Spott und gaffende Neugier.

Um acht Uhr ungefähr gingen Schwester Hannchen und ich nach St. Georg zurück. In den Straßen war kaum durchzudringen. Flüchtlinge und Neugierige sperrten die Wege. Auf dem Walle bekamen wir etwas freiere Aussicht, aber damit nichts Tröstliches. In der Umgebung von lauter brennenden Häusern und Straßen brannte der Rest des Nikolaiturms wie eine große Feueresse. Die Sonne war im Untergehen, und der schwarze Rauch, der sich einer breiten Brücke gleich über den ganzen Horizont hinzog, fing an sich in Glutrot zu verfärben. Wir gingen einer schaurigen Nacht entgegen.

Um zwölf Uhr kam Bruder Karl nach Hause, ging aber gleich wieder fort zur Stadt, weil er erfuhr, daß man für den Wandrahm (wo sein Prinzipal wohnte) fürchtete, und daß darum Haus und Kontor geräumt werden sollte. Ich schrieb nach England an Bruder Hermann und legte mich zum Schlafen. Ich schlief auch wirklich von eins bis drei. Dann kleidete ich mich an und ging zur Stadt, nachdem ich meinen Brief an Hermann geschlossen. Noch glühte die Flammenmasse, und wieder zog die nach und nach von feuerrot in schwarz sich verwandelnde Brücke über unsre Häuser hin. Auf dem St. Georger Kirchhof begegneten mir Mann und Frau mit einer Wiege zwischen sich, zwei kleinen Kindern an der Hand und Bündeln unter den Armen. Keiner sprach ein Wort, aber es sah schrecklich traurig aus. Dann begegnete mir Guido Wolff, bleich und hager, daß ich ihn kaum erkennen konnte. Er wollte die St. Georger Kirche requirieren für die Bewohner des Werk- und Armenhauses, da sie nicht mehr sicher seien. –

Jetzt brannte das Rathaus, die alte Börse, der Neß, Mühlenbrücke, alte Wallstraße, Mönckedamm, Mönckedammstwiete und mehrere kleine dort liegende Twieten. Ich ging weiter. Hermann Wagner begegnete mir mit schreckensbleichem Gesicht, erst am Grüßen und Anreden erkennbar. Auf dem Wall war alles totenstill – und jenseits der Binnenalster raste das Feuer an fünf oder sechs Stellen in furchtbarer Glut, noch war es nirgends bis zur Alster durchgedrungen. Ich ging durch den neuen Jungfernstieg, Gänsemarkt, hohe Bleichen, Fuhlentwiete. Je weiter ich kam, um so unwegsamer ward es durch die fliehende Menge. Wagen an Wagen sperrten die Straße, so daß man drüber wegklettern mußte, um weiter zu kommen.

Heute sah man fast durchgängig nur Schrecken, Angst und Verzweiflung in allen Gesichtern. Die Spritzenleute waren bleich wie der Tod. Auf der Konstantinsbrücke kamen ihrer drei, Arm in Arm, schwankend mir entgegen, der mittlere mit dunkelrotem Antlitz. Schon rief meine voreilige Seele: »Auch noch betrunken?« Da standen sie vor mir, und ich sah, wie ein Blutstrom das Gesicht des mittleren bedeckte. Wer weiß, ob er noch lebt! Er wolle mir die bösen, lieblosen Gedanken vergeben. Mir wurde es herzlich wehe bei seinem Anblick. Nach dem Graskeller und neuen Wall war nicht durchzudringen. Ich ging durch die Admiralitätsstraße, Kammermannstwiete und Rödingsmarkt. Rechts war alles totenstill, links vom Fleet wüteten die Flammen ohne Widerstand. Man sah: Menschenhilfe war unnütz. Donnerstag um zwölf Uhr hatte Repsold (der Spritzenmeister) schon beim Rat darum angehalten, Gebäude sprengen zu dürfen, um des Feuers Weg zu unterbrechen. Es ist ihm erst um vier Uhr zugestanden, und nun am Freitagmorgen vier Uhr fehlte es an Pulver; es war per Telegraph, der fortwährend spielte, von Harburg und Stade requiriert, wurde auch möglichst rasch gesandt – aber die Flammen waren noch schneller. Ich ging Mühren, Katharinenstraße, Reimerstwiete, Reimersbrücke, überall war es gräßlich einsam und totenstill. Ein einziger Soldat stand auf der Brücke und dicht vor uns, nur durchs Fleet getrennt, die ganze neue Burg ein furchtbares Flammenmeer. Auf der Katharinenbrücke derselbe gräßliche Anblick von einer anderen Seite. Auf dem ganz leeren Katharinenkirchhof standen zwei Spritzenleute mit einer Spritze, die den Katharinenturm naß hielten, der ja nur durch ein Fleet und eine Häuserreihe von dem Feuermeer getrennt war. Sonst keine Menschenseele bis zum Wandrahm. Ich hatte genug gesehen, ein Ende war nicht abzusehen; Hilfe nur beim Herrn selbst. Der sich öfter drehende Wind machte es unmöglich, nur entfernt zu bestimmen, wohin das Feuer seinen Weg nehmen werde. Es breitete sich bald nach der einen, bald nach der anderen Seite aus. Schwester Sophie hatte ihre Kinder bereits zu uns geschickt, und Mutter ging mit Schwester Klara zu Goldenstedts, wo augenblicklich die größte Gefahr drohte. Ich hütete das Haus und spielte mit v. d. Medens Kindern und den paar Schulknaben, die gekommen waren: Williams, Knoop, Wedekind und Schmilinsky, die natürlich bleiben mußten, bis sie abgeholt wurden. Gegen ein Uhr kam Mutter zurück. Die Nachrichten lauteten immer trüber. Bruder Rudolf kam und erklärte, der Holzdamm [jetzt Alsterdamm] sei in größter Gefahr, wir müßten Schwester Sophie bei der Räumung ihres Hauses beistehen. Der Jungfernstieg, Voglerswall, Johannisstraße, Beckerstraße, alles brenne. So ging ich sofort mit Schwester Hannchen zu ihr. Auf dem Wall sah man jenseits der Alster ein furchtbares Glutmeer wallen. Schon waren die Flammen an mehreren Stellen bis zur Alster durchgedrungen. Eine große Menschenmenge zeigte aufs Wasser, wo sich nahe dem Jungfernstieg eine Feuermasse mehr und mehr ausdehnte. Es waren eine Menge Schuten, die das Eigentum der dort wohnenden Familien enthielten, in Brand geraten, da die großen Feuerbrände von den brennenden Häusern überall hingeschleudert wurden, denn von dem Sturm, der durch das Feuer erzeugt wird, kann sich keiner eine Vorstellung machen, der es nicht erlebt hat. Die Menschen, die in den Schuten gewesen, hatten sich nur durch Schwimmen mit Not retten können, unter ihnen waren Viols Töchter. Mehrere der brennenden Schiffe wurden unter den Pavillon getrieben, und alsobald stand auch der in Flammen. Ähnliches war schon einige Stunden früher in dem Fleet zwischen der alten Wallstraße und neuem Wall geschehen, als die Wasserkunst bei der Graskellerbrücke gesprengt wurde. Der Schutt fiel bei der Sprengung wider Erwarten in die Schleuse und schloß sie, und den vielen Schuten voll Waren und Mobilien (man sagte, es seien vierzig gewesen) war dadurch der Ausweg versperrt. Nur drei oder vier entkamen nach der Alster. Brennende Stücke fielen von den Häusern in die Ewer, und in einer kleinen halben Stunde war alles – ein Raub der Flammen. Mit den Sachen, die im Jungfernstieg aufgestapelt waren in der Hoffnung, sie zu Schiff fortbringen zu können, ging es nicht besser.

Wir kamen bei Schwester Sophie an, packten in höchster Eile alles zusammen in Kisten, Körben und Bündeln. Der ganze Jungfernstieg brannte. Karl war eben bei Lutteroths weggegangen, und ich ging traurigen Herzens noch auf dem Speersort bei Tante König vor, dann erst zu Hachtmanns und brachte meinen Brief hin. Dann ging ich nach Hause. Der ungeheure Rauch verbarg uns das allmähliche Fortschreiten der Flammen, aber wenn der sausende Sturm von Zeit zu Zeit einmal die schwarze Dunstmasse hob, so zeigte sich uns immer wieder ein neues Haus von oben bis unten in Flammen. Die Luft zitterte so stark von der großen Hitze, daß man kaum deutlich sehen konnte. Das Sprengen der Gebäude hörte nicht auf, und in Sophies Zimmer sprangen die Fenster vom Druck der Luft. Um drei Uhr wurden die letzten Bewohner des Werk- und Armenhauses vorbeieskortiert. Unter ihnen alle Kinder, jedes mit einem Bündel unterm Arm. Das Gewühl von Menschen, Wagen, Reitern, Soldaten, Mobilien, Spritzen war unbeschreiblich. Verwundete, Erschlagene, Verbrannte wurden dazwischen durchgebracht, auf dem Wall ins Gras gelegt und ihrem Schicksal überlassen. Es war furchtbar. Von einem hoch aufgestapelten Möbelwagen stürzte eine Kommode herunter, einem diensttuenden Dragoner auf die Schulter, daß er vom Pferde stürzte. Sein Arm war gebrochen oder ausgesetzt. Niemand fragte danach. Sein Nachbar brachte ihn bis ins Gras, und Gott weiß, was daraus geworden. Jeder Stand war aufgehoben. Damen, die sonst kaum den Fuß auf die Erde setzen, wanderten mit großen Bündeln zum Tor hinaus ohne äußeren Schutz und Begleiter. Die größten Elegants freuten sich, wenn sie einen Ziehwagen oder eine Schiebkarre erringen konnten, um mit selbsteigener Hand ihr Eigentum in Sicherheit bringen zu können. Herren und Knechte, Frauen und Mägde, alles arbeitete mit gleich angestrengten Kräften, denn es galt die eigene Rettung. Mancher vergaß freilich alle andern, selbst seine Hausgenossen, und sorgte nur für sein kleines Ich.

Manche aber auch vergaßen sich, ließen das Ihre brennen und wirkten und lebten nur für andere oder für das Allgemeine. Zwischen sechs und sieben Uhr war das v. d. Medensche Haus ziemlich leer. Für fünfundvierzig Mark hatte mein Schwager einen kleinen Blockwagen bekommen, der die Sachen nach und nach zu Bruder Eduard, zu Schwester Minna und zu uns brachte. Noch stand der Petriturm unversehrt, aber näher und näher wogten die Flammen heran, und die Hoffnung, ihn zu behalten, ward immer geringer. Schwager Kruse und ich gingen fort, um etwas Genaueres über die Ausbreitung der Flammen zu erfahren. Wir gingen Drillhaus, Holzdamm, Alstertor, Pferdemarkt, Speersort – da war es nicht möglich, weiterzukommen. Sie sagten, große Johannisstraße, Mühlenbrücke, breiter Giebel, Knochenhauerstraße, Dornbusch, Pelzerstraße, alles brenne, und es nahe sich von allen Seiten dem Berg und der Zuchthausstraße. Wir gingen durch die Rosenstraße und kurze Twiete zurück zu v. d. Medens.

Vierundzwanzig Stunden später waren alle Straßen, durch die wir gegangen, ein Schutthaufen. Sophie, Hannchen und Kruse gingen nun hinaus. Um acht Uhr folgte ich, einen ziemlichen Rest von Sachen, unter anderem dreihundert Flaschen Wein, noch im Hause lassend. Zwischen Fuß- und Wagenpassage war gar kein Unterschied. Alles dachte nur an Retten und Verbrennen.

Der ganze Wall lag gedrängt voll armer Familien, die in Mitte ihrer geringen Habseligkeiten hier die grauenvolle Nacht erwarteten. Verzweiflung hatte alle Gesichter gebleicht; Schrecken, Angst, ja oft Wahnsinn sprach aus den verzerrten Zügen. Jammern, Weinen, Fluchen, Beten, Schelten umtönte einen in furchtbarem Wirrwarr. In unserm Hause fand ich alles voll. Auf dem Boden Emmis Amme mit Meta und Bertha. In meiner Schulstube, auf der Erde rund umher, v. d. Medens vier Kinder mit Amme, Kindermädchen und Köchin. Unten in der einen Wohnstube Sophie und v. d. Meden, in der andern Karl. Vom Ende der Flammen war noch gar nicht die Rede. Von Stunde zu Stunde wüteten sie weiter nach allen Seiten hin. Ich war unendlich traurig!

Spät legte ich mich zum Ruhen nieder, und alle Jammergedanken gingen mit. Ich dachte der Unglücklichen auf den Feldern, die sicherlich hungrig und durstig dalagen ohne Obdach, und die Nacht war so kalt, so stürmisch und niemand, der sie erquickte – und wie und wann sollte das enden? Wie mußte das Elend noch gesteigert werden? Wie nahe war es schon unserm lieben St. Georg?

Wie viele liebe, liebe Stätten waren schon ein Raub der Flammen. Wie viele werden es noch werden? Und – wenn das Feuer St. Georg ergriffe? Wenn Kirche und Häuser brannten, die jetzt vielen tausend Flüchtlingen eine Zuflucht geworden waren, wohin dann? – – und meine Schule! Wenn alles zerstört und zerstreut würde nach Ost und West, was würde aus meiner Schule? aus all meinen lieben Knaben? – Manchesmal, wenn ich so gar nicht gewesen, wie ich hätte sein sollen und so gern sein wollte, wenn gänzliches Verzagen ob meiner Schwachheit und Verkehrtheit mich erfaßte, dann hatte ich mich bei dem Gedanken beruhigt, hat mich der Herr doch angestellt. Er wird nicht dulden, daß ich seiner kleinen Herde schade. Ehe es dahin kommt, wird Er mich absetzen. – – Nun war es dahin gekommen, mir war gleichsam der Abschiedsbrief gereicht, und ich durfte nicht sagen: Herr, das ist zu viel. Ich wußte nur zu gut, das habe ich lange verdient!! Alles andre ging unter in dem Gefühl der Schuld, und ein unnennbares Weh schnürte mir die Brust zusammen! Dabei war draußen alles glutrot, und helle und flammende Wolken flogen, vom Sturm gepeitscht, über unsere Häupter hin.

Ich mußte schrecklich weinen und weinte stundenlang, bis mich der liebe Heiland mit Matth. 11, 27 u.f. in den Schlaf lullte. Zwischen drei und vier machte ich mich wieder heraus. – Am Himmel stand ein wundervoller Regenbogen. (Ob das am Sonnabend oder Sonntagmorgen war, weiß ich nicht, auch nicht, in welcher Morgenstunde es war, vier Uhr wohl schwerlich.)

Es war stiller in mir geworden, und es durchdrang mich: was kommt – ist das Beste für mich und für alle Welt. Des Herrn Wille geschehe, und sein Name sei gelobet in alle Ewigkeit.

Mein erster Weg war nach dem Boden. Die Glut hatte womöglich noch immer zugenommen an Stärke und Umfang, aber der Petriturm stand noch, darüber jubelte meine Seele – er stand nicht lange mehr. – Ich ging dann zu Bruder Eduard und forderte sie auf, für Kaffee und Bier oder Suppe zu sorgen, um die armen Flüchtlinge zu erquicken. Ging dann weiter durch die Wassertwiete, an der Alster, Langereihe, Steindamm und forderte Bekannte und Unbekannte auf zu derselben Sache, fand auch überall ein geneigtes Ohr und bereitwillige Hände. [...]

Aber zurück zum Sonnabendmorgen! Auf dem Wall war von der Nähe der Flammen ein so furchtbarer Sturm erzeugt, daß man kaum stehen konnte, und die Pappeln rechts und links sich zur Erde niederbeugten. Wohl eine Stunde mochte ich austeilend und zuredend hin und wieder gegangen sein vom Ferdinandstor bis zur Lombardsbrücke, zum Steintor und durch die Kirchenallee wieder bis zum Ferdinandstor, da erscholl der Ruf, das Feuer ergreife nun auch den Holzdamm, auch die Petrikirche habe schon gebrannt, und wenn es auch augenblicklich gelöscht sei, so habe man doch keine Hoffnung, sie halten zu können. St. Georg sei in der größten Gefahr, und die Kommunikation zwischen Stadt und Vorstadt müsse durchaus aufgehoben werden, – will sagen – Mobilien und Betten, womit der ganze Weg belegt war und was den Flammen den Weg hinaus bahnen würde, müsse in höchstmöglicher Eile fortgeschafft werden von Wiesen und Wall. [...]

Ich lief ins Tor, sprach mit Gardisten, Fuhrleuten, Polizeioffizianten, umsonst, kein Wagen zu erringen, die Asche regnete in Strömen auf uns herab. Meine Augen versagten mehr und mehr den Dienst. Ein Blick zurück zeigte mir den geliebten Petriturm in Flammen. Es erschreckte einen nichts mehr. Man war auf alles gefasst.

Ilse Frapan

Der alte Buchhalter (1888)

Die Figur des Buchhalters kann für vieles stehen, was als bezeichnend, vielleicht als typisch für Hamburg gelten mag. Sie unterstreicht das kaufmännische Herz der Stadt und hebt ab auf das Gebot einer bis ins Bilanzbuch ordentlichen Unternehmensführung. Aber der Buchhalter ist eben auch die – klischeehafte – graue Maus, Herr der Zahlen bis hinters Komma, während andere die großen Weichen stellen und Erfolg und Glanz auf sich ziehen.

Die heute wenig bekannte Ilse Frapan, geboren 1849 in Hamburg, hat sich in ihrem Werk mit den kleinen Leuten befasst, mit ihren oftmals ärmlichen Bedingungen, die ihnen kaum Wege zur Verbesserung ihrer Lage bieten. Sie selbst profitierte durchaus von Initiativen, in Hamburg ein gutes Bildungsangebot für Mädchen zu schaffen, wofür etwa Emilie Wüstenfelds Gründung einer »Hochschule für das weibliche Geschlecht« im Jahre 1850 steht. Mit neunzehn wurde Ilse Frapan Lehrerin an einem Hamburger Mädchengymnasium, später entschied sie sich, freie Schriftstellerin zu werden. Einige Novellensammlungen mit Hamburgbezug, 1887, 1888 und 1890 erschienen, erreichten mehrere Auflagen.

In »Der alte Buchhalter« blickt sie auf die gleichförmige, anspruchslose, immer verlässliche Existenz eines Mannes –

»die Uhr der halben Stadt, die nie der Reparatur bedurfte« –, für den Kontorschlüssel und Schreibpult der wichtigste Halt im Leben sind. Nach dem Tod des noch jungen Firmenchefs verliert er sich in Träumereien über die Witwe, die mit ihren kleinen Kindern plötzlich allein zurechtkommen muss. Ohne die Figur bloßzustellen, zeigt Frapan, wie leicht sich ein aktiver Lebensentwurf verpassen lässt.

Er war die Uhr der halben Stadt und eine, die nie der Reparatur bedurfte. Ja, man behauptete sogar, daß er mit den Jahren ein immer peinlicherer Minutenzeiger werde, was man von anderen Uhren nicht sagen kann.

Pünktlich um zehn Minuten vor halb Neun wanderte alle Morgen die auffallende Gestalt, mit dem krummen Rücken, dem abwesenden Gesicht und dem grünen Regenschirm unterm Arm, durch die Neustädter Neustraße, und dann hieß es in den Häusern: »Macht, daß ihr zur Schule kommt; der alte Schröder ist schon dagewesen.« Um halb Neun wiederholte sich derselbe Ruf auf dem Heuberg. Um fünf Minuten vor dreiviertel, im Neß, riefen die Kinder erschrocken: »Der alte Schröder kommt schon, heut' haben wir zu lange genöhlt!«

Mit dem Schlage dreiviertel trat er in das große alte Haus in der Reichenstraße und auch gleich ins Kontor, in welchem er regelmäßig der Erste war. Das war ihm, als ältestem Buchhalter des Hauses, heilige Pflicht; der Kontorschlüssel lag jede Nacht unter seinem Kopfkissen. Sowie er Hut und Regenschirm von sich getan, bestieg er den hohen Schreibbock, schloß sein Pult auf und versank in den langen Zahlenreihen, die für ihn das Leben bedeuteten. Mochte sich nun die Kontortür zehnmal öffnen, um die Kommis nacheinander hereinzulassen, er sah deshalb nicht auf. Alle diese jungen Leute kamen und gingen in dem großen Handlungshause mit einer Leichtfertigkeit, die ihm fremd und unnatürlich war; eine Dienstzeit von zehn Jahren gehörte schon zu den Seltenheiten; da lohnte es sich kaum, auf ihre Namen oder gar ihr Aussehen zu merken. Die meisten waren luftige Gelbschnäbel, die wohl gar in Abwesenheit des Prinzipals sich erlaubten, laute Gespräche zu führen, ja zu lachen und von einem Platz zum andern zu laufen. Das hatte ihn früher gestört; aber nun war er auch daran gewöhnt, und sein Gesicht behielt immer denselben zerstreuten Ausdruck für alles, was nicht seine Bücher anging.

Selbst der Prinzipal, der »junge«, wie er nun schon seit zwanzig Jahren hieß, war ihm eigentlich nicht die würdevolle Hauptperson, die er hätte sein sollen. Er hatte etwas Burschikoses, Zufahrendes in seinem Wesen, das dem gesetzten Alten nicht gefiel. Wenn sich der »junge Prinzipal« so mit ein paar heftigen Sprüngen auf seines Buchhalters Pult stürzte, die Feder dreimal hinter dem Ohr hervorriß und wieder einschob, ohne einen Strich zu schreiben, nervös die Hände rieb und gar nicht schnell genug Auskunft bekommen konnte auf seine Fragen, dann fingen dem alten Manne die Hände zu zittern an; er drehte kläglich den Kopf weg, hüstelte in sein Taschentuch und fuhr sich damit über die Stirn, bis der Störenfried wieder weg war. Im Kontor tat der alte Schröder fast nie den Mund auf; aber zu Hause, in seinem Junggesellenstübchen, schüttete er in lauten Selbstgesprächen sein unwilliges Gemüt aus, seiner Hauswirtin zur Erbauung. »O Jung'! Jung'! Jung'!« seufzte er, »wärst du doch *mein* Junge gewesen! Das hat keine Stetigkeit, keine rechte Art! Aber wovon auch? Er ist ja man 'n Waisenjung'! Hätte sie mich doch genommen!«

Und nach solchen Ausrufungen begann er eine unendliche Abwaschung, stöhnend und wasserplatschend, bis der Kummer weggeschwemmt war, und er, frischwangig, wie das Alter selten erscheint, glatt und furchenlos trotz seiner zweiundsiebzig Jahre, in den steifen, schneeweißen Hemdkragen eingeklemmt, sein volles Gleichgewicht wiedergefunden hatte.

Er war der bescheidenste Mensch der Welt, und die Abstände zwischen arm und reich schienen ihm so von der Natur selber eingesetzt, wie die Unterschiede von dick und dünn oder kurz oder lang. Aber einmal hatte er doch auch geträumt, und dieser Traum war es, der noch immer in seinen Selbstgesprächen spukte und aus seinem stillen Gemüte eigentlich nie verschwunden war.

Nicht lange nach seinem Eintritt in das große Import-Haus in der Reichenstraße – er zählte damals siebenundzwanzig Jahre –, war der Prinzipal plötzlich gestorben, eine junge Witwe von stattlicher Schönheit und eine Reihe unerzogener Kinder hinterlassend. Ein Bruder der Frau trat in die geschäftliche Lücke; für die Lücke im Herzen der schönen Verlassenen aber wußte der alte Schröder, der damals noch der junge Schröder war, keine passendere Ausfüllung, als durch seine eigene treue, damals noch gerade Person, und er wünschte sich recht aus Leibeskräften, daß die Witwe seine Ansicht teile. Er tat freilich nichts dazu, sie ihr kund zu geben, o nein, so weit ging seine Keckheit nicht; im Gegenteil verbarg er seine Wünsche vor aller Welt, recht geflissentlich aber vor dem Zielpunkt derselben, den er sich nur von fern anzuschmachten getraute.

Kurz nach dem Tode ihres Mannes hatte er, als Buchhalter, allerlei mit ihr zu besprechen gehabt, freilich nur streng Geschäftliches. Aber diese Unterredungen in ihrem eigenen reichen Zimmer, in welchem er sich kaum zu setzen wagte, wie freundlich sie ihn auch dazu einlud, hatten seine unermeßliche Bewunderung für sie zuerst wachgerufen. Denn sie zeigte sich, neben ihren äußeren unvergleichlichen Reizen, so gescheit, so praktisch, so aufmerksam und so verständnisvoll für Aktiva und Passiva, daß er sich kein höheres Ideal einer Kaufmannsfrau vorzustellen vermochte.

Nun schlich er abends vor ihr erleuchtetes Fenster, hinter dem sie las oder Toilette machte, denn fast täglich fuhr sie ins Theater. Hatte er, von einem Torwege gedeckt, zuletzt einen Blick auf die heraustretende geschmückte Gestalt im hellen Rahmen der Tür erlangt, dann eilte er auf einem anderen Wege gleichfalls ins Theater und ließ sich's oft sein letztes Geld kosten, um auch einen Platz zu erobern, weit, recht weit von ihr, aber so, daß er ihr Gesicht sehen konnte und den wechselnden Ausdruck ihrer lebendigen Züge. Und kein Schiller und kein Shakespeare vermochte, seine Blicke von ihr weg und auf die Bühne zu lenken. Darum waren ihm die Opern am liebsten, weil ihn da gar kein Gerede störte, sondern zärtliche oder leidenschaftliche Weisen die Gedanken begleiteten, mit welchen er sie anstaunen durfte.

Mit großer Freude las er eines Tages im Hamburger Korrespondenten, daß »eine so gut wie neue Flöte« zu verkaufen sei. Dieses empfindsame Instrument war ihm vor allen anderen teuer. Er erstand die Flöte, fand einen Meister und blies mit übermenschlicher Ausdauer, obgleich es ihm an Atem fehlte, wie sein Lehrer sagte, und seine Leistungen ihn selber genierten, weil er mitten darin durch unschickliche Nebenlaute oft die ganze Melodie verdarb. Er hatte das zarte Lied: »Guter Mond, du gehst so stille« eingeübt und blies schon drei Stunden lang, als plötzlich seine Hauswirtin den Kopf in die Tür steckte und ihm strenge zurief: »Jetzt ist die Uhr zwölf! Wenn Sie das Tuten nu nich sein lassen können, so muß ich Ihnen die Wohnung kündigen. Es wird ja doch nix; Sie blasen ja bloß die Butter von der Grütze!« Tiefbeschämt ließ er die Flöte sinken, die Backen hatte er schon vor Schrecken eingezogen. Die Butter von der Grütze? Nein, das hatte er nicht gewollt, er hatte ja ein Herz erobern wollen mit seinem Spiel!

Zuletzt entschied er sich für die Pauke, da ihm ein Schalk von Theatermusiker gesagt hatte, das sei das am leichtesten zu lernende Instrument. Indes erschrak er gewaltig, als er den kriegerischen Klang so in nächster Nähe vernahm, und da er fürchten mußte, daß seine Übungen abermals als nächtliche Ruhestörungen aufgefaßt und geahndet werden könnten, begab er sich dazu auf die einsame, damals noch wüste Sternschanze und paukte, auf einem Sandhügel sitzend, seines Herzens Verlangen in den lächelnden Mondschein hinaus, daß die Uferschwalben verschüchtert aus ihren Nistlöchern aufflogen und ihm fragend um den Kopf schoßen. Das waren Stunden unvergeßlicher Begeisterung.

Aber schon damals war die Art des Courmachens altmodisch und blieb gänzlich erfolglos. Nur die Dienstmädchen der Prinzipalin hatten so ihre Bemerkungen und flüsterten sich kichernd und ellbogenstoßend zu, daß der Buchhalter »Augen mache wie ein Maikater«, sobald Madame nur am Fenster erscheine.

Diese runden Augen gaben seinem Gesichte eine eigentümliche Kindlichkeit, und er hatte zudem so etwas um die Stirn, was auf Gedankenenge deutete. Aber solche Beschränktheit störte niemand und sicher nicht den Zwischenherrn des Handelshauses, der keinen solideren, freudigeren Arbeiter hatte als Schröder. Der blieb auch in seiner Hoffnung freudig, zumal die Witwe alle Bewerber abwies und nur ihren Kindern lebte – vorläufig, wie er hoffte.

Jahr um Jahr verging; die Pauke ward zu der Flöte gelegt, und Schröder nahm die Gewohnheit des Laut-mit-sich-selber-redens in immer bedenklicherem Grade an. Der jüngste Knabe der geliebten Frau, ein Säugling beim Tode seines Vaters, trug nun schon ein knappes, blaues Samtröckchen und einen Hut mit kecker Feder auf den widerspenstigen Locken, und sie hatte noch immer nicht die Hand zu dem liebreichen Wink erhoben, auf den er wartete. Da erkrankte der schwächliche ältere Sohn in beängstigender Weise, und die geprüfte Frau verbannte sich mit dem hinsiechenden Liebling nach dem fernen Süden. Die beiden Töchter wurden in Pension getan, den Jüngsten nahm sie auch mit nach Madeira.

Als sie nach einigen Jahren zurückkehrte, trug sie ein Trauerkleid und führte den Kleinen allein an der Hand. Da wagte es der zartfühlende Buchhalter weniger denn je, sie zu bedrängen, wenn auch nur in Gedanken. Aber er ward ein eifriger Kirchengänger, denn auch sie war jetzt dort häufiger zu finden als im Theater, und seine Verehrung für sie stieg mit den Orgeltönen aufwärts und nahm immer verklärtere Form an. Nicht der Gottheit galt sein höchster Seelenaufschwung, sondern der schönen Frau, die ihm in der Schmerzenskrone doppelt schön erschien und ihm die Kirche erst zum Gotteshause weihte. Er beneidete den Organisten um seine Macht über das tönende Meer, die Orgel; wenn er hätte Orgel spielen lernen können! Und so liebte er und schwieg.

Nur in einem widersprach ihr sein Herz zuweilen – das war die Erziehung des Jüngsten, der zu einem unbändigen Knaben, zu einem jähzornigen und auffahrenden Jüngling heranwuchs und mit seinen dunklen Locken, seiner freien Kleidung und seinem formlosen Betragen gar nicht den Eindruck eines rechten Kaufmannes machte. Den hatte sie verzogen, das fühlte er; der hätte ihn zum Vater haben sollen! Auch als er sich im Geschäfte tüchtig genug erwies und sein »junger Prinzipal« wurde, konnte er das Bedauern darüber nicht los werden, daß dem »Waisenjungen« nicht sein Recht geschehen sei, sein Sohnesanrecht auf zahlreiche Prügel.

Indessen, als es so weit war, zählte er die Jahre kaum mehr, außer wenn er die Bilanz machte. Nicht, daß er lebensmüde oder hoffnungsarm geworden wäre, er hielt »die Sache« noch immer für möglich und behielt sein Lebenlang die gewisse erwartungsvolle Gespanntheit, welche frisch erhält und keine Vernachlässigung des äußeren oder inneren Menschen aufkommen läßt. In der letzten Zeit freilich war die Maschine ein wenig langsamer geworden; die Feder glitt noch bedächtiger über das Papier, die Augen brauchten mehr Zeit, um eine Ziffer zu übersehen, der Stimmton war noch trockener; noch steifer und ungelenker wickelten sich die Sätze aus seinem Munde. Der junge Prinzipal schüttelte oft ungeduldig den Kopf hinter seinem Rücken; aber der alte Buchhalter war doch auch für ihn eine vertraute Gestalt, eine Figur aus seiner fernen Kinderzeit und hatte ihm Äpfel geschenkt und ihn die Zahlen schreiben gelehrt. Besonders der Elf erinnerte er sich ganz genau; die schrieb er mit zwei schnörkelhaften Schwänzen nach unten.

So waren die Jahre vergangen, und der alte Schröder war die Uhr geworden für die vielen Schulkinder.

An einem frischen, windigen Märzmorgen kam er, wie gewöhnlich, die Reichenstraße herauf, zog den Kontorschlüssel und wollte eintreten. Da bemerkte er erbleichend, daß die Tür bereits geöffnet sei. Was war das? Er blickte auf seine Uhr, dreiviertel auf Neun – auf den Schlag! Nun trat er, gegen seine Gewohnheit, hastig ein – ein Gesumme kam ihm entgegen –, das ganze Personal war bereits versammelt, aber nicht an den Pulten. Sie saßen und standen in Gruppen umher, nun drängten sie auf ihn zu, daß er, völlig verwirrt, den Regenschirm fester unter den Arm faßte und in großer Aufregung auf sein Pult zusteuerte. Da fühlte er sich von einer Hand ergriffen und die seine warm gedrückt, und als er hinausstarrte, sah er den jungen Prinzipal, der ihn vorwärts zog an ein Beet aus Rosen und Veilchen, und als er näher hinsah, war es sein Pult, sein altes, hölzernes, tintenbeklecktes Kontorpult, das in ein Blumenbeet verwandelt war. Und zugleich hörte er die Worte: »Fünfzig Jahre – fünfzig Jahre in unserem Hause – treue Mitarbeiterschaft – Pensionierung bei vollem Gehalt – und nun kommen Sie, hier ist noch jemand, der Ihnen danken will.«

Dem Alten wankten die Knie; da zog der Stürmische ihn in das Privatkontor und ließ ihn los. Vom Fenster erhob sich eine schlanke Dame in starrer, grauer Seide, das feine Gesicht von weißen Locken eingefaßt. In der Hand hielt sie einen schönen, hohen, silbernen Becher, den führte sie nun anmutig an die Lippen, dazu sprechend: »Fünfzig Jahre treuer Dienste – auf Ihr Wohl, mein guter Schröder! Auf Ihr Wohl!«

Die Verstörung im Gesicht des Alten wich einem seligen Lächeln. Er knickste so tief, als wolle er ihren Fuß küssen; dann empfing er den schönen Becher und leerte ihn auf einen Zug. Und dann breitete er plötzlich die Arme aus, griff, immer mit denselben freuderoten Wangen, ein paarmal rechts und links in die Luft und sank mit einem leichten Seufzer auf dem Teppich zusammen. Der Eingriff in das alte Uhrwerk war zu stark gewesen, es stand still.

Die Jubiläumsblumen blühten weiter auf seinem Grabe. »Ich fahre in Freuden dahin!« hat die alte Dame auf sein Kreuz schreiben lassen.

Jakob Loewenberg

In Gängen und Höfen (1892)

Im August 1892 kam es zu einem verheerenden Choleraausbruch in Hamburg, bei dem 17 000 Menschen erkrankten und über 8 500 Menschen starben. Das Hamburger Gängeviertel mit seiner engen Bebauung und den unzureichenden sanitären Verhältnissen war ein ideales Ausbreitungsgebiet für die Bakterien. Menschen aus den ärmsten Bevölkerungsschichten, Arbeiter und Gewerbetreibende waren gezwungen, hier zu wohnen, höhere Mieten konnten sie sich nicht leisten.

Jakob Loewenberg hat diese aussichtslose Situation in der Erzählung »In Gängen und Höfen« eingefangen. Es geht um finstere Behausungen, in die nie oder kaum einmal ein Sonnenstrahl fällt, um das Zusammenleben von einfachen Menschen auf engstem Raum mit anderen, die sich mit Diebstählen und Gaunereien durchschlagen oder von Prostitution leben, es geht um Arbeitslosigkeit und Alkohol, für den viele ihr letztes Geld ausgeben. Die Erzählung entstand als direkte Reaktion auf die Choleraepidemie, wie der Autor schrieb, »es gilt aufzuregen und aufzurütteln, damit gebessert werde«.

Jakob Loewenberg, 1856 geboren, machte sich als Pädagoge und Schriftsteller in Hamburg einen Namen. Er unterrichtete an mehreren Schulen, ab 1892 leitete er eine private Höherc Töchterschule. Neben pädagogischen Schriften hat er ein vielfältiges Werk geschaffen, u.a. gab er Gedichtbände und Märchen heraus. In cinem autobiografischen Roman beschrieb er die deutschen wie die jüdischen Wurzeln, die ihn und seine Arbeit prägten. Während der Weimarer Republik war Loewenberg im kulturellen Leben Hamburgs eine angesehene, wichtige Stimme.

Stichtag!

Ein tiefgrauer Novemberhimmel liegt dumpfbrütend auf Stadt und Hafen. Träge und massig windet sich der Rauch aus Schloten und Schornsteinen hervor; die Giebel der Häuser, die Dächer und Erkerspitzen verschwimmen im Nebelgrau, und über sie hinaus ragt wolkenhoch eine düstre, finstre Gestalt: der Michaelisturm.

Es regnet nicht, aber überall ist es naß; die Fahrwege schmierig und schlammig, die Fußsteige glatt und schlüpfrig; es ist, als ob die Feuchtigkeit aus der Erde hervorquelle. Schwere Tropfen zittern an den kahlen Lindenzweigen und an den falben Blättern der Ahorn- und Ulmenbäume.

In den Straßen, Gassen und Gängen herrscht ein bewegtes und bewegendes Leben und Treiben. Was nur ein Rad hat und sich Fuhrwerk schimpft, ist heute aus seinem beschaulichen Dasein aufgerüttelt worden; vom großen Möbelwagen an bis zur schottischen Karre hinab dient alles dem einen Zwecke des Umzugs.

Hochbeladen schwanken die Wagen einher. In Kisten und Kasten, in Koffern und Körben, in Säcken und Betttüchern ist eingepackt, was niet- und nagellos war. Besorglich schreitet der Besitzer neben dem Wagen, hinter demselben geht die Mutter, die Lampe in der einen, den Spiegel in der andern Hand, die Tochter folgt mit einigen Blumentöpfen; der waghalsige Junge aber hat hoch oben neben dem Kutscher Platz gefunden und schaut vergnügt herunter auf alle, die zu seinen Füßen krabbeln.

Mannigfach wie die Wagen sind die Zugtiere: starkknochige Dänen, verabschiedete Droschkengäule, magere Klepper, Esel und Hunde. Die ganz »kleinen« Leute aber, die von Jugend auf gewohnt sind, im Joch zu gehen, spannen sich selber vor. Es ist nicht der schlimmste Strang, an dem sie ziehen; es geht einer Veränderung entgegen, und da flattert immer die Hoffnung voraus.

Das ist ein Lärmen und Poltern beim Auf- und Abladen, ein Stoßen und Drängen der Fußgänger, ein Schreien und Fluchen der Kutscher! Krach, da prallen zwei Wagen zusammen, und hoch im Bogen fliegen Betten und Stühle aufs Pflaster. Die Kutscher fluchen und wettern, die Kinder jubeln, und im Nu umstehen Hunderte von Zuschauern die feindlichen Brüder. So eilig hat's keiner, daß er nicht für ein solch ergötzliches und billiges Schauspiel noch Zeit fände. Gerade sind die streitenden Parteien friedlich auseinandergekommen, als hinten um die Ecke gemächlichen Schrittes ein Konstabler naht, um auch hier wie überall nach dem rechten zu sehen.

Er hat einen schweren Dienst heute, der geplagte Mann. Hauswirt und Mieter nehmen ihn gleich stark in Anspruch. Stundenlang muß er in einer Terrasse, in einem Gang aufpassen, daß der zahlsäumige Mieter nicht ausrücke, um endlich zu seinem lauten Schrecken und vielleicht zu seiner geheimen Freude zu erfahren, daß die Sachen durch ein Hinterfenster hinausgeschafft sind, oder daß der Aftermieter sie vor seinen eigenen Augen in Sicherheit gebracht hat. Erleichtert will er von dannen schreiten, da stürzt ein Kellerladeninhaber zu ihm heran: »Kunstabler, wenn Sie die verdammten Jungens nich das Feueranmachen verpurren, denn gibt's en Brand wie Anno 42!«

Vor jedem Hause, das er heimsucht, hat sich der Umzug, wenn nur auch auf wenige Stunden, ein Denkmal gesetzt. Fußhoch liegen Schutt und Gerümpel umher, von halbverfaultem Stroh oder Seegras bedeckt. Zerbrochene und beschädigte Kannen, Töpfe und Tassen, invalide Geräte jeder Art, lange geschont und geehrt, hier endigen sie unrühmlich ihr Dasein; altes Fußzeug, Hüte, Blechdosen, Bürsten gesellen sich ihnen in friedlichem Vereine zu, ja sogar ein Weihnachtsbaum, an dessen dürren Zweigen noch ein Goldflitter flimmert, träumt inmitten der trostlosen Umgebung von vergangener Herrlichkeit.

Mit langen Säcken und Stangen nahen die »Naturforscher«, um in dem Schutt nach allem zu suchen, was noch irgendwie nützlich zu verwenden ist. Die Kinder sind ihnen behilflich; was sich aber als Spielzeug gebrauchen läßt oder sonst einen Wert für sie hat, behalten sie für sich selber. Da springt plötzlich ein kleiner, zerlumpter Bursch in die Höhe, schneidet Grimassen wie ein Affe und jubelt: »Hurra! hurra!« Die andern umscharen ihn: »Wat hest du funn'n?« »Hurra!«, schreit er wieder und zeigt ihnen die offenen Falten eines alten Portemonnaies. »En Penn, en Penn! hurra!« Und nun stürzen alle auf den Schutthaufen los, um nach alten Portemonnaies und verborgenen »Penns« zu suchen.

Kaum ist der Sammler fortgegangen, da zieht einer der Burschen ein Feuerzeug hervor, und im Nu ist der Haufen angezündet. Das schmort und schwelt ein Weilchen, dann steigt ein dicker Qualm auf, und ein stinkender, den Atem raubender Rauch wälzt sich durch die Gasse. Hurtig pustet der Wind in den Brand, die Flamme schlägt auf; die Kinder umhüpfen jubelnd das Feuer, und die mutigsten springen gar darüber. Das ist ein Fest! Schade, daß nur zweimal im Jahre Stichtag ist!

»Guschi, de Ul kummt, de Ul!«, ertönt plötzlich ein Schrei, und verschwunden ist der kleine Brandstifter und mit ihm die verwegensten der Genossen. Als der Konstabler herankommt, ist es wieder zu spät; er kann nichts mehr tun, als löschen helfen.

Der Knabe aber läuft von dem großen Bäckergang durch einen dunklen Torweg in einen schmalen Hof hinein, reißt eine der

Haustüren auf und stürzt in die Wohnstube, wo eine muntere Gesellschaft beim dampfenden Grog sitzt.

»Guschi, wie siehst du aus! Wo kommst du her, Jung?«

»Sie sind alle verbrannt!«, ruft der Knabe frohlockend und springt in die Höhe.

»Wer denn, Jung?«

»Die Wanzen un Flöhe, Vater. Junge, was ’n Feuer, so hoch! Das knisterte orndlich! Und wie der Ul kam, rums war ich weg!«

»Has gut gemacht, Jung, komm her und trink ’en Schluck.«

Die Mutter, eine kleine, rundliche Frau mit hellen, klaren Augen machte erst ein böses Gesicht; aber dann schenkte sie doch dem großen »Sleef«, ihrem Liebling, eins ein.

Guschi wollte trinken.

»Stopp«, sagte der Vater und stand von seinem Sitz auf. Eine hohe breitbrustige Gestalt, fast stieß er unter die Decke. Über sein breites, bartumrahmtes Gesicht lief ein verschmitztes Lächeln, und seine blauen Augen glänzten hell, als er sein Glas erhob und also begann: »Un nu, verehrte Anwesende, wollen wir das machen wie in die vornehmen Gesellschaften. Die Wanzen un Flöhe sind tot, Guschi soll Kammerjäger werden, un nu laßt uns anstoßen: Es lebe die neue Wohnung!«

Alle hörten erstaunt zu. Solch eine Rede hätten sie dem Adje Lorenzen nimmer zugetraut.

»Das hast du aber fein gemacht!«, sagte die kleine Frau begeistert.

»Nu aber auch anstoßen, Kinners, die neue Wohnung soll leben!«

Die Gläser klangen, daß die Tropfen auf den Tisch flogen.

»Un nu viel Glück darin!«, fügte die Mutter hinzu.

»Un viel Gesundheit«, sagte halblaut Marie, die bleiche Nachbarsfrau, und drückte ihr kleines Töchterchen fester an sich.

»Un hunnerttausend Mark!«, schrie ihr Mann, Jan Ström, so laut, daß die Kleine, welche in der Mutter Arm eingeschlafen war, erschreckt erwachte.

»Hunnerttausend Mark, das is das beste«, wiederholte er.

»Sie sollen auch leben«, rief Adje, »hoch! hoch!« Und wieder klangen die Gläser, so laut und froh, daß die hunderttausend Mark ihre helle Freude daran gehabt, wenn sie's nur gehört hätten. Sie waren aber noch weit weg.

»So Kinners«, sagte Adje, nachdem sie die Gläser leergetrunken, »der Grog is alle, un nu müssen wir an die Arbeit, un ihr auch. Aus'm Gröbsten seid ihr raus. Aber Frauensleute, nich lange geklönt un allens fein gemacht, bis die Herren Männer nach Haus kommen. Un Guschi, hilf tüchtig, un laß mir die Wanzen und Flöh in Ruh. Gu'n Morgen!«

»Gu'n Morgen!«

Die beiden Männer nahmen die Kruke mit Kaffee nebst dem ins Taschentuch gebundenen Frühstück in die Hand und schritten zur Tür hinaus, dem Hafen zu.

»Er is doch 'n smucken Kerl, mein alter Brummbär«, sagte Frau Katharine, »aber nu auch an die Arbeit! Bleib sitzen, Marie, ich mein bloß Guschi un mich; dein Mann hat uns geholfen, nu helfen wir dir.«

Auf dem Boden herum lagen mehrere Bündel, in denen Betten, Wäsche und Zeug gepackt war; daneben standen ein paar Stühle, ein kleiner Tisch und ein Schemel. Die Bettlade und die Kommode hatten die Männer schon fortgeschafft.

Die kleine Frau nahm ein Bündel auf den Kopf, ein anderes unter den Arm; der Junge folgte mit zwei Stühlen. Sie gingen zum Torweg hinaus in den Bäckergang und bogen dann nach wenigen Schritten wieder in einen schmalen Gang ein, von dem sich mehrere Gäßchen und Höfe abzweigten. Vor einem Torweg stand in halbverwischten schmutzigen Buchstaben: Blums Wohnungen. An einem Pfosten hing ein hölzernes Schild mit der Inschrift: Willi Witt, Gelegenheitsdichter.

Frau Katharine blieb unschlüssig stehen, aber Guschi sprang vor und rief: »Das is der Blumenhof, Mama, der dritte Sahl, komm man, ich weiß Bescheid.«

Er ging voran durch den dunklen Gang, der einige holperige Stufen hinaufführte. Der Weg war so eng, daß nicht zwei Menschen nebeneinander hergehen konnten. Die alten verfallenen Häuser lehnten sich müde aneinander. Jedes Stockwerk stand etwas vor, so daß die Giebel sich fast berührten. Dicke Balken zogen sich von Haus zu Haus quer über die Gasse, sie dienten den morschen Gebäuden zur wechselseitigen Stütze. Die Vorderwände bestanden fast nur aus Türen und Fenstern. Wie hohläugige Bettler standen die Häuser da, ausspähend nach jedem Lichtstrahl, nach jedem frischen Luftzug; aber nur selten verirrten sich dergleichen köstliche Dinge in diese Gassen.

Guschi hatte die Tür geöffnet.

»Mama, paß auf, nimm den Packen vom Kopf!«

Sie schritten vorsichtig die schmale Sahltreppe hinauf, sich mit der einen Hand an dem schwarzen, schmierigen Strick haltend, der statt des Geländers diente.

Im dritten Stock blieben sie stehen.

»Hier ist Ströms Wohnung«, sagte Guschi und öffnete eine Tür.

Durch die beiden niedrigen Fenster drang ein matter Lichtschimmer und zeigte die Bettlade und die Kommode in dem kleinen Vorderzimmer. Nachdem sich das Auge an das Dunkel gewöhnt, gewahrte man noch eine Türöffnung, die zu einem engen, finstern Raum führte, der noch nie das Tageslicht gesehen hatte. Eine Art Herd füllte ihn fast ganz aus. Er sollte die Küche vorstellen.

»Das ist Line ihre Arrestkammer«, scherzte der Junge.

»Das is 'n Unglück!«, seufzte die kleine Frau und wischte sich den Schweiß von der Stirn.

Noch zweimal ging sie mit dem Knaben denselben Weg; dann sagte sie zur Nachbarin: »So, Marie, nu sind die Sachen alle oben, nu mußt du sehen, wie du fertig wirs. Lise und Heini warten auf uns, wir müssen gehen.«

»Kathrin, mir ist so bang zumut.«

»Dumme Deern, immer den Kopf oben behalten!«

»Du hast gut reden, ihr zieht aus'm Elend raus und wir ziehn mittenmang.«

»Is doch man bloß für 'ne kurze Zeit, halt dich diesen Winter man gesund. Jan muß fix was verdienen, un nächstes Frühjahr zieht ihr auch nach'm Müllergang; da is noch grad so 'ne kleine Wohnung leer, wie wir haben.«

Marie nahm ihr Kind an die Hand und wandte sich zum Gehen. An der Tür kehrte sie noch einmal um.

»Das Kind wollte dir noch die Hand geben.«

»Adjus, mein Deern.«

»Adjus, Tante.«

»Kathrin«, sagte Marie mit bebender Stimme, »wir haben nu drei Jahr bei'nander gewohnt, un haben uns ümmer gut vertragen.«

»Das haben wir auch, un so soll es auch bleiben. Nächsten Sonntag komms du mit Jan un das Kind zu uns, un denn trinken wir 'n gemütlichen Kaffee zusammen.«

»Aber denn bin ich nich mehr da, Line«, rief Guschi, »soll ich denn keine Hand haben? Ich geh' nu auch weg, ganz weit weg, nach Amerika!«

Die Kleine machte ein Mäulchen und wollte weinen.

»Na, sei man still, Line«, beschwichtigte der Knabe und strich ihr über das blonde Haar, »ich komm bald wieder un denn bring ich dir 'n Puppe mit – so groß!«

Marie war hinausgegangen. Katharine hatte all ihr Hab und Gut schon frühmorgens im Verein mit Adje und Jan zur neuen Wohnung im Müllergang geschafft, wo Elise, ihre Älteste, mit dem kleinen Heinrich auf sie wartete. Ein Korb mit Glas und Porzellanwaren war noch zurückgeblieben; sie hing ihn an den Arm und sagte zu dem Knaben: »Guschi, nimm Vater sein Sonntagsrock, schmeiß ihn aber nich in'n Dreck, un nu laß uns gehen.«

Bevor sie aber hinausging, durchmusterte sie noch einmal Küche, Wohn- und Schlafzimmer; es konnte doch vielleicht etwas

Wertvolles vergessen sein. Gerade die besten Sachen verstecken sich manchmal in einer Ecke, wo man sie am wenigsten sucht.

Sie fand nichts; aber kaum war sie draußen einige Schritte weit gegangen, als sie wieder in die leeren Räume zurückkehrte. Was wollte sie nur? Zehn Jahre hatten sie in dieser dumpfen, armseligen Gasse gewohnt, zehn Jahre voll Arbeit und Not und Entbehrung. Immer hatte sie darauf gehofft, einmal hinauszukommen, einmal dahin, wo sie die Arme frei ausstrecken könnte, wo es so recht helles Licht gebe und frische Luft, so viel man atmen wollte. Sie hatten einen guten Sommer gehabt; ihr Adje hatte außer dem Tage auch noch manche Nacht draußen auf der Werft gearbeitet. Freilich, die Knochen waren ihm manchmal wie zerschlagen; aber es war doch ein schön Stück Geld, was er verdiente. Sie selber hatte auch noch Glück gehabt. Ihre Freundin Marie paßte auf den Kleinen auf, und da konnte sie jeden Morgen ein paar Stunden in einem fremden Hause arbeiten. Es war nicht viel, was sie bekam, aber es half doch mit. So war es ihnen mit einem Male geglückt, was sie bisher noch nie fertig gebracht: sie verdienten mehr, als sie brauchten. Trotzdem wären sie noch nicht ausgezogen, hätte der Hauswirt nicht die Miete gesteigert – und wären die Kinder nicht so groß geworden. Ja, ja, die Kinder! Sie hatten niemals Schlafburschen genommen, wie sauer ihnen auch oft die Miete geworden war. Sie wollten allein bleiben, allein und rein; wer weiß, was so ein Fremder ins Haus bringt. Aber diese Frauensmenschen, die sich da in der Gasse aufhielten, das war noch viel schlimmer. Der Guschi war zehn und die Elise schon zwölf Jahre alt; die durften das nicht länger mehr vor Augen haben. Die Kinder wußten schon sowieso zu viel und spielten gar zu gern unter den rotbehangenen Fenstern. Wie der Senat so etwas nur dulden konnte! In derselben Straße, wo ehrsame, ordentliche Leute mit ihren Kindern wohnen, dürfen solch verkommene Geschöpfe hausen! Da war sie auf Wohnungssuche gegangen; erst in der Nachbarschaft, dann immer weiter, und endlich hatte sie durch Zufall in dem Müllergang am Heiligengeistfeld nicht weit von der Windmühle gefunden, was sie so lange gesucht hatte. Ihr selber war erst bange vor einer Wohnung mit drei Stuben und einer Küche, und ihr Mann meinte, ein Hafenarbeiter müsse auch am Hafen wohnen; aber endlich gab er doch nach. Und nun, da sie hinein sollte in das neue Glück, ward ihr doch traurig zumute. Sie fühlte unbewußt, daß sie sich von einem Stück ihres Lebens trennen sollte. Wir wachsen zusammen mit den Räumen, in denen wir wohnen, und noch mehr im Leid als in der Freude. Dies Fenster, durch das wir so oft geschaut, die Türe, durch welche wir gegangen, der Pfosten, an dem wir unser Kind gemessen, jene Ecke, in der wir krank gelegen, sie sind keine toten Dinge mehr, sie leben in uns und mit uns, sie sind ein Teil unsres Seins geworden.

Mit feuchtem Auge sah Katharine noch einmal im Zimmer umher, strich mit der flachen Hand über die kahlen Wände, wischte den Staub von der Fensterbank, und plötzlich durchlief sie ein Schauer. Das war ja nicht mehr ihr Zimmer, das war alles so öde und leer, das war alles still und gestorben!

Sie eilte hinaus. In einer Ecke des Hofes war ein kleiner, freier Gartenraum, nur wenige Fuß im Geviert. Da stand ein Apfelbaum; jedes Frühjahr schmückte er sich wie andre Bäume mit neuen Blättern, zuweilen trieb er auch einige Blüten; aber nie trug er Früchte. Guschi hatte sich sinnend an seinen Stamm gelehnt. Schade, daß er den Rock verwahren mußte, er hätte sonst so gut noch einmal hinaufklettern können.

»Komm Kind«, rief die Mutter, und in dem Blick, mit dem sie zum Baum hinaufschaute, lag etwas wie Wehmut und Dank.

»Adjus, Fro Lorenzen, adjus!«, scholl es ihr aus den benachbarten Häusern nach.

»Adjus!«

Im Torweg begegnete ihnen ein Karren mit den Sachen des neuen Mieters.

Miriam Georg

Die Keime
in der Stadt (1892)

Während des 19. Jahrhunderts wurde Hamburg mehrere Male von der Cholera heimgesucht, zum schlimmsten Ausbruch kam es von August bis Oktober 1892. Über Wasser, das der Elbe entnommen wurde, verbreiteten sich die Erreger in der ganzen Stadt. Der Senat versuchte die Epidemie zunächst herunterzuspielen, die Wirtschaft sollte keine Einbußen erleiden; es bedurfte erst des Einschreitens von Robert Koch, Leiter des Preußischen Instituts für Infektionskrankheiten, um die Schulen zu schließen und die Hansestadt vom Verkehr und Warenaustausch abzukoppeln. Der Münchner Hygieneprofessor Max Pettenkofer bezweifelte die These, dass der von Koch entdeckte Choleraerreger allein für die Krankheit verantwortlich sei und über das Wasser verbreitet werde. Er war der Ansicht, der Erreger könne sich auch durch die Luft oder durch Fäulnis im Boden ausbreiten.

Miriam Georg, 1987 geboren, hat ihr reiches Wissen über hamburgische Geschichte und über die Themen des Lebens in der Hansestadt in mehrere Romane einfließen lassen. In »Das Tor zur Welt«, 2022 veröffentlicht, arbeitet sie historische Fakten in ein breit angelegtes Romangeschehen ein, ohne dabei die Realität zu beschönigen. Es entsteht ein an-

schauliches Bild der unterschiedlichen Entwicklungsmög-
lichkeiten, die den Menschen je nach ihrer sozialen Schicht
offenstehen.

Es war, als wäre sie in einen Albtraum geraten. Hamburg war nicht
wiederzuerkennen. Sie stolperte mit ihrem Bündel durch die Gassen und wusste nicht, wohin sie sich wenden sollte. Die Menschen
schienen in Panik, Kutschen donnerten an ihr vorbei, ein stechen-
der Geruch lag in der Luft, und erst, als sie die Wagen sah, die von
weiß gekleideten Männern gezogen wurden, verstand sie, dass es
das Chlor sein musste, von dem die Wirtin gesprochen hatte. Ein
Junge rannte an ihr vorbei und drückte ihr ein Flugblatt in die
Hand. Ava blieb stehen.

Bekanntmachung
Vor dem Genuß ungekochter Speisen, namentlich
ungekochten Elb- und Leitungs-Wassers sowie
ungekochter Milch, wird dringend gewarnt.
Hamburg, den 1. September 1892
Die Cholera-Commission des Senats.

Sie kämpfte sich zum Krankenhaus durch, doch dort herrschte ein
solches Chaos, dass sie nicht einmal mit jemandem sprechen
konnte. Unauffällig schlüpfte sie an zwei Schwestern vorbei und
versuchte, den Saal zu finden, in dem der Vater lag. Aber bevor sie
weit kam, rief jemand: «He, was machst du hier? Sofort hinaus,
weißt du denn nicht, wie ansteckend diese Seuche ist?»

«Aber mein Vater liegt hier!», rief Ava. «Ich muss zu ihm.» Der
Vater war jetzt alles, was sie noch hatte. Sie musste ihn sehen.

Die Schwester, die sie erwischt hatte, sah unglaublich müde aus.

Soeben wurde wieder jemand auf einer Bahre den Gang hinunter-
geschoben, und aus einem der Säle in der Nähe drang schreckliches
Geschrei. «Wie heißt er?», fragte sie mit belegter Stimme.

«Hermann de Buur», erwiderte Ava, und die Schwester nickte.
«Geh in den Wartesaal. Ich frage nach.»

«Aber ...», sie wollte protestieren, doch die Frau schob sie mit
eiserner Hand aus dem Flur.

Verloren stand Ava da. Mit einem Mal sah sie am Ende des Gan-
ges Dr. Bonnhofer. Sie rannte auf ihn zu, aber er war in ein Gespräch mit einem anderen Arzt vertieft, und sie wagte es nicht,
nach ihm zu rufen. Als sie näher kam, wurde sie langsamer. Die beiden stritten sich, die hohe Fistelstimme des anderen Arztes bildete
einen unangenehmen Kontrast zu dem warmen Bariton Dr. Bonn-
hofers.

«Pettenkofer ist der führende Cholera-Experte im Kaiserreich.
Willst du jetzt etwa behaupten, es besser zu wissen?», fragte der
andere Mann.

«Natürlich nicht!»

Ava war erstaunt, wie ärgerlich Dr. Bonnhofer aussah. Die beiden waren stehen geblieben, und auch sie hielt inne und drückte
sich unwillkürlich gegen einen Wagen mit Medikamenten, der im
Flur stand.

«Ich nicht. Aber Robert Koch hat schon vor zehn Jahren den Erreger identifiziert. Und er sagt ganz klar und ohne jeden Zweifel,
was zu tun ist: Trinkwasser abkochen. Kontaminierte Gegenstände
desinfizieren. Höchste Aufmerksamkeit bei Lebensmitteln. Und
vor allem müssen wir die Quelle ausmachen und zurückverfol-
gen.»

«Pettenkofer sagt, das der Erreger nicht pathogen ist. Willst du
dir jetzt von einem Preußen diktieren lassen, was zu tun ist? Erst
wenn es im Boden zu Fäulnis kommt, entsteht der Stoff, und er verbreitet sich durch die Luft. Deswegen ist die einzige Maßnahme
Vorbeugung.»

«Er verbreitet sich durch das *Wasser*. Wie kannst du nur so blauäugig sein? Erst recht, da wir mittendrin stecken und Vorbeugung nichts mehr nützt? Sollen wir etwa gar nichts tun?» Dr. Bonnhofer wirkte, als würde er den anderen Arzt am liebsten packen und schütteln.

«Wir tun, was wir können, und helfen den Kranken», erwiderte der. «Aber du weißt doch selbst, wenn die ersten Fälle auftreten, ist es schon zu spät. Jetzt müssen wir durchhalten und danach endlich Kanalisation und Wasserversorgung sanieren, sodass sich im Boden gar nicht erst etwas bilden kann.»

Ava hörte so angespannt zu, dass ihr Nacken wehtat. Unwillkürlich krallte sie die Finger um das kalte Metall des Wagens, aber die Ärzte waren so sehr in ihre Diskussion vertieft, dass sie nicht einmal bemerkten, wie eine Schwester an ihnen vorbeiging und ihnen mit hochgezogenen Augenbrauen irritierte Blicke zuwarf.

«Die Absperrungen nutzen rein gar nichts. Willst du den Menschen vielleicht das Atmen verbieten? Die Preußen stürzen sich doch auf die ganze Sache, für die ist das ein gefundenes Fressen, um ihre zentralistische Politik weiter voranzutreiben. Meinst du, unser Senat aus Kaufmanns- und Reederfamilien wird da anderer Meinung sein? Diese Stadt lebt vom freien Handel. Wenn du im Hafen staatliche Gesundheitskontrollen einführst, treibst du Hamburg in den Ruin, das weiß jeder hier. Und jeder, der etwas zu sagen hat, wird das zu verhindern wissen, jeder Einzelne. Robert Koch hin oder her.»

Dr. Bonnhofer war weiß vor Wut. «Ja, und sie tun alles, um die vom Reich angeordneten Maßnahmen zu ignorieren und hinauszuzögern», zischte er. «Gott bewahre, dass Hamburg einmal nicht selbst entscheiden darf. Dieser Hochmut kostet Menschenleben. Hunderte Menschenleben, vielleicht Tausende.» Seine Stimme war plötzlich müde geworden. «Diese Stadt mit ihren Ehrenämtern ... Alle glauben, dass sie es besser wissen als die Experten. Wir hätten schon so lange eine Filtration haben können. Und was haben wir stattdessen? Einen Stadtpalast. Wenn ich alleine an die ganzen Wasserreservoirs auf den Dachböden der Häuser denke ... Bei dieser Hitze. Wir hatten gestern mehr als tausend Neuerkrankungen in der Stadt.»

«Die Wasserreservoirs haben mit der Sache rein gar nichts zu tun.»

Dr. Bonnhofer gab einen beinahe verzweifelten Laut von sich. «Dir ist klar, dass sämtliche junge Kollegen in diesem Krankenhaus anderer Meinung sind?»

«Ihnen fehlt jegliche Erfahrung», erwiderte der andere Mann kalt.

Dann drehte er sich einfach um und ließ Dr. Bonnhofer auf dem Flur stehen. Ava trat hinter dem Wagen hervor. Sie nahm all ihren Mut zusammen, um ihn anzusprechen, aber in diesem Moment hörte sie eilige Schritte hinter sich.

«Herr Doktor, Sie müssen sofort kommen, in Saal sieben kollabiert jemand!», rief eine Schwester aufgeregt, und Dr. Bonnhofer fuhr herum. Er schien sich einen Moment zu sammeln, dann lief er los, und Ava sah ihm hilflos nach.

Der Wartesaal war so überfüllt, dass er einem Jahrmarkt glich. Menschen weinten und suchten nach Angehörigen. Ava ging langsam durch sie hindurch wie durch einen Nebel aus Angst und drückte sich in einer Ecke gegen die Wand. Dort rutschte sie langsam auf den Boden. Sie umklammerte ihr Bündel und starrte einfach vor sich hin. Die Geräusche um sie her verschwammen, und schon nach wenigen Augenblicken nahm sie nichts mehr wahr.

Stundenlang saß sie da. Irgendwann tat ihr der Magen weh, und der Schmerz holte sie in die Wirklichkeit zurück. Ich muss etwas essen, dachte sie apathisch und presste eine Hand auf den Bauch. Aber sie hatte weder Kraft noch Lust aufzustehen und diesen Gedanken in die Tat umzusetzen. Plötzlich merkte sie auch, dass sie schwitzte. Wie lange hatte sie nichts getrunken? Ächzend erhob sie sich, das Wartezimmer schien noch voller und lauter geworden zu sein.

Später erinnerte sie sich daran, wie sie auf den Flur wankte und jemanden nach der Toilette fragte. Und sie erinnerte sich, dass ihr plötzlich heiß und kalt gleichzeitig wurde und eine Schweißperle an ihrer Schläfe entlangrann. Dass sie sich furchtbar dringend erleichtern musste und der Weg bis zu den Toiletten ihr unmöglich lang erschien.

Sie erwachte in einem Bett und blickte auf eine Vorhangstange. Blinzelnd sah sie sich um.

«Was ist passiert?», murmelte sie und versuchte, sich aufzusetzen. Aber es gelang ihr nicht, sie war zu schwach. Niemand war da, der ihr die Frage hätte beantworten können. Als hätte jemand einen Schalter umgelegt, drangen plötzlich alle Geräusche auf einmal zu ihr, es war schrecklich laut, Schwestern riefen sich etwas zu, jemand stöhnte offenbar unter schlimmen Schmerzen, und es stank nach menschlichen Ausscheidungen.

Avas Magen gurgelte. Sie stieß einen erschrockenen Laut aus, doch in diesem Moment zog jemand mit ruppiger Geste den Vorhang beiseite. «Hier rein!», rief die Schwester, deren Häubchen schief auf dem Kopf saß. Sie hob das Laken und schob eine Bettpfanne unter sie. «Ich hab gerade erst alles frisch gemacht!» Dann zog sie den Vorhang einfach wieder zu.

Es war schrecklich, sich inmitten all dieser Menschen erleichtern zu müssen. [...]

Ava driftete zwischen Wachsein und Schlaf hin und her. Manchmal schienen ihr nur Minuten vergangen zu sein, seitdem sie zuletzt die Augen geöffnet hatte, und plötzlich war es Nacht, dann wiederholte sich das Ganze, und es war wieder Tag.

«Was habe ich?», fragte sie die nächste Schwester, die sie bewusst wahrnahm.

Die Frau schürzte die Lippen. «Na, was glaubst du denn, Mädchen?», fragte sie. Dann, wie um sich für ihre Ruppigkeit zu entschuldigen, lächelte sie. «Keine Sorge, es wird dir schon bald besser gehen.»

Sie wusste nicht, wie lange sie schon hier lag. Sie hörte die Schwestern flüstern, dass die Krankheit inzwischen auch in den Dörfern an der Unterelbe angekommen war und die Stadt immer weiter im Chaos versank. Sie versuchte, nach ihrem Vater zu fragen, aber niemand hatte Zeit, ihr zuzuhören.

Als sie das nächste Mal die Augen öffnete, blickte sie in das runzlige Gesicht von Dr. Bonnhofer.

Ava öffnete den Mund, aber es kam nur ein Krächzen heraus. Rasch nahm er einen Becher und setzte ihn ihr an den Mund. «Langsam», sagte er, da sie wie eine Verdurstende trank.

Ava ließ sich kraftlos in das Kissen zurückfallen. «Muss ich sterben, Herr Doktor?», fragte sie leise. Der Gedanke an den Tod machte ihr seltsamerweise keine Angst. In ihr war nur eine einzige große Erschöpfung, die alles andere überdeckte.

Doch Dr. Bonnhofer lächelte, auch wenn es ein trauriges Lächeln war. «Nein, das musst du nicht», sagte er bestimmt. «Dein Verlauf ist mild, wir konnten erfolgreich behandeln. Es wird dir schon bald besser gehen.»

Ava fühlte keine Erleichterung bei dieser Nachricht. Sie nickte nur, als hätte er ihr gesagt, für den nächsten Tag werde gutes Wetter erwartet.

«Warum ist diese Krankheit so schlimm?», fragte sie. Sie wollte auf keinen Fall, dass er ging. Wenn er ging, war sie wieder allein hinter dem Vorhang, mit all den Geräuschen aus dem Saal. «Wo kommt sie her? Sie war doch vorher nicht da.»

Er zog sich einen Stuhl heran. «Das wissen wir leider nicht genau», sagte er. «Sie war auch vorher da. Aber nicht so stark. Wahrscheinlich hängt es mit der Hitze zusammen.»

«Die Schwestern haben gesagt, dass sie auch in den Dörfern schon angekommen ist», flüsterte Ava.

Er nickte und runzelte die Stirn. «Die Menschen fliehen aus der Stadt und nehmen die Krankheit in ihren Körpern mit», erklärte er, während er ihr vorsichtig erneut den Becher an die Lippen setzte. «Du musst viel trinken.» Dann seufzte er. «Aber der Fluss wird auch seinen Teil dazu beitragen.»

«Der Fluss?», fragte Ava mit schwacher Stimme.

Er erhob sich mit einem leisen Ächzen. Ava sah, wie müde er war. Sein linkes Augenlid zuckte. «Der Fluss bringt die Keime in die Stadt und trägt sie auch hinaus. Die Menschen taufen die Milch, sie trinken das Wasser, sie befeuchten die Grünwaren, und so kommt die Krankheit aus der Elbe in das Essen und in die Mägen der Menschen.» Er stupste sanft mit seinem Finger auf Avas Bauch unter dem Laken, und sie musste unwillkürlich lächeln, obwohl es ihr so schlecht ging. «Aber dein Bauch ist stark. Dem treiben wir das schon wieder aus. Du musst nur tun, was wir dir sagen, und viel schlafen. In Ordnung?»

«In Ordnung», flüsterte Ava, ihr Kopf sank schon wieder in das Kissen. Sie war so unglaublich müde.

Dr. Bonnhofer zog den Vorhang auf, dann hielt er inne. «Es tut mir sehr leid um deine Schwester», sagte er leise, und als Ava ihm in die Augen sah, kamen plötzlich alle Gefühle auf einmal zurück, als hätte jemand mit einer heißen Nadel direkt in ihr Herz gestochen. Sie konnte nur nicken, so weh tat es.

Als er gehen wollte, rief sie: «Herr Doktor, mein Vater ist auch hier. Er ist auch krank, und niemand sagt mir, wie es ihm geht.» Ihre Stimme zitterte plötzlich.

Er hielt verblüfft inne. «Dein Vater auch?», fragte er, wie um sicherzugehen, sich nicht verhört zu haben. «Wegen der Cholera?»

Ava nickte heftig.

Einen Moment bewegte er sich nicht. «Ich werde mich erkundigen», versprach er, sah sie aber nicht an. Dann ging er und zog den Vorhang fest hinter sich zu.

Gerd Fuchs

Die Auswanderer (1892)

Mehr als sechs Millionen Menschen verließen im 19. Jahrhundert Europa und wanderten über Hamburg und Bremerhaven aus. Der überwiegende Teil von ihnen wollte sich in den Vereinigten Staaten von Amerika eine neue Existenz aufbauen. In einer großen Auswanderungswelle ab den 1890er-Jahren waren es vor allem osteuropäische Juden, die oftmals aufgrund von Pogromen ihre Heimat verlassen mussten und nach Übersee zu gelangen versuchten. Bis sie an Bord eines Schiffes gehen konnten, hatten sie immer neue Reise- und Grenzschikanen zu überwinden. Viele von ihnen konnten wenig mehr als ihre Haut und einen Koffer mit dem Nötigsten retten. Als in Hamburg die Cholera ausbrach, war dieser Weg versperrt: Der Hamburger Senat ließ keine Reisenden mehr in die Stadt. Die Reederei Hapag, die das Auswanderergeschäft mit großem Erfolg betrieb, musste den Schiffsverkehr einstellen.

Albert Ballin, Vorstand der Hapag, ersann eine kreative Lösung für diese Situation. Auf der Elbinsel Veddel ließ er auf Kosten der Reederei eine Auswandererstadt für bis zu 5000 Menschen errichten, mit medizinischer Untersuchung und allem, was für einen solchen Zwischenaufenthalt benötigt wurde. In seinem Roman, der 2003 erschien, zeichnet Gerd

Fuchs, 1932 geboren, verschiedene Biografien nach von Menschen, die zunächst in der Stadt, dann auf der Veddel und schließlich bei der Überfahrt aufeinandertreffen. Sie alle bringen ihre eigenen Beweggründe mit, weshalb sie den Aufbruch in die Neue Welt riskieren. Zugleich lenkt der Roman den Blick auf Auswanderung als einträgliches Geschäft für Stadt und Reederei.

Von Zeit zu Zeit geht Simon Kantor zur HAPAG-Agentur. Herr Ehrlicher wirft die Hände in die Luft, wenn er erscheint. Immer noch nichts, ruft er verzweifelt.

Aber wer eine Passage über Bremen hat, kann durch, sagt Simon Kantor.

Als ob der Bazillus zwischen Hamburg und Bremen unterscheiden könnte.

Die Hamburger kneifen zu und die Bremer machen das Geschäft, ruft Herr Ehrlicher.

Mindestens so verzweifelt wie er ist sein Chef, der Leiter der Passagenabteilung von HAPAG, Albert Ballin. In der letzten Zeit hatte die HAPAG allein mit dem Auswanderergeschäft einen Gewinn von jährlich zehn Millionen Mark erwirtschaftet. Dass damit Schluss sein sollte, ist nicht hinnehmbar.

Ballin tut, was er bisher immer getan hat, er verhandelt, und zwar mit dem schärfsten Konkurrenten der HAPAG, dem Bremer Lloyd. Er ist ein sehr kleiner Mann. Schon mit achtzehn hatte er Prokura in der Auswandereragentur seines Vaters (er musste dazu eigens vorzeitig für volljährig erklärt werden), er hat sich hochverhandelt bis an die Spitze der Passageabteilung von HAPAG, bis in den Vorstand. Sein Prinzip ist der Ausgleich der Interessen. Der Kuchen ist groß genug, jeder soll sein Stück abbekommen. Die Energie, mit der er seine Konkurrenten zur Zusammenarbeit zwingt, scheint mit seiner Kleinheit zusammenzuhängen. Auch ist er kein schöner Mann. Schon früh musste er darüber nachdenken, wie er auf andere wirkt. Also versteht er etwas von Psychologie. Außerdem sind Auswanderer-Expedienten in Hamburg wenig angesehene Leute, erst recht nicht, wenn einer von ihnen arm und Jude ist wie er. Das Auswanderergeschäft hat den Ruch von Menschenhandel. Für ihn hat die Macht einen anderen Geschmack als für Patriziersöhne wie Laisz oder Mönckeberg oder Sloman, einen schärferen.

Er klingelt nach seinem Sekretär. Er hat einen Termin beim Bürgermeister. Es ist ihm gelungen, die Herren vom Bremer Lloyd davon zu überzeugen, dass die Schließung der Reichsgrenzen auch nicht in ihrem Interesse liegen könne. Er hat sie zu einem gemeinsamen Brief an den preußischen Innenminister überredet. Vom Inhalt dieses Briefes will er den Bürgermeister unterrichten. Außerdem will er dem Senat ein Geschenk machen.

Es steht auf dem mit grünem Maroquin-Leder bezogenen Konferenztisch seines Büros, eine flache, grün gestrichene Kiste, die etwa zwei Meter lang und anderthalb Meter breit ist. An den Ecken sind Halterungen angebracht, in denen Tragegriffe stecken.

Sein Sekretär hilft Ballin in den Mantel, zwei Angestellte heben die Holzkiste vom Tisch, und Ballins Sekretär nimmt eine große, schwarze Papprolle unter den Arm. So brechen sie zum Rathaus auf.

Außer Mönckeberg sind die Senatoren Versmann und Hachmann zugegen, als Ballin vorgelassen wird. Er unterrichtet die Herren davon, dass die HAPAG und der Bremer Lloyd sich in einem gemeinsamen Brief an den preußischen Innenminister gewandt haben.

Ausführlich berichtet er von der Schwierigkeit der Verhandlungen, aber auch von der Einsicht in die Gemeinsamkeiten der Interessen. Die drei Herren sollen erst einmal begreifen, was es heißt, dass sich zwei der größten deutschen Reedereien in dieser Frage zusammengetan haben. Von der Kiste draußen im Vorzimmer hat er noch nichts gesagt.

In dem Brief, sagt Ballin, werde dem preußischen Innenminister vorgerechnet, dass die Sperre für die preußischen Eisenbahnen eine Mindereinnahme von mehr als zwei Millionen Mark, für die Dampfschifffahrtsgesellschaften eine von acht bis neun zur Folge haben wird.

Die Herren blicken gequält. Sie wissen, was das an Steuerausfällen bedeutet.

Jetzt spielt Ballin seinen Trumpf aus. Wenn aber der Grund für die Absperrung die Furcht vor der Einschleppung von Seuchen sei, so könne man dem abhelfen dadurch, dass an der Grenze Kontrollstationen eingerichtet werden, in denen man die Auswanderer auf Krankheiten hin untersucht.

Die Herren blicken misstrauisch. Sie denken alle drei das Gleiche: Und wer wird das bezahlen? Wir vielleicht?

Ballin hat eine Pause gemacht. Dann sagt er: Gebaut und betrieben werden die Stationen auf Kosten von HAPAG und Bremer Lloyd.

Man lächelt erleichtert, aber auch anerkennend.

Voraussetzung wäre natürlich die Öffnung der Hamburger Staatsgrenzen, sagt Ballin. Man wird wieder ernst, doch man bleibt gelassen. Zur Not kann man sich ja immer noch hinter dem preußischen Innenminister verstecken.

Doch nun zu einem erfreulicheren Thema, ruft Ballin. Er habe dem Senat etwas mitgebracht. Es befinde sich im Vorzimmer. Amüsiert erhebt man sich. Verständnislos stehen die Herren vor der grünen Kiste.

Dies ist, ruft Ballin, während er schwungvoll wie ein Zirkusdirektor den Deckel zurückklappt, ein Modell. Das Modell einer kleinen Stadt.

Die Herren treten näher.

Die Zustände in den Auswandererbaracken am Amerika-Kai, sagt Ballin, sind nicht nur seit der Cholera-Epidemie ein Skandal.

Ballins Sekretär hebt das Dach eines der lang gestreckten Gebäude ab. Neugierig beugen sich die Herren nieder.

Niedlich, sagt Mönckeberg.

Bettchen reiht sich da an Bettchen, zwei lange Reihen.

Wir müssen in die Zukunft denken, sagt Ballin.

Versmann hebt das Dach eines kleineren, fast quadratischen Gebäudes ab. Eine Kirche, eine protestantische. Hachmann entdeckt eine katholische. Mönckeberg einen jüdischen Betsaal. Richtige kleine Bänke und Stühle, alles maßstabgetreu. Die Herren machen sich kichernd auf Details aufmerksam.

Die Auswandererströme werden anschwellen, sagt Ballin. Es liegt auch im Interesse Hamburgs, dass die Leute menschenwürdig untergebracht werden.

Versmann hat die Küche entdeckt mit Hackbänken, Kesseln und putzigen kleinen Töpfen und Pfannen. Entzückend.

Die hören mir nicht zu, denkt Ballin. Ich hätte ihnen genauso gut eine Puppenstube schenken können.

Mönckeberg hat den Saal mit den Dampfmaschinen entdeckt, die für den Strom sorgen, Hachmann den Musikpavillon.

Diese Anlage wird fünftausend Menschen beherbergen können, sagt Ballin, eine kleine Stadt für sich. Sie wird die modernste und komfortabelste Auswandererunterkunft in Europa sein. Eine Million Mark würde die HAPAG dafür aufwenden. Vorausgesetzt ...

Die Herren richten sich auf.

Vorausgesetzt, sagt Ballin, die Stadt stellt den Baugrund dafür auf der Veddel zur Verfügung.

Die Herren sehen ihn an.

Ach so, sagt Hachmann.

Wir werden das prüfen, sagt Mönckeberg.

Das Modell und die Pläne lasse ich Ihnen da, sagt Ballin. Guten Morgen.

Zwei Senatsangestellte blicken Ballin nach, wie er mit seinem Sekretär das Rathaus verlässt.

Früher hätte man zu so einem Menschenhändler gesagt.

Aber hilft er den russischen Juden nicht, sich vor Verfolgungen zu retten?

Heuchler. Ihn interessiert nur das Geld.

Aber ist es nicht so?

Typisch Jude. Geld und Moral.

Was hat das damit zu tun, dass er Jude ist? Jeder andere an der Spitze der HAPAG würde so handeln, müsste es sogar. Wegen eben jenes Antisemitismus, den Sie hier an den Tag legen, müssen die Juden doch aus Russland fliehen.

Der preußische Innenminister prüft also Ballins Vorschlag, der Hamburger Senat prüft ihn. Eines Morgens aber platzt Ballin der Kragen. Er diktiert einen Brief. Er lässt sich einen Termin bei Mönckeberg geben. Er stürmt ins Rathaus.

Die Steuern der HAPAG nimmt der Senat gerne, faucht er. Aber was tut Hamburg für die HAPAG? Im Übrigen möchte ich Sie davon unterrichten, dass ich soeben der Handelskammer einen Brief geschrieben habe. Wenn Hamburg seine Grenzen nicht für russische Auswanderer öffnet, sieht sich die HAPAG gezwungen, ihren Firmensitz nach Nordenham bei Bremerhaven zu verlegen. Ich empfehle mich.

Die HAPAG hat ein Grundstück gekauft, ruft Ehrlicher Simon Kantor entgegen, als der wieder einmal vorbeischaut. Es ist etwas im Busch.

Zwei Wochen nach Ballins Auftritt im Rathaus hat der Senat die Sperre des Hamburger Staatsgebiets für Auswanderer aus Russland aufgehoben. Der preußische Innenminister prüft allerdings weiter. [...]

Gelber, beißender Nebel hängt über der Stadt. Es ist feuchtkalt. Hauskamine qualmen, Lokomotiven qualmen, Schiffsschornsteine, Fabrikschlote qualmen. Wassertröpfchen kondensieren an den Rußpartikeln in der Luft. Es nieselt. Hamburger Wetter.

Albert Werth geht die Admiralitätsstraße entlang zum Hafen. Er will zur Speicherstadt, der anderthalb Kilometer langen Antwort auf Bismarcks Vergewaltigung Hamburgs, die backsteinerne Überkompensation der Angst vor dem Beitritt zum Zollverein, die weithin sichtbare Befestigung des Rests, den der eiserne Kanzler ihnen von ihrer alten Herrlichkeit gelassen hat, des Freihafens. Ein Schutzwall mit Treppenhaustürmen, symbolisch überhöhten Ecktürmen, die Wehrgängen anstehen würden, sakralen Spitzbögen – eine effektvolle Bühnendekoration, deren Spiegelung im Wasser der Fleete die mit glasierten Steinen inkrustierten Fassaden noch höher und monumentaler erscheinen lässt als sie sind, eine Inszenierung von Macht und Wohlstand, Wunsch- und Angstarchitektur der Pfeffersäcke.

Albert Werth weicht Fuhrwerken aus, springt über grüngelb schillernde Pfützen, über Pferdemist, auch über eine tote Katze. Endlich wird er die Schatzkammer betreten dürfen, die er bisher nur von außen gesehen hat, die Stadt in der Stadt, mit eigenem Postamt, eigener Polizeiwache, eigener Feuerwehr, eigener Wasser- und Energieversorgung, die Stadt der Arbeit, in der niemand wohnen darf, aus der auch die kleinen Schacherer vertrieben sind, das komprimierte Hamburg.

Was die endlose Prozession der Dampfer die Elbe heraufschleppt, wird hier aus Schuten hochgewunden, gelagert, gewogen, gezählt, taxiert, verpackt und wieder herabgelassen auf Fuhrwerke, Schuten, verschwindet in Eisenbahnwaggons, wird übers Land verteilt, über die Grenze hinaus bis nach Polen, Russland, Österreich, Ungarn und weiter. Ein ganzer Stadtteil wurde niedergerissen, vierundzwanzigtausend Menschen mussten weichen, wohin, das kümmerte niemanden. In wenig mehr als fünf Jahren wurde das damals größte Lagerhaus der Welt hochgezogen, das würdige Behältnis für die Köstlichkeiten der Erde und ihre Transsubstantiation in Ware.

Albert Werth nähert sich den beiden Eingangstürmen der Brooksbrücke. Auch hier hannoversche Backsteingotik. Die Türme empfangen den Besucher, vermitteln zwischen der profanen Welt der Stadt und dem sakralen Bereich der kaufmännischen Heiligtümer. Es stinkt. Aus dem Hafenwasser, von der Straße, von überall her. Hier brütete damals die Cholera.

Es bedarf höchster Geistesgegenwart, um den Fuhrwerken auszuweichen, den Lastenträgern, den Paletten mit Säcken und Kisten, die herab- oder hinaufgewunden werden. Wehe, ein Sack oder eine Kiste rutscht dort oben vom Stapel. Pferdewiehern und Geschrei überall. Mehrfach wird der feine Herr angerempelt. Dumpfes Tuten der Dampfer, Möwengeschrei, von Blohm & Voss her hallende Schläge auf Eisen, das Stampfen von Dampframmen.

Endlich ein Schild: G. Voss & Cons., 4. Boden

Er steigt hinauf, klopft an eine Tür, tritt ein und ist in einer anderen Welt. Aus dem gelbgrauen Hamburger Zwielicht ist er in ein braungold leuchtendes Gewölbe versetzt, aus der Gestankhölle des Hafens in einen Dufthimmel. Kardamom, Kurkuma, Kumin und Safran. Sumach, Mastix, Koriander, Paprika, Anis, Fenchel, Kümmel, Cayennepfeffer. Nüsse, Samen, Dörrobst, getrocknete Pfefferschoten.

Voss und Consorten. Gewürze en detail und en gros.

Vanille als Extrakt und in Stangen, Zimtpulver und Zimtrinde, Ingwer, Rosmarin, Nelken, Thymian, Muskat und Kaffee und Tee.

Herr Voss beliefert Bäckereien, Hotels, Restaurants, Eisenbahngesellschaften, Cafés, Limonadehersteller.

Ich soll Ihnen Grüße von meinem Onkel Eli Papo aus Damaskus bringen und außerdem die Post, sagt Albert Werth und zieht einen Packen Briefe aus der Manteltasche.

Herr Voss gießt einen Raki ein. Er und Onkel Papo sind Geschäftspartner seit zwanzig Jahren.

Sahtak, sagt Herr Voss und hebt sein Glas. Albert Werth trinkt und lehnt sich tief einatmend zurück.

So hat es auch bei Onkel Papo gerochen. [...]

Zum Abschied führt Herr Voss Albert Werth in die drei an sein Kontor grenzenden Räume. Angestellte sitzen über Bestellungen, Rechnungen und Briefe gebeugt. Eine Wendeltreppe führt in einen Saal hinab, wo abgefüllt, gewogen, verpackt und adressiert wird.

Gibt es nicht noch irgendwo eine Kammer, die Sie mir vermieten könnten, sagt Albert Werth. Nur damit ich ab und zu kommen und hereinriechen könnte? [...]

Es war ein Glück gewesen, dass sie diesen jungen Mann aus Hamburg im Zug getroffen hatten. Schon nach den ersten Schritten auf dem Bahnsteig hatte er zu Ruth gesagt: Aber Sie hinken ja.

Ich hab da etwas am Bein. Es tut schon im Knie weh.

Damit kommen Sie aber auf Ellis Island nicht die Treppe hinauf, hatte der junge Mann gesagt. Die haben da eine breite Treppe, die müssen alle hinauf, damit sie sehen können, wer hinkt oder keucht oder stehen bleiben muss. Wer hinkt, bekommt einen Zettel mit einem L darauf. L für *limping*, für hinkend. Und wer den Zettel aufgeklebt bekommt, den schicken sie zurück.

Auch sonst war der junge Mann ein Segen. Ohne ihn wären sie eine halbe Stunde nach Ankunft des Zuges wahrscheinlich ausgeplündert gewesen, hätte man ihnen, verwirrt und verängstigt, wie sie gewesen wären, angeblich unerhört günstiges Blechgeschirr, billige Steppdecken und genial konstruierte Spirituskocher aufgeschwatzt, denn die Litzer, wie die Blutsauger genannt wurden, fielen auf dem Bahnsteig wie Heuschrecken über die Auswanderer her.

So aber hatte er sie gewarnt, ihnen regelrecht verboten, irgendetwas zu kaufen, denn für alles, was sie auf dem Schiff brauchten, gebe es Preislisten und Adressen von Geschäften, wo alles für einen Bruchteil zu haben wäre. Und schließlich hatte er sie zu einem Hotel gebracht, sogar in einer unverständlichen Sprache, die dennoch Deutsch sein sollte, mit dem Portier um die Zimmerpreise gefeilscht, so dass sie den Umständen entsprechend ganz anständig untergekommen waren für die Zeit, bis sie in die Auswanderer-Baracken am Amerika-Kai in Quarantäne mussten. Die Kantors in der bewussten Besenkammer, Tatlin in einem Schlafsaal mit zehn Betten und Schwester Alma in einem Zweibettzimmer.

Doch nannte sich das, was sie für ein Hotel hielten, noch nicht einmal selber so. *Zum großen Auswanderer-Hause* nannte es sich in meterhohen Lettern, ein vierstöckiger, trostloser Kasten, ein Lagerschuppen, doch für Menschen, abgewetzt von ihren Schuhen und Händen, verkrustet von ihrem Schmutz, bröckelnd und verlaust, ein Palast für Kakerlaken und Ratten, vibrierend von Geschrei und Lachen, von Stöhnen und Verzweiflung und Angst, die letzte Station vor der großen Reise. [...]

In Wersbolowo vor der preußischen Grenze begannen unsere Schwierigkeiten, erzählt die Frau. Ein deutscher Arzt und mehrere Gendarmen bestiegen den Zug. Wir wurden untersucht, mussten sagen, wohin wir wollten und wie viel Geld wir hatten. Das Resultat der Inquisition: Wir durften die Grenze nur überschreiten, wenn wir unsere Dampferbillets dritter Klasse in solche zweiter Klasse eintauschten, was zweihundert Rubel mehr erforderte, als wir besaßen. Unsere Pässe wurden uns abgenommen und die Weiterfahrt verweigert.

Daniel steht neben seiner sitzenden Mutter, an ihre Schulter gelehnt. Im Kreis der Frauen ist eine, die ihr Kind stillt, ein Vorgang, den er mit einem träumerisch abwesenden Interesse verfolgt.

Von unserem Unglück gerührt, rieten uns die deutschen Beamten, in Kibart auf der russischen Seite auszusteigen und uns an einen Herrn Schidorsky zu wenden, fährt die Frau fort. Und der wurde tatsächlich unser Retter. Er gab uns Pässe nach Eydtkuhnen, wo sein Bruder Vorstand eines Emigranten-Hilfsvereins war. Mehrere Tage beherbergte uns der gute Mann, ein Jude, in seinem Haus, ungeachtet unserer Schäbigkeit. Dann arrangierte er unseren Übertritt nach Deutschland. In Eydtkuhnen bestiegen wir den Zug, und gegen Abend erreichten wir Berlin. Mir wird noch heute schwindlig, wenn ich daran denke, wie wir durch diese Stadt wirbelten. Es schien, als führen wir immer schneller und schneller.

Die Brust der Frau steht weiß und prall aus dem Kleid hervor. Die Nase des Kinds drückt eine kleine Delle hinein. Es trinkt zügig und mit geschlossenen Augen. Sein kleiner Adamsapfel bewegt sich auf und ab.

Auf einem einsamen Feld gegenüber einem vereinzelt stehenden Haus mit einem großen Hof hielt unser Zug. Wir mussten aussteigen. Kinder schrien nach ihren Eltern, Eltern nach ihren Kindern. Eine heillose Verwirrung entstand. Unser Gepäck wurde in einer Hofecke rücksichtslos auf einem Haufen zusammengeworfen, weiß gekleidete Deutsche schrien Befehle, schnell, schnell, und wir alle nahmen die Anordnungen hin wie folgsame Kinder.

Kein Wunder, dass sich das alles in manchen Köpfen zu Räuber- und Mördergeschichten verdichtete. Schließlich hatte man uns an einen Ort gebracht, wo nur ein einziges Haus zu sehen war. Unsere Sachen wurden uns weggenommen, unsere Freunde von uns getrennt. Ein Mann inspizierte uns, als wollte er unseren Marktwert feststellen. Merkwürdig aussehende Leute trieben uns umher wie dumme Tiere voller Hilflosigkeit und Ergebung. Kinder schrien, und wir wurden in einen kleinen Raum eingepfercht, wo ein großer Kessel mit Wasser auf dem Ofen kochte. Unsere Kleider wurden uns abgenommen, und wir wurden mit einer schlüpfrigen Substanz eingerieben, die Anlass zu den schlimmsten Vermutungen gab. Ohne Warnung ergoss sich aus Duschen warmes Wasser über uns. Dann wurden wir in einen anderen kleinen Raum getrieben, wo wir in wollene Decken gehüllt saßen, bis große Säcke hereingebracht und ausgeleert wurden. Es waren unsere Kleider, die da auf dem Boden lagen. Wir konnten nur Dampfschwaden sehen und Befehle zum Anziehen hören. Schnell, schnell. Wir mussten unsere Kleider aus dem Wust hervorsuchen, während der Dampf uns blind machte. Wir erstickten beinahe, wir baten die Wärterinnen um etwas Zeit, aber sie blieben ungerührt. Schnell, schnell, oder ihr versäumt den Zug. Wir werden also doch nicht ermordet. Sie fertigten uns nur ab zur Fortsetzung der Reise, sie befreiten uns nur von dem Verdacht gefährlicher Krankheiten.

Wenn in Polotzk die Cholera ausbrach, wie es ein oder zwei Mal in jeder Generation geschah, machten wir kein derartiges Aufheben davon wie diese Deutschen. Wer an der Krankheit starb, wurde beerdigt, und wer am Leben blieb, ging in die Synagoge zum Beten. Wir fühlten uns von der Weise verletzt, wie die Deutschen uns behandelten. Meine Mutter starb einmal fast an der Cholera, aber man gab ihr einen neuen Namen, einen glückbringenden, der sie rettete; sie war damals ein kleines Mädchen. Jetzt war keiner von uns krank, aber all diese Gendarmen und Krankenschwestern schrien uns Befehle zu und hielten Abstand zu uns, als wären wir Aussätzige, mit denen sie nicht in Berührung kommen durften.

Der Säugling lässt die Brust los. Sein Kopf sinkt zurück, er ist eingeschlafen. An der dicken, braunen Brustwarze hängt ein weißer Tropfen.

Wir erreichten Hamburg am frühen Morgen nach einer langen Nacht in überfüllten Waggons. Man brachte uns zu einem merkwürdigen lang und schmal und hoch gebauten Gefährt, das von zwei Pferden gezogen und von einem stummen Fuhrmann gelenkt wurde. Man zwängte uns in diesen Wagen, das Gepäck warf man uns hinterher. Es begann eine lange Fahrt durch Hamburg. Sie dauerte Stunden, und immer noch liefen die Pferde, und immer noch kein Wort der Erklärung. Wir waren Fremde, und der Kutscher wusste es. Er konnte mit uns fahren, wohin es ihm beliebte – wie konnten wir das wissen. Uns überkam dieselbe Angst wie in Berlin.

Unsere mysteriöse Fahrt ging schließlich am Stadtrand zu Ende, wo wir noch einmal in Reih und Glied aufgestellt, ins Kreuzverhör genommen, desinfiziert, etikettiert und dann hier eingesperrt wurden. Wieder einmal schöpften wir den Verdacht, Opfer einer Verschwörung zur Gelderpressung geworden zu sein. Wir mussten nämlich wie bei jeder Säuberungsrunde auch hier eine Gebühr entrichten. Wir hatten aber kein Geld mehr. Man glaubte uns nicht, und so erlitten wir die alles krönende Schmach der Körperdurchsuchung.

Und jetzt sitzen wir hier in diesem Gefängnis hinter hohen Mauern und vergitterten Fenstern zu Hunderten in ein halbes Dutzend nummerierter Abteile gepfercht, wo es morgens und abends Appell gibt wie im Zuchthaus.

Die Frau hat nicht bemerkt, dass ihr Kind nicht mehr trinkt. Weiß steht ihre Brust aus dem Kleid. Daniel fällt ein, dass er heute Nacht bei seiner Mutter schlafen wird. Die Frau spürt seinen Blick und zieht ihr Kleid hoch.

Die *Saxonia* bunkert Kohle und Wasser und löscht ihre Stückgutladung. Immer tiefer arbeiten sich die Schauerleute die vollgestapelten Niedergänge und Kabinen hinab in das Zwischendeck hinunter, und nach und nach leeren sich die Hallen, und an den Wänden werden die dreistöckigen Bettenreihen sichtbar und die gestapelten Tische und Bänke. [...]

Um sechs Uhr nach dem Frühstück ist Appell. Es beginnt das Aufrufen der Namen. Der oder die Aufgerufene zeigt die Papiere und wird zusammen mit Kindern und Angehörigen in den Speisesaal gewinkt, wo sie alle warten müssen. Mehr als sechshundert müssen aufgerufen werden. Kurz vor zehn ist der Vorgang beendet. Die Türen werden geöffnet, und geleitet von HAPAG-Angestellten bewegt sich der Zug zur *Saxonia*. Sie müssen alle die eine Gangway hinauf. [...]

Es dauert dann doch noch eine Stunde, bis die *Saxonia* freigeschleppt und aus dem Hafen heraus und im Strom ist. Manchmal drückt der Wind den Rauch aus den Schornsteinen aufs Deck herab. Winzige Rußpartikel setzen sich auf Mänteln und Hüten ab, die, wenn man sie abzuwischen versucht, feine schwarze Streifen verursachen.

Weiß leuchten am Elbhang die Villen zwischen Parkbäumen hervor. Der Wind frischt auf. Er kommt steif die Elbe herauf, von Westen her über Wasser, kein Wind, wie er landeinwärts weht. Auf der Höhe von Brunsbüttel weitet sich der Fluss, die Ufer sind nur mehr undeutlich zu erkennen.

Dr. Albert Werth wird am Abend zum Captain's Dinner erscheinen müssen. Er wird versuchen, Schwester Alma dazu zu bitten. Doch bis dahin ist noch Zeit. Bis dahin wird die *Saxonia* auf hoher See sein, klein und schließlich ununterscheidbar im Grau der hereinbrechenden Dämmerung.

Arie Goral-Sternheim

Kaiserwetter
(1913)

Der Kaiser kommt! Im Juni 1913 besuchten der deutsche Kaiser Wilhelm II. und seine Gattin Hamburg. Stationen waren der Tierpark Hagenbeck, die Auswandererhallen auf der Veddel sowie die Privatvilla Albert Ballins. Auch der Besuch des Derbys auf der Horner Rennbahn stand auf dem Programm, und das bescherte den Bewohnern im eher kleinbürgerlichen Stadtteil Hamm das einzigartige Erlebnis, das Kaiserpaar durch ihre Straßen ziehen zu sehen, in einer Kutsche sitzend, huldvoll grüßend. Ein Jahr später brach der Erste Weltkrieg aus, vom Hauptbahnhof aus fuhren Tausende Männer unter Hurra-Rufen an die Front.

Arie Goral-Sternheim, 1909 als Walter Lovis Sternheim geboren, ist ein besonderer Zeitzeuge. Unter dem Eindruck des erstarkenden Antisemitismus bereitete er sich früh auf eine Auswanderung nach Palästina vor, die er nach der Machtergreifung durch die Nationalsozialisten umsetzte. Erst 1953 kehrte er nach Hamburg zurück. Seine Mutter und Teile seiner Familie waren von den Nazis ermordet worden, sein Vater, schwerverletzt aus dem Krieg zurückgekehrt, starb 1936.

1913 war die Welt für den kleinen Jungen noch in Ordnung. Im Rückblick meint der Autor aber doch schon Zeichen zu erkennen, die sich bald in einem deutlichen Antisemitismus manifestieren, mit all den bekannten Folgen. Arie Goral-Sternheims Erinnerungen an die Jahre 1914 bis 1933, »Jeckepotz« erschien 1989, rufen eine Zeit wach, als in Hamburg das bürgerliche Leben zu Ende ging und bald nur noch verfeindete Bevölkerungsgruppen übrig blieben.

»Schau«, sagte Vater und hob mich empor, »schau die Fahnen, der Kaiser kommt.« Schon Tage vorher war immerzu die Rede vom Kaiser, der mir von vielen Bildern her als der Herrlichste all der Könige aus Märchen, die mir Mutter vorlas, so vertraut war, wie es einem vierjährigen Kind gegeben ist, sich eine Vorstellung von dem zu machen, der Kaiser war und der kommen würde.

In den Balkonkästen blühten tief- und hellrot die Geranien. Die Markise war heruntergelassen und der Frühstückstisch war gedeckt. Vater, mich fest in den Armen haltend, beugte sich über die Balkonbrüstung und so sah ich die ganze Straße im festlichen Schmuck der Fahnen. Fahnen, allüberall Fahnen, schwarzweißrote Fahnen. Auch unser Balkon war geschmückt mit einer schwarzweißroten Fahne. Der süßherbe Geruch der Geranien mischte sich mit dem honigduftenden Licht des Sommertages. Von Balkon zu Balkon unterhielt sich Vater mit dem Hausnachbarn, Herrn Altbrecht, der einen Zigarrenladen besaß. Ich wußte das, weil Vater oft davon berichtete, wenn er seine Leibmarke bei Herrn Altbrecht gekauft hatte. Herr Altbrecht sagte zu Vater: »Also ein richtiges Kaiserwetter.«

Dieser Junitag des Jahres 1913 mit allem, was diesen Tag mit Kaiser, Sonne und Sommerluft erfüllte, Mutters weißes Kleid und ihr Sonnenschirm, Vaters runder Strohhut, an den ich mich so genau erinnere, weil er ihn dann später während der Vorbeifahrt des Kaisers schwenkte, derweil ich auf Vaters Schultern huckenack saß, dieser Junitag muß das Kind tief beeindruckt haben; er blieb als ein seine Kindheit überstrahlendes festliches Ereignis in Erinnerung. Das Kaisererlebnis haftete als erste deutliche und fixierbare Kindheitserinnerung nicht nur im Gedächtnis, sondern blieb bis heute mit all dem Fahnengewoge, der sommerlichen Himmelsbläue, den glutblühenden Geranien, dem sonntäglich gedeckten Frühstückstisch unter der herabgelassenen Markise in prall sinnlicher Körperlichkeit lebendig.

Auch ich schwenkte ein schwarzweißrotes Papierfähnchen, thronend auf den starken Schultern Vaters, und rief fröhlich Hurra! Hurra!, als aus der Menschenmenge das tausendstimmige Hurra! aufbrauste und es soweit war und der Kaiser inmitten einer großen Kavalkade von Autos, Reitern, Kutschen und im Getöne klingender Marschmusik an den auf den Bürgersteigen dichtgedrängten, Hurra! Hurra! rufenden, Fahnen und Taschentücher schwenkenden Menschenmassen in einer von Schimmeln gezogenen Kutsche vorbeirollte, huldvoll nach allen Seiten winkend.

So, umstrahlt vom flimmernden Sonnenlicht des Sommertages tauchen Kaiser, Jubel und Fahnen auf, nicht als ein Phantasiegebilde, nein, als ein lärmend festlicher Tag der Kindheit, an dem Vater ein starker Mann und Mutter eine schöne Frau waren, die Geranien auf dem Balkon blühten und wir alle wie in einem wohlig warmen Nest beisammen um den Kaffeetisch saßen.

Das Klingen des Schellenbaums hatte es mir besonders angetan, sein Klingklang war so recht ein Musizieren des Kaiserfesttages, anfeuernd den Jubel der Menge und Vaters Hurra! Hurra! Ich erinnere mich auch an den Platz, an dem ich den Kaiservorbeizug erlebte. Er war in der Mittelstraße in Hamburg-Hamm, nicht weit von der Stelle, wo der Saling in die Mittelstraße einmündete.

Oft zweifelte ich an meiner Erinnerung, da ich mich fragte, warum sollte der Kaiser ausgerechnet durch die doch wenig repräsentative Mittelstraße in dem Kleinbürgerviertel Hamm in dem prächtigen Aufzug fahren. Aber nein, erst jetzt, als ich in alten Tagesberichten aus der Zeit nachforschte, bestätigte sich, daß es mit der Mittelstraße, der Kutsche und den Schimmeln seine Richtigkeit hat. Es geschah, weil er mit der Kaiserin und dem Gefolge am Sonntag, dem 22. Juni 1913, das Derby auf der Horner Rennbahn besuchte!

Die Fahnen, die Hochrufe, die schmetternde Musik und der aufbrausende Gesang »Heil dir im Siegerkranz!«, Vater und Mutter in kaisertreuer Hochstimmung als Demokraten, die sie zweifellos waren, sprachen an dem Sonntag gewiß noch viel von »unserem Kaiser«, der bei jenem denkwürdigen Besuch Hamburgs auch den Tierpark Hagenbeck, Albert Ballin in seiner Villa in der Feldbrunnenstraße und die Auswandererhallen auf der Veddel mit seiner Anwesenheit beehrte. Der Kaiser soll Hagenbeck mit seinen Attraktionen auch sehr geschätzt und gerühmt haben. Vielleicht fuhren die Eltern auch mir zuliebe hinaus zu Hagenbeck, das mit den Affenfelsen, der Völkerschau und den riesigen steinernen Urtieren eines der begehrtesten Ziele sonntäglicher Ausflüge war.

Vom Besuch bei Albert Ballin und dem der Auswandererhallen, der trostlosen Transitstation hunderttausender Juden aus dem Osten, die vor den Pogromen in Rußland flohen und, zumeist vergeblich, auf ein Leben in Wohlstand in der Neuen Welt hofften, wußte ich damals nichts. Ob der Kaiser die Ostjuden wahrnahm? Möglich, daß Ballin ihn auf sie hinwies, erbrachten sie doch durch die Überfahrt Einnahmen, einen schier nie versiegenden Geldstrom zum Wohl des Aufbaus seines Schifffahrtsimperiums.

Das Kaisererlebnis bewahrte mir auch eine der wenigen Bilderinnerungen an meinen Vater, an ihn mit dem aufgezwirbelten Kaiserschnurrbart, an den starken Vater, der mich auf den Schultern trug. Sonst blieb nur: daß er in Uniform und mit Gewehr von Übungen kam, daß Mutter und ich ihn zum Abschied, als er in den Krieg fuhr, zum Hauptbahnhof brachten, er mich hochhob und mich ermahnte, brav zu sein, derweil Mutter daneben stand und weinte.

Groß war er nicht, der Komet, der Anfang Mai 1914 über Hamburg zu sehen war. Hätte Mutter mich nicht auf ihn hingewiesen, hätte ich ihn wohl auch nicht wahrgenommen. Vom Balkon aus wies Mutter auf eine Stelle des abendlichen Sternenhimmels und sagte: »Sieh, da ist er.« Er, das war der Komet. Mutter hatte mir erklärt, was ein Komet sei. »Er ist nicht groß«, sagte sie, »aber man kann sehen, wie er sich bewegt.« Ich sah zum Sternenhimmel empor, sah aber keinen Stern, der sich bewegte. Das sagte ich auch Mutter. Sie aber beharrte: »Sieh, er bewegt sich doch.« Nach mehrmaligem Starren auf zum sternenklaren Nachthimmel sah auch ich ihn, den kleinen Kometen, der etwas heller als die anderen Sterne strahlte und einen winzigen Schweif nach sich zog. Beglückt sagte ich Mutter, daß ich ihn sähe. »Na, siehst du«, sagte Mutter, »ich habe doch gesagt, daß er sich bewegt, morgen schon kann man ihn nicht mehr sehen, dann ist er schon ganz weit weg von Hamburg.« Aber sie sagte noch etwas, das sich mir einprägte, vielleicht auch darum habe ich den Kometen nicht vergessen und brachte ihn in Zusammenhang mit dem Krieg. Mutter sagte nämlich, der Komet sei ein böses Zeichen, ein böses Omen, ein Komet zeige ein kommendes Unheil an. – Ich habe mir von der Sternwarte jetzt bestätigen lassen, daß es sich wohl um den Kometen Zlatinsky, benamt nach seinem litauischen Entdecker, gehandelt hat, der am 5. Mai 1914 über Hamburg zu sehen war.

Für die Zeit dann, in der ich an Mutters Hand im Zug der Kinder durch die Straßen mit einer bunten Papierlaterne zog, wünschte ich mir eine Laterne in der Form eines Kometen, doch konnte Mutter keine solche auftreiben. So war ich auch mit einer Laterne in der Form eines goldgelben Sternes zufrieden. Der große Zug der Kinder sang *Laterne, Laterne, Sonne, Mond und Sterne …*

Dieses Laternenlied verbindet sich in der Erinnerung an glückliche Tage der Hamburger Kindheit mit einem Reimrundgesang, den die bei Tante Anna und Onkel Max in der Diagonalstraße an Familienabenden um den großen Ausziehtisch versammelt Sitzenden sangen, während Onkel Max unter gespannter Aufmerksamkeit aller jedem eine Karte aus dem Päckchen von zwei Kartenspielen, das aber nur eine Herzensdame enthielt, hinlegte. Der Gewinner des Spiels war derjenige, dem unter großem Jubel das Glück durch die Karte der Herzensdame hold war. Ihm gehörte auch das Häuflein Geldmünzen. Gewann ein Erwachsener, so verzichtete er zugunsten eines der Kinder. Das von allen gesungene Lied lautete:

Harten Leina, mien Dern! Harten Leina, mien Dern!
Harten Leina, Harten Leina, ik seih die so gern!
Harten Leina kumm rut, Harten Leina kumm rut,
Du büst ja und blievst ja mien seute Brut.

Als Kind verstand ich nicht, was »Harten Leina« besagte. Erst vor Jahr und Tag erfuhr ich es. Es ist der Titel eines von Heinrich Burmester verfaßten plattdeutschen Romans, der 1884 im Verlag Goedeke in Büchen erschienen ist.

Zu einem Versteckspiel auf der Straße gehörte, daß derjenige, der die Kinder, die sich in Hausfluren, Torwegen und in Kellereingängen versteckt hatten, [finden sollte,] mit geschlossenen Augen bis zehn zählen mußte, um dann zu rufen: *Hein, Hein, ick seh die, Ick weet jo wo du bist, Du steckst jo in de Eierkist Unn dat is ganz gewiss!*

Und erst dann durfte er mit dem Ruf »Ich komme! Ich komme!« zu suchen beginnen.

Ein Straßenspiel, bei dem es oft zu Streit kam, war das Murmelspiel. In den Straßenrand wurde eine kleine Kuhle gebohrt, und in diese Kuhle, genannt »der Putt«, wurde der Einsatz von bunt glasierten Tonkügelchen oder von mit Farbspiralen innen verzierten Glaskugeln gelegt. Die Kunst bestand nun darin, aus einer Entfernung von etwa fünf Metern eine Stahlkugel oder ein stählernes Plättchen so zu werfen, daß er in den Putt traf und dabei so viele Kugeln wie möglich hinaussprengte. Die hinausgesprengten Murmeln waren der Gewinn des Werfers. Hatte er so gut gezielt, daß alle Murmeln hinausgesprengt worden waren, so hieß es »Putt is lack«. Streit entstand oft wegen der begehrtesten Glaskugeln, den sogenannten »Judenditschern«. Warum sie so hießen, weiß ich nicht, sie hießen nun einmal so. War es vielleicht, weil sie die schönsten Murmeln waren, die keiner gern einsetzte, weil jeder sie dem andern neidete?

Begann in jener Zeit das letzte Kapitel im Buch vom deutsch-jüdischen Verhängnis? Oder war es der Anfang vom Ende jener Illusion der deutsch-jüdischen Symbiose, die in den Schützengräben von Flandern und im Trommelfeuer der Sommeschlacht ihren Blutzoll zahlte, um dann über die Etappe der antisemitischen zwanziger Jahre in den Massengräbern von Auschwitz und Bergen-Belsen zu verwesen? Heute frage ich mich oft, was konnte der Bürger Emil Sternheim, der mein Vater war, dafür, daß er an den Kaiser glaubte, ihm folgte, weil er, der deutsche Staatsbürger jüdischen Glaubens, Spätererbe der längst inflationierten Emanzipation und ihrer außer Kurs geratenen Zinsen war, jener Emanzipation, die unsere Groß- und Urgroßväter und deren Propheten Mendelssohn und Lessing aus den Ghettos lockte, ohne daß die von höchsten Gnaden bewilligte Freiheit ihnen eine Identität brachte, die sie auch vor der nichtjüdischen Umwelt vom »Makel« ihres Judeseins befreite? Für Vater war die Militärmusik die Krönung des Tages. Nicht, daß es bei uns zu Hause militärisch zuging, nein, es war alles bestens zivil und durchaus menschlich: mit Zimmerlinden, Morgenkuß und Abendgebet. Aber Militärmusik, das war schon etwas, die ging Vater in die damals noch heilen Knochen.

Er gehörte zum Jahrgang der nicht mehr ganz Jungen, die 1914 nicht sofort eingezogen wurden. Als Hamburger gehörte er jenem Traditionsregiment an, dessen steinerne Nachhut wie in ewiger höllischer Verdammnis um den Klotz des Kriegs-Denkmals am Dammtor immer rundum marschiert. Vater war wohl das, was man einen schönen Mann nennen könnte. Er hatte eine stramme Figur und hielt sich stets sehr proper. Er trug in der Innenrocktasche immer eine flache Anzugbürste und einen Schuhlappen, um sich jederzeit »in Schuß zu bringen«, wie er es nannte. Sein gezwirbelter Kaiserbart zeugte von bürgerlich solider Männlichkeit. Er ging auch zu Kegelabenden als Abteilungsleiter des Kaufhauses Hermann Tietz. Vater war ein Selfmademan. Der Großvater war noch ein kleiner Viehjude in Westfalen gewesen, wie seine Brüder, die in Aplerbeck und Schwerte bei Dortmund lebten, es noch waren. Vater hatte es »zu etwas gebracht«. Zu mir sagte er später oft: »Du wirst es nie zu etwas bringen.« Vater lebte nach zwei Grundregeln: Ordnung und Pünktlichkeit. Er war ein Fanatiker der Pünktlichkeit. »Auf die Minute«, lautete eine Redensart.

Mutter war anders: romantisch und sehr fraulich. Ich erinnere mich an Photographien – jene auf hartgrauem Karton mit goldgeprägtem Namenszug des Photographen – aus ihrer vorehelichen Zeit. Mutter hatte schöne, ernstblickende Augen und prächtig getürmtes Haar und eine volle, weibliche Statur. Mutter las Gedichte und Romane. Sie konnte auf eine unnachahmliche, geheimnisvoll melodisch plaudernde Weise Grimms Märchen vorlesen und von Otto Specktcr illustrierte Tierfabeln. Mutter sagte einige Male zu mir: »Ich werde dir einmal später etwas sehr Wichtiges für dich sagen.« Später grübelte ich lange, was denn ›das Wichtige‹ sein könne. Irgendwann erfuhr ich, daß Mutter vor ihrer Ehe eine Affäre mit einem Rabbiner hatte. Daraus sponn ich später eine Romanze: Mutter heiratete Vater, weil ich unterwegs war, die Frucht ihrer Liebschaft mit dem Rabbiner. Aber an dem Tag des Kaiserbesuchs war für uns alle die Welt heil, wie sie es für Vater mit seinem Kaiser und unter den Klängen der Militärmusik war. Auf dem Nachhauseweg trieb ich meinen schwarzweißrot gestreiften Trudelreifen vor mir her, dessen Farben im Lauf sich zu einem wirbelnden Kreis vermischten.

Mutter und ich hielten vom Balkon aus nachmittags Ausschau nach Vater, wenn es Zeit war, daß er nach Hause kam. Sahen wir ihn, lief ich das Treppenhaus hinunter und Vater entgegen. Vater hob mich empor, sein Schnurrbart kitzelte, wenn ich ihn umarmte und küßte. Mit dem Kuß schnupperte ich den Geruch der Uniform. Es war der Soldatengeruch Vaters, den ich nur an ihm kannte und der mir mit ihm, seiner Figur, seinem Gesicht und seinen Augen in Erinnerung blieb. Dieser Soldatengeruch Vaters in Uniform macht die Erinnerung an ihn körperlich nah. So blieb in dieser Vaterumarmung der Geruch. Es ist eine der wenigen, mir verbliebenen und immer noch nachspürbaren körperlichen Berührungen aus jener Zeit mit dem Mann, der mein Vater war. Zu diesem Geruch gehörte auch der der ledernen Patronentaschen, die er am Gurt trug. Ich erinnere mich, daß eines Regentages dieser Vater-Soldatengeruch besonders stark war, so stark, daß ich, während mich Vater, der mich emporgehoben hatte, umarmte, mein Gesicht ganz fest an seine Schulter schmiegte, um diesen Geruch einzuatmen. Die nur Sekunden dauernde Berührung der rauhnassen Uniform und der Geruch waren für mich die innigste Berührung mit Vater. In dieser Vater-Sohn-Berührung blieb wohl auch die zärtlichste Erinnerung an den Vater, der mich dann bei der Hand nahm und, während er es am Lauf trug, mich dem Anschein nach das Gewehr am Riemen tragen ließ, was mich mit Stolz und Glück erfüllte, zumal Vorübergehende bewundernd, wie ich meinte, auf uns blickten. Vom Balkon aus winkte Mutter uns entgegen, während wir den Gruß erwiderten.

Oft habe ich darüber gegrübelt, warum mir dieses Bild von Vater, Mutter und mir als etwas innig Zusammengehöriges, als deutlichste Erinnerung an meine Eltern in jener Frühzeit – ich war wohl fünf Jahre alt – blieb. Als Kind sah ich in Vater und Mutter schöne Menschen. Vater war ein schöner Mann in Uniform, und Mutter war eine schöne Frau. Daß Krieg war, wußte ich wohl, wenn auch nur soviel, wie ein Kind, vom Kriegspielen auf der Straße, wußte. Kann es sein, daß Vater nur noch Uniform trug und es die Zeit kurz vor der Einberufung war? Von den Männern der Hamburger Familie war Vater der einzige, der in den Krieg zog. Onkel

Max war gehbehindert und Onkel Ernst war kränklich und kriegsuntauglich.

Als Vater eines Tages das Gewehr in der Küche auf dem großen Küchentisch zum Reinigen auseinandergenommen hatte, gelang es ihm nicht, alle Teile wieder zusammenzusetzen. Vater sagte, daß Herr Korst, einer der Hauswirte, es gewiß könne. Wir gingen zu ihm, der im Hinterhof eine Tischlerei betrieb. Herr Korst zeigte Vater, wie die Teile zusammengehörten. Ich schämte mich etwas, daß Vater es nicht wußte. Er sagte zu Herrn Korst: »Danke, Kamerad.«

Herr Korst hatte einen schon größeren Sohn, von dem Mutter sagte, er sei ein Nichtsnutz. Später war er wie fast alle jungen Männer der Marienthaler Straße antisemitisch und gehörte einer der Rechtsgruppen an. Wie von allen Balkons hing auch von Herr Korsts Wohnung zu Kaisers Geburtstag, zum Gedenken an Sedan und wenn Siegesmeldungen eintrafen, eine schwarzweißrote Fahne. Wir machten darin keine Ausnahme. Erst später, als Vater im Krieg war, wollte Mutter keine Flagge mehr hissen. Ich bat sie einmal, es doch zu tun, weil die Kinder, mit denen ich spielte, sagten, wer nicht flaggt, sei kein Deutscher. Mutter sagte aber trotzdem nein.

Warum erinnere ich mich so deutlich an die glühend roten Geranien? Mutters Passion waren Blumen und Gewächseaufzucht. Berühmt in der Familie und Bekanntschaft waren ihre Geranien, Kakteen und Zimmerlinden, die gleichzeitig meine Qual waren. Bei den Zimmerlinden waren es die Blattläuse und bei den Geranien waren es die Pferdeäpfel. Die Zimmerlinden überfielen bisweilen Millionenheere von Blattläusen. Keiner wußte, woher sie kamen. Mutters Bitten, ihr beim Absuchen der Pflanzen zu helfen, wurden zunächst störrisch zurückgewiesen. Erst das Angebot: »Aber wenn ich dir, sagen wir, für eine halbe Stunde zehn Pfennige gebe?«, erst das machte mich zur Mithilfe bereit.

Mit den Geranien war es noch ärger. Die Straßenjungens hän-

selten mich, wenn ich mit einem Eimer und einer Handeule auf
der Straße erschien, um die noch ganz frischen Pferdeködel einzusammeln, die Mutter zur Düngung der Geranien benötigte. Es
konnte geschehen, daß Mutter plötzlich vom Balkon rief: »Lauf,
Junge, lauf, drüben beim Milchmann hat ein Pferd gerade einen
Haufen gemacht«, und ohne lange zu verhandeln, fügte sie gleich
hinzu: »Du bekommst zwanzig Pfennig, wenn du ihn holst!«

Die Geranien waren wirklich eine Pracht. An den Sommertagen
frühstückten wir auf dem Balkon oder saßen auch am Nachmittag,
nachdem Vater von einer Übung nach Hause gekommen war, unter
der Markise bei Kaffee, heißer Schokolade und Kuchen. War ich danach noch auf die Straße spielen gegangen, und es war schon spät,
höre und sehe ich noch Mutter, wie sie vom Balkon ruft: »Walter,
komm nach Hause, es ist spät!«

Dieses: »Komm nach Hause, es ist spät!«, dieser Ruf Mutters,
ihr Bild, rufend und winkend, ist mir mit inniger Deutlichkeit immer in Erinnerung geblieben und so auch das Rot der blühenden
Geranien. [...]

Eines Tages weinte Mutter. Sie schluchzte: »Vater muß nun auch
in den Krieg.« Ich sah zu, wie Mutter und Vater eine längliche, grau
gestrichene Holzkiste mit metallenen Griffen und Vorhängeschloß
packten. Mutter legte die Wäsche hinein. Vater schob zwischen die
Unterwäsche ein flaches Kistchen Zigarren. Mutter wickelte eine
Salamiwurst in Pergamentpapier. Ich schrieb auf einen Zettel:
»Laß es Dir gut schmecken.« Mutter sagte: »Morgen früh darfst
du noch einmal in Vaters Bett kommen.« Ich lag in Vaters Arm. Es
roch leise nach Uniform, die neben dem Bett über der Stuhllehne
hing.

Am nächsten Tag begleiteten wir Vater am Abend zum Hauptbahnhof. Die Straßenbahn war vollgedrängt mit Soldaten, alle mit
Tornister und Gewehr. Einige hatten oben im Gewehrlauf Blumen
stecken. Eine Frau, die neben ihrem Mann stand und ihn bei der

Hand hielt, weinte. Da fing auch Mutter an zu weinen. Mich hielt Vater bei der Hand. Die große Halle des Hauptbahnhofes war voll von Soldaten, Frauen und Kindern. Als ein Kommando ertönte, stellte Vater sich zu einer Gruppe. Ein Offizier hieß sie strammstehen. Dann wurde abgezählt. Ein Offizier rief nach einer Liste Namen auf. Als er Vaters Namen nannte, rief Vater: »Hier!« Dann gingen wir alle hinunter auf den Bahnsteig zum Zug.

Die riesige Bahnhofshalle war nur schwach erleuchtet. Aus den Schornsteinen der durchfahrenden Lokomotiven stiegen weiße Dampfsäulen empor. Der Zug für die in Gruppen wartenden Soldaten fuhr ein. Aus Abteilfenstern grüßten mit Rufen und Winken Soldaten, die wohl schon in Altona eingestiegen waren. Aus vielen Abteilen ertönte Gesang. Vielleicht war es das Soldatenlied »Siegreich wollen wir Frankreich schlagen, sterben als ein tapfrer Held«. An Aufschriften an den Waggons erinnere ich mich noch, weil Jungens sie mit Schulkreide an die Häuserwände schrieben: »Jeder Schuß ein Russ, jeder Stoß ein Franzos«. Vater und Mutter standen eng umschlungen aneinander geschmiegt. Noch nie hatte ich sie so umarmt gesehen.

Weil Mutter weinte und Vater sie tröstete, fing auch ich an zu weinen. Vater hob mich hoch und sagte: »Nun bist du ein großer Junge und mußt immer brav zu Mutter sein.« Vater trug jetzt nicht mehr die Mütze mit Kokarde, sondern einen mit grauem Tuch überzogenen Stahlhelm. Dann ertönte das Abfahrtsignal. Die Soldaten riefen immer wieder Hurra! Hurra! Der Zug fuhr aus der Halle. Gesang, Rufe und Winken. Auch Mutter und ich winkten, aber Vater konnten wir nicht mehr sehen. So zog Vater in den Krieg. Ich weiß nicht mehr, ob es Frühling, Sommer, Herbst oder Winter war. Ich weiß nur, es war spätabends und dunkel. Und so blieb mir in Erinnerung, wie er war, bevor ich ihn lange Zeit danach wiedersah. An Tage des Urlaubes, an denen er zu Hause war, kann ich mich nicht erinnern. Mit der Straßenbahn Linie 17 fuhren wir nach Hause in die Marienthaler Straße.

Carmen Korn

Töchter einer neuen Zeit (1919)

1919, die dunklen Jahre des Krieges sind vorüber, bricht eine neue Zeit an. Carmen Korn, 1952 geboren, hat aus diesem Anfangsmoment heraus ein großes Romanprojekt entworfen, an dessen Beginn eine Art Bestandsaufnahme steht. Vier junge Frauen brechen auf ins Leben, jede von ihnen mit unterschiedlichen familiären Prägungen. Im Mittelpunkt steht Henny, 1900 geboren, die in der renommierten Frauenklinik Finkenau eine Ausbildung zur Hebamme beginnt. Mit dabei als zukünftige Hebamme ihre beste Freundin Käthe, aus einfacheren Verhältnissen stammend. Zwei weitere Freundinnen ergänzen das Bild. Da ist Lina, die junge Lehrerin, die sich für Reformpädagogik interessiert und endlich sehen möchte, dass es in allen gesellschaftlichen Bereichen vorangeht. Ida hingegen, Tochter aus einer reichen Kaufmannsfamilie, weiß mit ihrem Leben nicht viel anzufangen.

Junge Frauen, als Hebammen der nächsten Generation das Leben schenkend, als fortschrittliche Pädagogin sich um eine gute Ausbildung kümmernd – Carmen Korn findet starke Bilder für ihre starken Frauen. Die Väter, im Krieg gefallen wie bei Henny, dominant wie bei Ida oder unwirsch wie Käthes nach einem Arbeitsunfall invalider Vater, spielen eine wichtige Rolle in diesem Generationenporträt. Der Krieg hat schmerzhafte Lücken gerissen in die Familien, doch nun richten sich die Hoffnungen nach vorn. Es bleiben vierzehn Jahre, bis sich die Zeiten einschneidend verändern werden. »Töchter einer neuen Zeit« erschien 2016.

Henny hob den Kopf und lauschte. Ein Sehnsuchtsgeräusch, das aus dem Hof zu ihr hoch in den zweiten Stock fand, Sehnsuchtsgeräusch wie Glockenklang und der Gesang einer Amsel. Die Sonnabende ihrer Kindheit kamen ihr in den Sinn. Sommersonnabende. Das Glitzern im Wasser der Regentonne. Die weißen Johannisbeeren, die sie von den Sträuchern an der hinteren Mauer des Hofes pflücken durfte. Der Duft des Kuchens, den ihre Mutter für den Sonntag im Ofen hatte. Ihr Vater, der aus dem Kontor gekommen war und leise pfiff, während er die Krawatte löste, den Kragen des Hemdes abknöpfte.

Henny ging zum Fenster, öffnete es und lauschte dem Geräusch, das ihr all diese Bilder herbeiholte. Das Quietschen der alten Schaukel.

Es war noch längst nicht Sommer. Der kleine Junge auf der Schaukel unten trug Gamaschen aus grobem Strick und einen kurzen Mantel, der Himmel über ihm war grau, die Sträucher waren noch kahl. Doch an der Weide sprossen erste Kätzchen, Märzenbecher standen am Rand der Wiese, und auch das Licht schien hoffnungsvoller zu sein als noch vor Tagen. Die dunklen Monate des Winters waren vorbei und mit ihnen die dunklen Jahre des Krieges.

«Du bist ja noch immer im Hemd, Kind, und stehst in der kalten Luft.» Henny drehte sich zu ihrer Mutter um, die in die Küche gekommen war und nun zu ihr ans Fenster trat.

«Keine acht Uhr, und die Lüdersche lässt schon den Kleinen in den Hof.» Else Godhusen schüttelte den Kopf. «Und du komm mal in die Gänge. Ich hab noch Heißwasser im Kessel, das geb ich dir in die Schüssel.»

Der Kleine glitt von der Schaukel und verschwand aus Hennys Blick. Vermutlich war er durch den Keller ins Haus gegangen. Eine Weile schwang die Schaukel noch. Henny wandte sich vom Fenster ab und dem Spülbecken zu, ließ kaltes Wasser zum heißen aus dem Kessel in die Emailleschüssel laufen und zog an dem Vorhang aus fester weißer Baumwolle, dessen Lochstickerei sich einen Finger breit über dem Linoleum des Fußbodens verschwendete. Die Vorhangringe glitten an der Eisenstange entlang, die weiße Baumwolle schloss sich mitten in der Küche zu einem kleinen Séparée.

Die Eisenstange hatte ihr Vater angebracht, kurz nach Hennys zwölftem Geburtstag. «Die Deern entwickelt sich», hatte Heinrich Godhusen gesagt. «Das geht nicht länger, dass sie am Handstein steht und wir ihr beim Waschen zugucken.» Gestern war Henny neunzehn geworden und ihr Vater schon Jahre tot. Gefallen im Großen Krieg.

Henny zog das Hemd aus und griff nach der Veilchenseife, die in der Schale lag. Keine kratzige Kriegsseife, die kaum Fett enthielt und in der bis hin zur Ziegelerde ziemlich alles vermahlen worden war, was sich fand. Sie tauchte die kostbare Seife kurz in das Wasser und ließ sie andächtig von einer Hand in die andere gleiten, bis ein kleiner Schaum entstand. Dann fing Henny an, sich von Kopf bis Fuß zu waschen.

«Das duftet ja in der ganzen Küche», sagte ihre Mutter mit dem Stolz der Schenkenden. Die Veilchenseife hatte auf dem Gabentisch gelegen. Daneben ein Hebammenkoffer, gebraucht gekauft, doch noch gut erhalten. Else Godhusen hatte von der Margarine geopfert, um das dunkle Leder zum Glänzen zu bringen. «Der zukünftigen Hebamme», hatte sie gesagt. «Das ist noch schöner als Krankenschwester. Wie stolz dein Vater wäre.»

Mutter und Tochter hatten ihn abhalten wollen, voreilig und freiwillig in den Krieg zu ziehen mit seinen achtunddreißig Jahren. «Spiel mir nicht den Helden», hatte Else gesagt. Doch da war Heinrich Godhusen schon fortgerissen worden vom vaterländischen Taumel des August 1914. Hatte den Hut geschwenkt. Nicht den steifen. Den leichten Strohhut, der sich so heiter schwenken ließ. *Hoch lebe Deutschland. Hoch lebe der Kaiser.* Die Blaskapelle spielte, in den Gewehrläufen steckten Blumen.

Ausgezogen in den Krieg, gestorben, in masurischer Erde begraben. Das zweite Bataillon des Landwehrregiments hatte schon im September an der Ostfront gestanden. «Der Krieg ist die Hölle», hatte Heinrich an Else geschrieben. Doch davon wusste Henny nichts.

«Bisschen neidisch auf deinen Koffer schien mir Käthe schon gewesen zu sein», sagte Else Godhusen. «Bin gespannt, mit welchem Büdel sie in der Finkenau erscheint. Dass die Käthe überhaupt genommen haben, sie ist doch oft nachlässig mit sich. Ist mir gleich aufgefallen, dass ihre Nägel nicht ganz sauber waren.»

«Mama, hör auf», sagte Henny hinter ihrem Vorhang. Ihre liebste Kindheitsfreundin hatte gezögert, sich ebenfalls um eine Lehrstelle zu bewerben. Hebamme an der Finkenau, die seit fünf Jahren als eine der besten Entbindungsanstalten im ganzen Lande galt, das schien der Wohlfahrtshelferin Käthe viel zu ambitioniert.

«Du kennst Käthe, seit sie sechs war, doch manchmal denke ich, du kannst sie gar nicht leiden.» Sie griff nach dem Hemd, das sie über die Stange gelegt hatte.

«Du kannst ruhig nackig herauskommen. Vor deiner Mutter wirst du dich ja wohl nicht genieren, und die Küche ist gut warm.»

Henny schob den Vorhang zur Seite und stand im Hemde. «Hast du gehört, was ich gesagt habe?»

«Hab ich nicht Vaters letzte Flasche Rheinwein aus dem Keller geholt, um ihn mit dir und Käthe zu trinken?»

«Kannst du sie nun leiden?»

Hennys Mutter ließ sich Zeit mit der Antwort. «Ich kann Käthe leiden», sagte sie schließlich, «doch du bist einfach das feinere Kind.»

«Deine Mutter hat einen höheren Fimmel», hatte Käthe gestern Abend gesagt, als sie sich an der Haustür von Henny verabschiedete. «Zu ihrer politischen Verbohrtheit sag ich gar nicht erst was.»

Am Anfang war es ein heiterer Geburtstagsabend gewesen. Sie hatten den Oppenheimer Krötenbrunnen von 1912 geleert und Sekt getrunken, der schon zu alt und dunkel vom Firn gewesen war. Die Gläser hatten sie auf Henny gehoben und ihren Vater, dass er in Frieden ruhe, dann wurde auf die Zukunft angestoßen und die Hebammerei. Dazu hatten sie Brote mit gehackten Zwiebeln gegessen und eingelegte Essiggurken, das Glas hatte Else zwischen leeren Einmachgläsern gefunden.

«Einmal haben Heinrich und ich Kraftbrühe mit echten Goldblättchen bestellt», hatte sie geschwelgt. «In Cölln's Austernstuben. Austern mochte dein Vater nicht, die waren ihm zu fischig.»

«Gold in der Suppe.» Käthe hatte den Kopf geschüttelt. «Im Hotel Reichshof gibt es kleine französische Kuchen mit rosa Glasur und gezuckerten Mandeln. Die glitzern auch. Geht aber nur ohne Marken.»

«Du warst ja schon immer gierig auf Kuchen.» Hennys Mutter hatte beleidigt geklungen, sie hätte gerne länger im Glanz der Vorkriegszeit verweilt. «Dass es schon wieder Petits Fours geben darf, wo wir gerade noch mit den Franzosen im Krieg gestanden haben. Wie kommst *du* überhaupt in den Reichshof, Käthe?»

«Nachher gibt es Marmorkuchen», hatte Henny schnell gesagt, um das Gespräch aus der Gefahrenzone zu holen.

«Nur ein kleiner Kuchen. Die Zutaten reichten nicht für die große Form. Das ist bei Käthe für den hohlen Zahn.»

«Dann rühren wir den lieber nicht an», hatte Käthe gesagt. «Der kann einem ja sonst leidtun, der Kleine.»

Vielleicht hatte Else Godhusen den Sekt nicht vertragen. Henny war willens, es darauf zu schieben, dass ihre Mutter dieses Lied anstimmte.

Sie sollen ihn nicht haben, den freien deutschen Rhein.

Ob sie wie gier'ge Raben sich heiser danach schrein.

«Der Krieg war ein Verbrechen», hatte Käthe in die zweite Zeile hineingesprochen. «Zum Schaden aller Völker. Und der Kaiser ist ein Lump.»

«Vieles war doch auch von hohem Mute. In meiner Küche hältst du keine kommunistischen Reden, Käthe.»

Das war der Moment, in dem der Abend kippte.

Als Käthe dann die paar Schritte zur Wohnung in der Humboldtstraße ging, in der sie allein mit ihren Eltern lebte, seit die kleinen Brüder gestorben waren, hatte Henny sich einen Augenblick lang den Traum erlaubt, ein eigenes Zimmer zu haben. Ein Zimmer ohne die Allgegenwärtigkeit ihrer Mutter.

Das Haus der anderen im Blick, so waren sie und Käthe aufgewachsen. Hennys Eltern waren kurz vor Hennys Einschulung in das vierstöckige Eckhaus im östlichen Uhlenhorst nahe Barmbeck gezogen. Sie hatte das Kind mit den schwarzen Zöpfen und der schiefen Schürze schon auf dem ersten Weg zur Schule gesehen. Käthe hatte eine Zuckertüte in der Hand gehalten wie Henny. Aus ihren Tornistern hatten Lappen gehangen, mit denen die Schiefertafeln gewischt wurden. Lappen wehten. Zöpfe wehten. Schwarze Zöpfe. Blonde Zöpfe. Ein stürmischer Tag.

«Guck dir an, wie schlampig die Schürze gebunden ist», hatte Else Godhusen gesagt. Der scharfe Blick, damals schon, und diese Ungnädigkeit mit den anderen.

Vor dem Zubettgehen gestern hatte ihre Mutter noch drei laute lange Strophen des vermaledeiten Liedes gesungen, Henny zum Trotze, die von der letzten Zeile noch im Schlaf verfolgt worden war.

Bis eine Flut begraben des letzten Manns Gebein.

Gnadenlos hatte sie in ihr nachgehallt und war erst vom Quietschen der Schaukel endgültig verdrängt worden.

Henny zog das hellgraue Kostüm aus Kammgarn an, das Else ihr aus einem Anzug des Vaters geschneidert hatte, die weiße Bluse mit den Biesen, stieg in die Knopfstiefel und schnürte sie.

«Machst dich stadtfein», sagte Else. «Dann genieß noch mal die Freiheit. Zu Mittag bist du aber wieder da.»

Henny drückte einen kleinen Kuss auf Elses Wange und zog die Tür hinter sich zu. Unten auf der Straße blieb sie stehen und guckte zum zweiten Stock hoch, winkte Else zu, die wie immer am Fenster stand. Dann bückte sie sich und schnürte einen ihrer schwarzen Stiefel neu.

Im Schaufenster von Salamander hatte sie Pumps gesehen. Weiches Wildleder. Vielleicht gönnte sie sich die, um ihre Lehre in der Finkenau zu beginnen. Leichtfüßig in ein neues Leben laufen. Weg von Else.

«Alles auf Anfang», hatte Käthe gestern Abend gesagt und die geballte Faust gehoben, während Henny in der Haustür stand und ihr nachblickte. Sechs bis acht große Sprünge hatten sie als Kinder gebraucht, um von Hennys Haus an der Ecke Schubertstraße zu Käthes in der Humboldt zu kommen, das genau gegenüberlag. Käthe hatte die wilderen Sprünge gewagt.

Ein eigenes Zimmer. Eine Tür, die sich abschließen ließe. Von ihrem Lohn als Krankenschwester hätte sie das finanzieren können. Doch Else hatte sie nicht ziehen lassen wollen, und schon der Auszug aus dem elterlichen Schlafzimmer, wo sie seit Kriegsbeginn auf Vaters Bettseite schlief statt im Klappbett ihrer Kindheit, war zu einer Kraftprobe geworden.

Henny hatte das kleine Wohnzimmer okkupiert, das blank geputzt auf höhere Anlässe wartete, und ihr Lager auf der Chaiselongue bereitet, bis ihre Mutter endlich erlaubte, das Klappbett vom Dachboden ins Wohnzimmer zu tragen. Im vergangenen Winter war das gewesen, und seitdem war der Schlüssel zur Tür des Zimmers unauffindbar.

Am Morgen, als sie der Schaukel gelauscht hatte, war ihr noch eine andere Erinnerung gekommen. An die tote Hummel, die sie einmal im Hof gefunden hatte. Die kleine Henny war erstaunt gewesen, dass Hummeln im Sommer sterben können. Ihr Vater hatte die Hummel aufgehoben, in seine große Hand gelegt, dann war sie von ihm zur Weide getragen und dort begraben worden.

Der sanfte Vater, der in den Wahnsinn dieses Krieges gezogen war. *Eine feste Burg ist unser Gott*, hatte er vor dem Rasierspiegel gesungen an seinem letzten Tag zu Hause. Wie sehr Heinrich Godhusen seiner Tochter fehlte.

«Da wirst du dir die Pfoten ordentlich bürsten müssen, wenn du erst mal auf Hebamme lernst», sagte Karl Laboe und guckte den Rücken seiner Tochter an.

«Das krieg ich hin», sagte Käthe, «saubere Pfoten.» Sie schöpfte mit den Händen Wasser und warf es sich ins Gesicht. Alles andere würde sie auf später verschieben, wenn der Alte um die Ecken ging.

«Sieht mir aber nach Katzenwäsche aus.»

«Ich gehe lieber in die Badeanstalt, als deine lüsternen Blicke auf dem Körper kleben zu haben.»

«Werd nich kiebich, Käthe. Noch stellst du deine Füße unter meinen Tisch, und das wird ja wohl auch noch ne Weile so bleiben, wo du dir die Hebammenlehre antust.» Karl Laboe legte die Hände auf den Küchentisch und stemmte sich vom Kanapee hoch. Sein Bein war steif, seit dem Arbeitsunfall auf der Werft, doch das steife Bein hatte ihn vor dem Kriegsdienst bewahrt. Obwohl das Leben hier an der Heimatfront auch kein Zuckerschlecken gewesen war. Nüscht zu freten und die beiden Weiber an der Backe.

«Deine Mutter kommt spät. Hat ne neue Putzstelle. Feine Pinkel in der Fährstraße. Bei denen macht sie die Mudder Wisch.»

«Ist bekannt. Geh du mal los.»

«Alter Mann is kein D-Zug», sagte Karl Laboe und nahm den Stock, der an der Tischkante lehnte.

Käthe atmete tief durch, als sie die Wohnungstür endlich ins Schloss fallen hörte. Wenn sie in die Fabrik ginge, könnte sie sich schneller was Eigenes leisten. Nun würde die Lehre endlose zwei

Jahre dauern. Egal. Henny hatte recht. Wann wollte sie was wagen, wenn nicht jetzt mit neunzehn? Warum ihr Vater nur so dagegen war, dass aus seinem einzig verbliebenen Kind was wurde?

Sie zog den Unterrock aus und fing noch mal mit dem Waschen an. Das Wasser in der Schüssel war längst kalt, die Seife rau, als bewegte Käthe einen Bimsstein in den Händen.

«Gut, dass du was aus dir machen willst», hatte Rudi gesagt, der Junge, den sie im Januar in der Arbeiterjugend kennengelernt hatte. Rudi mit den dunklen Locken, der beim *Hamburger Echo* eine Setzerlehre machte. Ein halbes Jahr jünger als sie. Dauernd las er ihr Gedichte vor. Na, nicht dauernd. Doch in den zwei Monaten seit Januar waren es wenigstens vier gewesen. Könnte gut sein, dass er ihr heute ein fünftes vorlesen würde, während sie einen der kleinen viereckigen Kuchen aß im Café des Reichshofs. Sie hatte noch nicht gefragt, woher Rudi das Geld für diese Extravaganz nahm.

Lina holte das große Leintuch aus dem Schrank, in das die Initialen ihrer Mutter eingestickt waren. Eines der wenigen guten Stücke, die nicht zum Schwarzmarkt getragen worden waren, und doch hatte es nicht gereicht, um sie alle vier zu retten im elenden Steckrübenwinter. Vater war zwei Tage vor Weihnachten 1916 gestorben, Mutter dann im Januar. Auf die Totenscheine hatte der alte Hausarzt *Herzschwäche* geschrieben, und das war ein großer Euphemismus. Die Verzweiflung von Lud, der damals gerade fünfzehn Jahre alt gewesen war, die erst verdrängte Erkenntnis, dass die Eltern verhungert waren, um ihren Kindern das Überleben zu sichern.

Die Peters' hatten viele Jahre auf Kinder gewartet, sie waren schon über vierzig gewesen, als Lina 1899 geboren worden war, dann kam Lud zwei Jahre später. Vater und Mutter hatten Karoline und Ludwig über alles geliebt und sich für sie geopfert. Ein Gedanke, der kaum zu ertragen war. Lud litt daran noch viel mehr als sie.

Lina schüttelte sich, als ob das von den Gedanken befreien könnte, und öffnete die Tür zu der kleinen Kammer neben der Küche, in die ihr Bruder eine Brause eingebaut hatte. Er war geschickt. Vielleicht hätte er besser etwas mit seinen Händen tun sollen, statt eine Kaufmannslehre anzufangen. Lud hatte Kaufmann werden wollen, weil der Vater einer gewesen war. All das Bemühen, etwas zu bewahren. Wozu? Das waren doch nur Zitate aus einer vergangenen Zeit.

Sie zog sich aus, legte die Kleider auf den Schemel und stellte sich unter den Brausekopf. Am Anfang tröpfelte es immer nur. Lud hatte die Wasserleitung der Küche angezapft, Wand an Wand mit der einstigen Speisekammer. Keine ideale Lösung, doch viel besser als nur obenrum und untenrum am Spülbecken, und Speisen gab es für die Kammer längst keine mehr. Das bisschen Essen, das sie vorrätig hatten, fand im Küchenschrank Platz und auf der Fensterbank.

Die Seife kratzte, dafür floss das Wasser jetzt. Lina wusch ihre Gänsehaut und rieb sich trocken, bis die Haut gerötet war. Ihr Blick fiel auf die Kleider. Albern, ein Korsett zu besitzen, wenn man jede einzelne Rippe am Körper zählen konnte. Es genügte völlig, das lose Kleid mit dem Gürtel zu schnüren.

Im zweiten Kriegssommer hatte ihr Zeichenlehrer seine Schülerinnen aufgefordert, sich nicht mehr länger in die Kleider zwängen zu lassen, die jeden Schritt behinderten. *Fischbeinstäbchen* sprach er aus wie ein unsittliches Wort. Verehrer von Alfred Lichtwark und Anhänger der Reformpädagogik war er und die sechzehnjährige Lina endlos verliebt in den jungen Zeichenlehrer. Später hörte sie dann, dass er in Frankreich gefallen war, dem Land, in dem er hatte leben wollen.

Geblieben war ihr diese Ahnung von Liebe zu einem Mann und der Plan, das Seminar für die Höhere Lehrerinnenprüfung zu absolvieren, um später einmal etwas zu verändern an den Schulen dieses Landes. War es denn vermessen zu denken, dass auch die alte Pädagogik Schuld trug an dem schrecklichen Krieg? Ein Heer von Untertanen war herangezogen worden.

Noch in den letzten Tagen des Krieges hatte sie gebangt, dass Lud zu den Soldaten geholt werden würde. Doch der kaufmännische Lehrling von Nagel und Kaemp, Hersteller von Schiffs- und Hafenkränen, war verschont geblieben und nicht mehr in die Schlacht geworfen worden. Lina hatte ihrer Mutter versprochen, auf den Jungen aufzupassen. Wenigstens das war gelungen.

Sie zog ihre Kleider an und trug das Korsett in die Küche. Wenn das scharfe Messer auch lange nichts zu schneiden gehabt hatte, durch das Korsett glitt es wie durch Butter. Nahezu Lust, die Lina dabei empfand. In Erinnerung an einen Zeichenlehrer.

Joachim Maass

Die unwiederbringliche Zeit (1920)

Was für eine Zeit waren die Jahre vor der Weimarer Republik? Was empfanden die Menschen, wie ihr Leben verlaufen, wie ihre Zukunft aussehen würde? Der Hamburger Schriftsteller Joachim Maass, 1901 geboren, hat es aufgeschrieben, betrachtet durch die Augen eines Jungen, der in gutbürgerlichen Verhältnissen aufwächst. Der Roman »Die unwiederbringliche Zeit«, erschienen 1935, spielt zu Beginn des Jahrhunderts, er bringt dem Autor großen Zuspruch ein, etwa von Thomas Mann und Hermann Hesse. Politik kommt in ihm nicht vor, jedenfalls nicht direkt, was dem abgeschirmten Aufwachsen des Jungen entspricht. Der Vater importiert Waren, mit mehr oder weniger Erfolg, gerade lässt brasilianischer Gummi seine Hoffnungen aufblühen. Während für die Kinder das Weihnachtsfest alle Aufmerksamkeit auf sich zieht, ist der Vater gedanklich bei Gewinn- und Verlustrechnungen. Die Mutter richtet sich in ihrer eigenen Welt ein, der Haushalt mit Dienstboten lässt ihr dafür genügend Raum.

Joachim Maass erzählt von seinem eigenen Aufwachsen. Von 1911 bis 1917 hatte er das Johanneum besucht, neben einer kaufmännischen Lehre begann er mit dem Schreiben. 1936 reiste er nach Amerika, wo sein Bruder Edgar bereits seit Längerem lebte, um für enge jüdische Freunde die Möglichkeiten einer Auswanderung zu sichten. Daraus wurde für ihn selbst eine jahrzehntelange Emigration, der Versuch, in den 1950er-Jahren nach Hamburg zurückzukehren, scheiterte. »Ich bin kein Opfer«, sagte er dazu, »ich bin nur aus dem Kotregen der Zeit davongerannt.«

Es war die letzte Unterrichtsstunde vor dem großen Fest, die Rechenstunde bei dem zischelnden, fischmäuligen Fräulein Schlatermund und die Gesangsstunde bei dem sanften Fräulein Leonhard waren vorübergegangen, sie hatten gesungen: »Einmal werden wir noch wach, / heißa, dann ist Weihnachtstag«, und in den Pausen, die sie heute auf den Fluren und in den Klassen verbracht hatten, weil überall Pappschilder ausgehängt gewesen waren »Pause im Haus!«, war das Gelärm wogender und geheimnisvoller gewesen als an gewöhnlichen Tagen; endlich hatte das eintönige Geläute langdauernd hineingeklingelt, und nun standen sie wieder in den Bankreihen, sie verharrten in einem ununterbrochenen Gewisper, die Erregung ließ sie nicht mehr los.

Auch Borbe hatte die schöne Erregung befallen, doch darunter klopfte sein Herz gegen eine ungewisse Beklemmung an. Das Winterlicht fiel von draußen gemischt herein, er stand da und sah auf die offene Tür, eine feuchte Frische drang in die lackduftende Ofenwärme, und im Treppenhaus hörte man die Türen anderer Klassen schon zugehen. Schließlich erschien Fräulein Bieber, die Kinder verstummten. Die Tür schloß sich hinter ihr, die Köpfe der Kinder drehten sich ihr nach, sie nickte ihnen zu, sich zu setzen, und stand vorn im Mittelgang.

»Kinder«, fing sie versonnener, als es sonst ihre Art war, an und stützte sich links und rechts mit den Händen auf die Bänke, »morgen ist Heiliger Abend; wer von euch artig und fleißig war, bekommt sicher etwas Schönes geschenkt. Vielleicht bekommt ihr alle etwas geschenkt, der Tannenbaum brennt, und wir alle sind glücklich.«

Sie stand da vorn in ihrer makellos cremefarbenen Crêpede-Chine-Bluse und dem strammen blauen Cheviotrock, jetzt sah sie mit ihren großen blauen Augen auf.

»Aber warum sind wir denn alle glücklich?« fragte sie. »Warum bekommen wir alle etwas geschenkt, wer hat das alles gegeben, und was ist geschehen?«

»Christ ist geboren«, sagte eine Stimme halblaut ganz hinten in der letzten Bank.

»Ja«, sagte Fräulein Bieber und nickte nachdenklich.

Sie ging ein paar Schritte in den Gang hinein, dabei fuhr sie Borbe kurz übers Haar, etwas Jubelndes stieg in ihm auf, daß er seine Bedrücktheit vergaß, Fräulein Bieber kam zurück, sie klappte die Pultplatte der leeren vordersten Bank auf und setzte sich darauf, die Füße auf der Bank und die Arme um die Knie geschlungen. Alle Kinder, und Borbe unter ihnen, sahen sie erwartungsvoll an, sie blickte auf die Bank vor sich, es war ganz still in der warmen, lackduftenden Stube.

»Ich will euch von Christi Geburt erzählen«, sagte sie, »daß ihr alle daran denkt, wenn ihr unter dem Tannenbaum steht und in die vielen strahlenden Kerzen schaut. Denn weil er zu uns gekommen ist, feiern wir ja dieses Fest und beschenken uns und werden beschenkt, damit wir froh sind, wie es sich an diesem Heiligen Abend geziemt, und wie es auch die wenigen waren, die damals, als es geschah, davon wußten; inzwischen aber hat es alle Welt erfahren, die lange Zeit ist darüber hingegangen, und es ist nicht mehr vergessen worden und wird auch niemals mehr vergessen werden. – Im Lande Galiäa gab es eine kleine Stadt, die hieß Nazareth, und dort wohnte eine Jungfrau namens Maria. Als sie einmal betete, fuhr der Engel des Herrn vor ihr hinab, er redete sie an und sprach: Gegrüßt seist du, Maria, du Gebenedeite unter den Frauen!

Maria entsetzte sich sehr, doch der Engel sprach: Fürchte dich nicht, Maria, du hast Gnade gefunden vor Gott, du wirst einen Knaben gebären und sollst ihn Jesum heißen; durch ihn will Gott die Menschen erlösen. Denn das Volk der Juden war auserwählt, daß es der Menschheit den Heiland schenken sollte.« [...]

Fräulein Bieber und die Kinder sprachen noch über die ehrwürdige Geschichte, da klopfte es einmal kurz und hart, die Tür tat sich auf, und Herr Lehmann mit den Zeugnissen trat ein. Borbe saß steif und sah durch seine Brille geradeaus. Herr Lehmann stand lang in seinem Cut da und verteilte die Zeugnisse, draußen hob schon das anhaltende Läuten an, doch noch hörte man keine Türe gehen.

Fräulein Bieber war ans Katheder zurückgetreten. Herr Lehmann warf in jedes Zeugnis einen Blick und reichte es dem betreffenden Schüler, es geschah ohne Anteil und mit seltenen knappen Bemerkungen, nun kam das Borbes, Herr Lehmann sah hinein und hielt es ihm, ohne aufzublicken, hin, dabei sagte er: »Immer ein bißchen schlechter, was?«

Die Zeugnisverteilung ging ohne Aufenthalt weiter, Borbe war es fiebernd heiß, und sein Herz klopfte verstopft: er war wieder drei Plätze heruntergekommen, und unter »Bemerkungen« stand, da seine Unachtsamkeit im Rechnen zu Besorgnissen Anlaß gäbe. Alle Kinder waren mit ihren Zeugnissen beschäftigt, jetzt hörte man draußen eine Tür auffliegen, erst einzelne Schritte liefen trappelnd auf den Flur, dann stand gleich das Gejohl hell und leicht wogend im Treppenhaus. Herr Lehmann hatte die Klasse verlassen, Fräulein Bieber ging umher und sah den Kindern über die Schultern und in die Zeugnisse, auch bei Borbe stand sie einen Augenblick.

»Na, das nächste Mal!« sagte sie, strich ihm kurz mit der kühlen glatten Hand über die Wange und spazierte weiter.

Vor der Schule warteten Mädchen und Damen auf die Kinder, und in der Mittelallee unter den schneebeladenen Bäumen stand Peter.

Er trug einen schwarzen Mantel mit Samtkragen und eine Melone, denn jetzt war er Bote in des Vaters Geschäft; Borbe, der die Aufgangsstufen hinabstieg, sah ihn sogleich, er überquerte den Fahrdamm, Peter empfing ihn an der Hand und sagte: »Heute hat es aber lange gedauert.«

Sie kamen im gedämpften Hupen und Summen des Verkehrs unter den Bäumen hervor und auf die Lombardsbrücke, still standen die Häuser ums vereiste Becken der Binnenalster, und die Türme dahinter ragten in den unbewegten Himmel, unten strebten einzelne flache Dampfer in den schwarzen Fahrrinnen auf den Jungfernstieg oder umgekehrt auf die Brücke zu. Peter mit Borbe an der Hand stieg die Steintreppe hinab, sie warteten in der klammen, kalten Luft auf dem Anlegesteg und sahen das Barmbeckschiff schon trotzig auf sich zustampfen. Als es nah genug war, geriet es plötzlich ins Gleiten, faul und in sich versunken zögerte es heran, ein Klingelzeichen hackte in die Stille, das Schiff schrak auf, unterm Heck brauste, klatschte und schäumte das gischtige und schmutzig-braune Wasser aufgebracht, das Schiff knirschte mit zerbrechendem Eis an den Steg, das Wasser unterm Heck knisterte empört nach, und kleine Eisschollen trieben gegeneinander.

Die Gittertür fuhr schon wieder kreischend in die Geländerröhren, der Dampf zischelte hart gegen die niedrige, düster leckende Brückenwölbung, und vorn polterte mit dumpfem Ankrachen das Eis gleichmäßig gegen den vorwärtsstrebenden Dampfer, vor dem sich nun die Außenalster auftat, weit, mit Schneebäumen an den gerundeten Ufern. Peter und Borbe saßen nebeneinander auf der roten Wachstuchbank in der Raucherkajüte, in die das Winterlicht eisig hereinglimmerte, bewegt quellend spiegelte es sich an der weißlackierten Decke wider. Peter hatte seine beiden großen Hände auf die Knie gelegt, er wandte das Gesicht mit den ruhigen Augen Borbe zu und fragte: »Du freust dich wohl?«

Borbe nickte, und Peter schaute wieder vor sich hin.

Am Schwanenwik stiegen sie aus, auf dem Holz des Anlegesteges knarrte der Schnee unter ihren Füßen, sie gingen durch die Anlagen und über die Straße; vor der Tür des Hauses, in dem sie nun seit langem wohnten, ließ Peter Borbe los. Sie gaben einander die Hand, dann schritt Peter davon, die stille winterliche Straße entlang. [...]

Der Tag des Heiligen Abends war gekommen, ein grauer lautloser Tag, schattig standen die Bäume mit ihrer Last im hohen Schnee. [...] Nachmittags saß die Familie im Frühstückszimmer zu Tisch, die Eltern an den Schmalseiten, Jakob und Borbe nebeneinander an der einen Längsseite und Groggi ihnen gegenüber. Die Vorhänge waren zu- und die brennende Lampe heruntergezogen, im Ofen glühte die Feuerschlacke hinter dem Marienglas, im Flur hörten sie den Speiseaufzug ruckweis hochgezogen werden, und Minna kam mit dem Tablett voll dampfender Tassen herein. Sie stellte vor jeden eine, das zarte weißgoldene Gefäß klirrte auf der Untertasse leise vom Zittern ihrer Hand, und die Bouillon glänzte goldig mit glitzernden Fettaugen. Sie pusteten, daß die glimmernde Goldfläche Wellchen warf und der Dampf dünn unter die Lampe wehte, die Mutter aß sorglich mit dem Teelöffel, doch der Vater, dessen großer Diamant auf dem kleinen Finger blitzte, hob die Tasse, blies und trank in kurzen Schlucken.

»Mama«, sagte Jakob und sah sie strahlend an, »Großpapa hat jedem von uns drei Mark geschenkt.«

Groggi sagte: »Na, dann kauft mir man ordentlich was für heute abend.«

Die Tassen wurden abgestellt, und der Weihnachtskarpfen wurde aufgetragen, da lagen die großen taubenblauen Fische mit zartgerollten weißen Lippen ums traurige Maul und sturen weißen Glotzaugen flach auf der Porzellanschüssel und dampften unter die Lampe. Die Mutter legte Borbe vor, sie hob und zog achtsam die schuppige Haut von dem fetten Fleisch und faßte mit Fischmesser und -gabel die großen gekrümmten Gräten und schüttelte sie in den Abfallteller, sie schöpfte von der goldenen, weiß durchsahnten und salzüberschäumten Butter auf die Kartoffeln und klackte ein Berglein feinfädiger Meerrettichschlagsahne dazu, sie schob Borbe den Teller hin und sagte: »Iß aber vorsichtig, Kind, daß du keine Gräte verschluckst.«

Der Vater aß schon mit arbeitenden Muskeln in den Schläfen, die Serviettenecke im Kragen, wie es seine Gewohnheit war, er hob kauend die Flasche und schenkte in alle Gläser von dem Rheinwein, er zog die Serviette aus dem Kragen, noch kauend stand er auf, ging zur Mutter und beugte sich über sie, die Mutter hielt das stille schöne Gesicht schräg hoch, sie sahen sich an, die Mutter klopfte mit einem Lächeln seine Wange, und der Vater küßte sie auf den Mund. Die drei Brüder hatten mit einem erwartungsvollen Lächeln ihre Gesichter hingewandt, auch Groggi, sie hielten die halbvollen Gläser in der Hand.

»Also Kinder«, sagte der Vater vergnügt und hob sein Glas, »geschenkt kriegt ihr ja nichts, aber anstoßen können wir deshalb doch – prost!«

Er stieß zuerst mit der Mutter an, die Brüder drängten alle mit ihren Gläsern hinzu, um ebenfalls mit ihr anzustoßen, es war ein allgemeines feines Klirren und Klingen der Gläser, und der Vater saß wieder und aß.

»Also du«, sagte er und sah zur Mutter hinüber, »Runges haben aus Antwerpen geantwortet. Sie sind ganz meiner Meinung.«

»Oh«, antwortete sie, ohne aufzublicken, »das ist aber schön.«

»Na ja«, erwiderte er, »die Leute wären ja auch verrückt. Wozu sollen wir uns abrackern und uns gegenseitig das Geschäft verderben!«

»Und Messerschmidt?« fragte die Mutter.

»Ach, Messerschmidt!« sagte der Vater. »Du glaubst doch nicht, daß der Mann sich ausschließt. Nein, nein, das ist in Ordnung.«

»Dann fährst du nun wohl bald?« fragte sie und sah zu ihm hoch.

Er legte nachdenklich, ohne sie anzuschauen, den Kopf schräg. »Ich denke, am achtundzwanzigsten«, antwortete er.

Er aß weiter, zog mit Daumen und Zeigefinger eine Gräte zwischen den Lippen hervor und zerdrückte die Kartoffeln in der geschmolzenen Butter, er strich auf die gefüllte Gabel etwas Meerrettichsahne und schob das Ganze in den Mund. In Borbe fieberte die Spannung des Festes, das Essen ging nun schon dem Ende zu, der Karpfen war verzehrt, Minna deckte stumm und klappernd ab.

Inzwischen war der Vater draußen beschäftigt, jetzt kam er herein und trug den großen dunklen Plumpudding mit einem bläulichen Geflamm brennenden Rums vor sich her. Er stellte den Pudding mitten auf den Tisch, die Lampe wurde hochgezogen und ausgedreht, und alle sahen in das feine geisterhafte Flackern, das kaum hörbar knisterte und zarte Schatten über ihre schauenden Gesichter spielen ließ. Dann teilte die Mutter auf, jedem eine dicke braune Scheibe mit Sukkadestückchen, schwarzen Korinthen und helleren tränigen Rosinen, manchmal flog ein blaues Flämmchen mit auf den Teller.

Sie aßen die hammelfettschwere, würzig-bittere Masse, und der Vater nahm dazwischen ab und zu einen Schluck Wein und rollte ihn im Munde, bevor er ihn hinunterschluckte und weiteraß. Er zog, sich in seinem Sessel zurücklehnend, die Weste über den Bauch hinunter.

»Na«, sagte er, »über den gröbsten Hunger wären wir weg.«

Wie immer am Nachmittag des Heiligen Abend legten die Brüder sich, Groggi allein, Borbe und Jakob in Borbes Bett. Zuerst flüsterten und wisperten sie noch, doch dann überließen sie sich jeder seiner Erwartung, ihre Köpfe lagen still nebeneinander auf dem Kissen, und sie schauten vor sich hin in die Ofenglut. Im Zimmer war es dunkel, zu der Müdigkeit der schweren Sättigung kam das einschläfernde, leise knisternde Treiben und Flacken des Feuers hinter der Roste, über Holzfußboden, Möbel und Zimmerdecke spielte der matte rötliche Flammenschein, und darin lag der Terrier Fox und schlief, den Kopf schräg über den Vorderbeinen. Draußen hörten sie noch die Eltern flüstern und in den Keller hinabsteigen, und darüber fielen ihnen die Augen zu.

Als Minna sie weckte, trieb sie mächtig das Bewußtsein an, daß es jetzt nicht mehr lange dauern und dann soweit sein würde. Sie zogen sich voll fiebernden Eifers an, Borbe durch allerhand kleine Hantierungen von Jakob unterstützt, sie stiegen emsig in den Keller hinab, Groggi gesellte sich zu ihnen, und nun warteten sie alle in der großen Kachelküche, auch Minna stand im schwarzen Kleid und Spitzenschürzchen dabei, nur die Köchin rumorte noch in ihrer Stube. Doch als es dann endlich in all ihre Spannung und Erregung dreimal lang und scharf hineinklingelte und nach einer Sekunde schweigenden Aufhorchens die drei Brüder zur Treppe eilten, Groggi voran, dann Jakob und an seiner Hand Borbe, da flog auch ihre Tür auf, und sie folgte mit Minna dem stürmischen Zug.

Sie hasteten bis zum oberen Flur, hier sahen sie die Frühstückszimmertür offen und den flackernden Kerzenglanz darin stehen, es war, als hemmte sie die plötzliche Verwirklichung ihrer langen Sehnsucht; die Gesichter goldig angestrahlt, gingen sie langsam auf den bewegten Glanz zu und standen in der Tür und starrten in die vielen brennenden Kerzen, die sich in ihren Augen spiegelten, hinter ihnen standen die beiden Mädchen.

Aber im nächsten Augenblick waren sie alle an ihren Geschenken, die Eltern schauten zu, gingen von einem zum anderen, sprachen und erklärten, die Mutter stand bei den Mädchen, die Hand- und Küchentücher, Bettlaken und Kissenbezüge befühlten, die Wäsche lag in großen blanken Stapeln auf dem Tisch und dazwischen Strümpfe, Seifenkästen und eine mächtige Schüssel voll Apfelsinen, Äpfeln, Nüssen, Datteln, Feigen, Marzipan und buntgezuckerten Schokoladenkringeln. Groggi drehte an der Filmvorrichtung einer schwarzlackierten *Laterna magica* und guckte durch die bunten Glasbilder ins Licht des Baumes, Jakob schüttete den großen Ankersteinbaukasten aus, daß Rundbogen, blaue Giebelsteine, rote Säulen, Fensterscheiben aus Marienglas und metallgehämmerte Bodenplatten für Brückengänge und Laufstege lärmend durcheinanderrutschten; Borbe aber verharrte fassungslos vor einer Ritterrüstung, die neben dem Baum aufgestellt war; die Kerzenlichter spiegelten sich golden in dem silberblanken Metall des gewölbten Harnischs und der Helmkugel, die mit einem Hahnenkamm rotwollenen Federschmucks geziert war, golden waren die Scharniere des heruntergeklappten Visiers und die drei Rundknöpfe am Kreuz des Schwertgriffs, Arm- und Beinschienen hatten an Ellenbogen und Knien spitze Gelenke, die Beine standen gespreizt, und die Arme mit ihren leeren Handöffnungen waren über dem Schwertknauf vorm Bauche gekreuzt.

Die Schüsseln voll Obst, Lebkuchen und Weihnachtssüßigkeiten, die an jedem Platz standen, beachteten sie kaum, ebensowenig, daß auch für den Vater und die Mutter ein Tisch bereitet war, alles redete und lachte durcheinander, Jakob rief hell und laut nach der Mutter und zog sie an der Hand herbei, sie schlug in großer Verwunderung die Hände zusammen, der Vater rief:

»Na, Kinder, dann können wir die Sachen ja nun wieder wegpacken!«

[...]

Und dann war der Abend zu Ende. Groggi hatte Fox in seinem Korb in sein Zimmer getragen. »Sonst stiehlt das Vieh uns noch all unsern Kuchen«, hatte er gesagt.

Ein milchiger, matter Lichtschein fiel aus der offenen Tür des elterlichen Schlafzimmers durch den Biedermeiersalon auf den dunklen Vorplatz. Die Brüder lagen im Schlaf, Fox seufzte im Traum und knarrte leise in seinem Korb. Die Mutter stand noch, die Hände überm Schoß gekreuzt, im dunklen Zimmer vor dem Baum und schaute zu, wie die letzte Kerze eben mit ängstlichem Geflacker verenden wollte.

»Hanna!« rief des Vaters Stimme von vorn. »Kommst du?«

»Ja, Friedrich«, antwortete sie, jedoch so leise, daß er es nicht hören konnte; sie blieb stehen und sah zu, wie die Kerze endlich knisternd verlöschte und im letzten Nachglimmen ein Säulchen weißen Rauches in die Zweige schickte.

Borbe kehrte vom Rodeln heim; ihn schmerzten die Füße und die Finger wie versengt, denn mit der Dunkelheit war über das Johlen und Kreischen der schlittenfahrenden Kinder am Alsterhang die Kälte grimmig hergekommen, und nun war er froh, daß Minna ihm den flachen Bobsleigh aus den versteiften Händen nahm. Er knöpfte ungeschickt an seiner kurzen dicken Jacke, doch Minna half ihm, und er sah, daß vom Herrenzimmer her durch die Milchglastür des Salons strahlendes Licht fiel. Jetzt hörte er auch die altgewohnte laute und selbstgewisse Stimme, und also war der Vater schon aus Antwerpen zurück, obgleich er erst vor ein paar Tagen fortgereist war.

Borbe trat in den Salon und schloß die Türe hinter sich. Nebenan saß die Mutter, die Hände im Schoß, auf dem tiefen Sofa des Umbaus, in dem sich der Gobelin mit den fetten musizierenden Engel spannte, und der Vater schritt redend auf und ab, daß der Rauch, den er zuweilen aus seiner Zigarre sog und von sich blies, in langen bläulichen Fahnen hinter ihm hergezogen wurde.

»Der alte Runge sagt, was wir in Francs bezahlen, müssen wir in Mark wiederhaben, und das ist auch vollkommen meine Meinung.«

Die Mutter schüttelte wie ungläubig den Kopf.

»Na ja«, sagte der Vater, »wo doch Runges den ganzen Aruwimigummi in den Händen haben – das wäre ja noch besser!«

Er bemerkte Borbe, der näher getreten war.

»Ach, der junge Herr!« sagte er und tätschelte ihm über den Kopf, fuhr aber gleich in seinen Darlegungen fort: »Du mußt dir das so vorstellen, daß Runges ja schließlich die Auktion machen und daß wir dadurch natürlich genau wissen, was auf dem Markt ist. Was was taugt, kaufen wir drei jetzt eben zusammen, mal macht Messerschmidt, mal machen wir oder Runges das Geschäft, der Gewinn geht in drei Teile.«

»Werden das nicht andere auch versuchen?« fragte die Mutter und zog Borbe, der herangekommen war, mit einem Arm an sich, doch sah sie dabei den Vater mit einem Lächeln voll Bewunderung und leichten Erstaunens an.

»Versuchen – ja«, antwortete der Vater.

»Aber nicht können«, ergänzte sie.

»Ach wo!« sagte er. »Du mußt bedenken, daß das alles dem König von Belgien gehört, und bei dem hat der alte Runge einen großen Stein im Brett – nein, das kommt einer völligen Vertrustung des Gummimarktes gleich.«

Borbe sah auf der Schmalseite des Tisches ein dickes Buch aufgeschlagen liegen, er löste sich, da ihn die Gummiauktionen des Königs von Belgien nicht fesselten, ein wenig von der Mutter und lugte auf das Bild, das die eine Seite einnahm.

»Natürlich«, redete der Vater zugebend weiter, »der Amazonas und auch Pará spielen eine gewisse Rolle. Aber das werden wir schon sehen.«

Das Bild zeigte eine Waldlichtung; in einen astarmen Baum war ein Zapfbolzen eingeschlagen, und daran hing ein Töpfchen am glatten Stamm; mitten in der Lichtung brannte ein Feuer unter einem bauchigen Topf am Dreigestell, der Rauch stieg schräg daraus auf, und ein paar Schwarze mit Lendenschurzen waren darum beschäftigt.

»Jedenfalls«, sagte der Vater, blieb stehen und beklopfte den Aufschlag seines Jacketts, »fürs erste bin ich mit den Aruwimi-Wäldern ganz zufrieden.«

Er trat hinter Borbe, legte die Hände auf seine Schultern und betrachtete ebenfalls das Bild. »Ja«, sagte er, »da zapfen sie gerade deine Rüstung aus dem Baum.«

Borbe verstand diese Bemerkung nicht. »Kochen die Männer Essen?« fragte er.

»Nein«, antwortete der Vater, »Gummi.« Er guckte auf das Bild, nach einer Weile sagte er: »Und wenn sie nicht genug bringen, wird ihnen eine Hand abgehackt.«

»Aber Friedrich, erzähl doch dem Kind nicht solche Schauergeschichten!« sagte die Mutter empört.

»Schauergeschichten? Du bist gut!« sagte der Vater mit einem Lachen. »Das ist so. – Ja, mein Sohn«, setzte er hinzu und tippte Borbe mit der Spitze des gekrümmten Zeigefingers auf die Schädeldecke, »da hast du es besser; wenn du etwas ausfrißt, kommst du mit einer Tracht Prügel davon.«

Schlagartig fiel Borbe das Zeugnis ein, das er versteckt hatte, statt es unterschreiben zu lassen, und daß der Tag nicht ferne war und unbedingt kommen mußte, an dem man es ihm abfordern würde, und die Kehle schnürte sich ihm zu.

Wie um abzulenken, fragte die Mutter: »Und wann ist die nächste Auktion in Antwerpen?«

»Am fünften«, antwortete der Vater kurz und nahm seine Wanderung wieder auf.

Die Mutter sah hoch. »Was, schon?« fragte sie. »Mußt du denn dann schon wieder fort?«

»Ja«, entgegnete er etwas ungeduldig, »der König von Belgien trägt mir den Gummi nicht her, ich muß schon hinfahren, wenn ich ihn kaufen und etwas dran verdienen will.«

Larissa Reissner

Der Geist des Hafens (1923)

Der Hamburger Hafen, die Hafenarbeiter und der eine Stadtteil, St. Pauli, wo die Matrosen sich vergnügen: Niemand hat dieses Milieu so illusionslos, so parteiisch und so packend porträtiert wie die junge Reporterin Larissa Reissner. Mit heißem Herzen skizziert sie, die 1895 geborene Autorin, die Arbeiter, die »wie nasse Wäsche« ausgewrungen werden, zeigt den Rauch der Fabrikschlote und erwähnt nebenbei, wie man hier spricht, mit einem Buchstaben S, »spitz wie eine Nadel, anmutig wie ein Schiffsmast«.

Hamburg, Oktober 1923. Im Ruhrgebiet haben französische Truppen Gebiete besetzt, um Reparationsforderungen aus dem Versailler Vertrag einzuklagen, im Deutschland der Weimarer Republik wird die wirtschaftliche Lage für viele Menschen zunehmend schwierig. Während die KPD stärker wird, verhängt die Reichsregierung im September den Ausnahmezustand. In Hamburg trifft eine Gruppe von Kommunisten Vorbereitungen für einen Aufstand. Mehrere Polizeiwachen werden überfallen, Waffen erbeutet. In Barmbek werden Barrikaden errichtet, hier ist die Unterstützung durch die Bevölkerung besonders stark. Dennoch bricht der Versuch eines Aufstands in kurzer Zeit zusammen. Larissa Reissner hat diese Tage der Umsturzvorbereitungen als Re-

porterin begleitet. Sie beschreibt die Wohnverhältnisse, die Arbeitsbedingungen der kleinen Leute, vernimmt den hämmernden Pulsschlag der Werften und Fabriken: »aus der Esse dieser Fabriken kam der Hamburger Aufstand«.

Wie ein großer, eben gefangener, noch zuckender Fisch liegt Hamburg an der Nordsee.

Ewige Nebel lagern auf den zugespitzten schuppigen Dächern seiner Häuser. Kein Tag hält seinem blassen, windigen, launischen Morgen die Treue. Mit Flut und Ebbe wechseln dumpf nasse Wärme, Sonne, graue Kälte des offenen Meeres und lärmender Regen, der auf den blanken Asphalt niederströmt, als wenn jemand, am Seeufer stehend, mit einem alten durchlöcherten Schiffseimer die halbe Elbe auf das wie ein Lotsenmantel von Feuchtigkeit rauchende, vom Grog der Hafenkneipe erwärmte, lustige Hamburg ausschüttete – auf das Hamburg, das mit breitgespreizten Beinen auf beiden Ufern der Elbe fest dasteht.

Wie ein Vorurteil, wie etwas, das nicht mehr in unsere Zeit gehört, ist die Natur an den Ufern dieses riesigen Industrieflusses ausgemerzt. Kilometerlang sieht man keine Bäume, und wenn man einen erblickt, dann sieht er wie ein Mast aus, der von einem Schiffbruch übriggeblieben ist; ich habe zwei Bäume gesehen – den einen an der Mole – verkrampft und gebückt wie eine Alte, die gegen den Wind kämpft, der ihre wollenen Strümpfe mit zornigen Schaumflocken bewirft. Den zweiten – am Kontor der größten der Hamburger Werften, der Werft von Blohm & Voss.

Dieser Baum steht nur aus Angst da: unter ihm – ein widerwärtiger schwarzer Kanal, in den sich die Fabriken durch die aufgesperrten Rachen der Zuflußrohre erbrechen. Eine Brücke, das Häuschen eines Postens, und am anderen Ufer, im blassen Licht der fünften Morgenstunde – die glänzenden Fenster der unsichtbaren Gebäudekomplexe; endlose Reihen übereinander, knüpfen sie ihr elektrisches Licht an das Tageslicht an.

Der Wunder größtes Wunder, das Schlankste, was das Reich des schlanken Metalls kennt, sind die sich über den Hafen beugenden leichten Tore der größten Hebekrane, die es in der Welt gibt. Zu ihren Füßen liegen wie aufgetürmtes Spielzeug fertig gebaute Ozeandampfer, mit erleuchteten Bordfenstern, als wenn sie wie Schwäne aus dem Wasser gehoben wären.

Hier arbeiten drei Schichten – krampfhaft, unbarmherzig.

Hier macht die deutsche Bourgeoisie, indem sie die Arbeiter wie nasse Wäsche auswindet, die letzten hoffnungslosen Versuche, die sie paralysierende Krise zu überwinden: sie baut, schafft neue Werte, bevölkert den Ozean mit ihren weißen schwarzröhrigen Schiffen, an deren Heck das alte kaiserliche schwarz-weiß-rote Banner mit einem kaum merklichen republikanischen Fleck weht.

Alles, was sonst Himmel heißt, ist hier in Hamburg – der Rauch der Fabrikschlote, die Greifarme der Hebekrane, die die Schiffsbäuche plündern und steinerne Riesenkästen auffüllen; leichte, flüchtig geneigte Brücken überdecken die nasse Geburtsstätte der neu erstandenen Schiffe. Heulen der Sirenen, Fluchen der Pfeifen, Flut und Ebbe des Ozeans, der mit dem Unrat spielt und mit den Möwen, die wie Schwimmhölzer auf dem Wasser tanzen, und – gleichmäßige Würfel dunkelroter, aus Ziegeln gebauter Gebäudekomplexe, Lager, Fabriken, Kontore, Märkte, geradlinig gebauter Zollämter.

Eine Armee, Legionen von Arbeitern sind in diesen Werften bei dem Laden und Löschen der Schiffe in den zahllosen Metallwerken, chemischen Fabriken, in einigen der größten Manufakturen und auf den großen Bauplätzen beschäftigt, die das Hinterland von Hamburg, seinen sumpfigen und sandigen Grund ununterbrochen mit einer Kruste von Beton und Stahl bedecken.

Die Elbe, dieses alte schmutzige Einkehrhaus für die Strolche des Ozeans – baut und erweitert ununterbrochen ihre gewaltigen Hinterhöfe.

Hier werfen die Seerosse ihre Last ab, hier fressen sie Naphtha und Kohle, hier reinigen und waschen sie sich – während die Kapitäne dem Zollamt die Schmiergelder zahlen, die Papiere richtig zugestutzt werden und die Barbiere ihr Verschönerungswerk an den Gesichtern der Schiffsgewaltigen vornehmen, die dann zu ihren Familien an Land gehen, indes die Mannschaft im Stadtviertel der Kneipen, der Kleiderbuden, der Versatzämter, wo der eben gekaufte Anzug sofort versetzt werden kann, und endlich der erstaunlichsten Bordelle in St. Pauli untertaucht.

Des Abends öffnet sich in jeder auf die Gasse hinausgehenden Tür ein kleines erleuchtetes Fenster, aus dem die Königinnen dieser Matrosen-Paradiese lächelnd in die ewige regnerische Dunkelheit hinausblicken. Sie stecken in tief ausgeschnittenen, an der Taille eng zusammengerafften, mit Flitterwerk und Federn benähten Kleidern, mit denen die Mode aus dem Ende des letzten Jahrhunderts, die nur noch in den Anpreisungen der billigen Parfümerieartikel und in der Vorstellung der nach dem Weibe ausgehungerten Matrosen fortlebt, die Verkörperung der höchsten Lebensfreude zum Ausdruck zu bringen pflegte.

In diesen Handelsreihen wird lebendiges Fleisch mit ungekünstelter Schlichtheit verkauft. Die Besucher gehen von einem Schaufensterchen zum nächsten, besehen sich die ausgestellte Ware und treten ein, um nach einer Weile, von schweren Flüchen und lautem Lärm begleitet, auf das Straßenpflaster hinauszufliegen: St. Paulis Torhüter sind ihrer körperlichen Kräfte wegen weit und breit berühmt.

In den kleinen Kneipen dieser Vorstadt klingen alle Sprachen und vermischen sich alle Nationen. Witz, Eiergrog, völlige Unantastbarkeit vonseiten der Polizei, ein erstaunliches Gemisch von Mut, Alkohol, revolutionärer Entflammbarkeit, Tabakrauch herrschen hier und – vor allem – die letzte, verwelkte, hoffnungslos gefallene Sünde, die an einem mit saurem Bier begossenen Tisch einem betrunkenen namenlosen Adam für ein Butterbrot die göttlichste der Lügen – die Liebe vortäuscht.

Die Sprache, die hier gesprochen wird, ist die Sprache Hamburgs.

Sie ist durch und durch mit der See gesättigt und salzig wie ein Klippfisch. Rund und saftig wie ein holländischer Käse, derb, gewichtig und munter wie englischer Schnaps; glatt, reich und leicht wie die Schuppen eines Tiefseefisches, der unter Karpfen und fetten Aalen im Korbe einer Marktfrau, in allen Farben schillernd, langsam erstickt. Und nur der Buchstabe »S«, spitz wie eine Nadel, anmutig wie ein Schiffsmast, zeugt von der alten Gotik Hamburgs, von den Zeiten der Begründung der Hansastädte.

Nicht nur das Lumpenproletariat allein – die ganze Stadt ist durchsetzt von dem lebendigen, beweglichen Geist des Hafens. Von allen Seiten umschließt sein dichter Ring die bürgerlichen, um die Alster gelegenen Viertel, diesen Binnensee, der von der atlantischen Flut und Ebbe durchpulst wird. Die Villen sind dicht ans Ufer gedrängt, sie haben kaum den nötigen Raum, um ihre schmucken Gärten, die mit ihren Blumen, Tennisplätzen, Treppenfluten geschmückt sind, zu entfalten.

Die Häuser der Patrizier spüren in ihrem Nacken den unsauberen, erregten Atem der Vorstädte. Der Ring der elektrischen Bahnen spannt die gedrängten Vorstädte eng um die eleganten Viertel; zweimal am Tage saust der trübe Strom der Arbeiter, die Stadt nach den Docks zu durchquerend, die Wagen mit dem Geruch von Schweiß, Teer und Alkohol erfüllend, um ihre Villen.

Auf diese Weise gehorcht ganz Hamburg ebenso sehr der Mittagspfeife der Werften, dem morgendlichen und abendlichen Namensaufruf an den Ufern der Elbe, wie die kleinste Pfütze, ein armseliger Froschteich, dem fernen Pulsschlag des Ozeans gehorcht, der Hamburg seine Reichtümer und seine unermüdlichen Winde schickt.

Der Bourgeois, der ehrbare Bürger, ist ebenso wenig wie seine Wohnung gegen die Berührung und die Nachbarschaft der Proletarier gesichert. Die Dame, die abends ins Theater fährt, sitzt zwischen zwei Dockarbeitern eingezwängt, die ihre öligen Säcke in aller Gelassenheit auf die weichen Sitzbänke niederlegen.

Die Dirne aus St. Pauli sitzt neben der Gattin eines Beamten, zwinkert den Nachbarn zu und steigt an der nächsten Haltestelle aus – schon am Arm irgendeines von ihnen; der Arbeiter umarmt seine Frau oder seine Freundin; der Löscharbeiter umwölkt seine Nächsten mit seinem unausdenkbaren Tabak; Freunde schleppen einen betrunkenen Matrosen nach Hause, und der ganze Wagen amüsiert sich mit ihnen, denkt, spricht und lacht im reinsten Hamburger Platt, das geeignet ist, jeden beliebigen Ort sofort in eine lustige Hafenkneipe zu verwandeln.

Von unserem Gesichtspunkte aus betrachtet, scheint das alles nicht sehr wichtig. Aber nach Berlin, wo der Arbeiter mit seinen Instrumenten nur in einem besonders schmutzigen und unsauberen Wagen fahren darf, wo das Vorrecht der 2. Klasse nahezu unter polizeilichem Aufgebot verteidigt wird; wo der Arbeitslose, sich seine vor Kälte violetten Ohren reibend, es kaum wagen darf, sich auf einer der zahllosen, stets leeren Bänke des Tiergartens auszuruhen; nach dem offiziellen bürgerlichen Berlin riecht allein schon die Luft von Hamburg mit seiner Einfachheit und seinen Sitten nach Revolution.

Um vier oder fünf Uhr nachts schläft das Lumpenproletariat dieser Stadt an irgendeinem beliebigen Platz oder wird ins Polizeirevier geschafft.

Ein Viertel vor sechs, noch bei elektrischem Licht, setzt die erste Arbeiterflut ein.

Über der Straßenbahn hängt in der Dunkelheit die Stadtbahn, kurze, leuchtende Bänder der elektrischen Züge der Hochbahn winden sich über dieser, und alle zusammen schaffen eine ganze Armee, Hunderttausende von Dockarbeitern und weitere Hunderttausende von Arbeitslosen, die, in der Hoffnung auf einen gelegentlichen Verdienst, die Anlegestellen umlagern, zum Hafen. Jeder Trupp sammelt sich um seinen Meister, zwischen den geteerten Jacken, höckrigen, mit Werkzeug beladenen Schultern leuchtet ein Öllämpchen. Nach dem Namensaufruf verteilen sich die Arbeiterregimenter auf Hunderte von Dampfern, die sie in die Werften und Betriebe bringen. Durch vier Brücken strömen sie in das Industriezentrum. Truppen und Polizei passen scharf auf, daß kein einziger »Zivilist« auf die Industrieinseln dringt. Aber auch diese Brücken und Hunderte von Dampfern, die mit ihren Lichtern und Scheinwerfern einen unerhörten Karneval, ein schwarzes, geteertes Venedig aufführen, genügen der Flut der Morgenschicht nicht. Tief unter dem Elbgewässer liegt ein trockenes, helles Rohr, der Elbtunnel, der morgens und abends Legionen von Arbeitern von Ufer zu Ufer pumpt.

An beiden Enden dieses Tunnels heben und senken sich Riesenlifts und werfen den Strom zu den Betonausgängen.

In ihren eisenknarrenden, schraubenförmigen Türmen bewegen sich diese beiden Lifts wie zwei mächtige Schaufeln, die unausgesetzt lebendiges Heizmaterial in die zahllosen Fabriköfen schleudern. Und aus der Esse dieser Fabriken kam der Hamburger Aufstand.

Heinz Liepmann

... wird mit dem Tode bestraft (1933)

Mit der Machtübergabe an Adolf Hitler am 30. Januar 1933 kam es zu einer Zäsur im politischen und kulturellen Leben der Weimarer Republik. Viele Schriftstellerinnen und Künstler, Journalistinnen und Intellektuelle verließen das Land, die Gefahr, von den Nationalsozialisten festgenommen und inhaftiert zu werden, wuchs für Andersdenkende mit jedem Tag. Heinz Liepmann, 1905 geboren, hatte sich da als Journalist bereits einen Namen gemacht, er hatte Romane und ein Theaterstück verfasst. Im Juni 1933 wurde er verhaftet, kam aber wieder frei. Als sein Roman »Das Vaterland« im Dezember in Holland erschien, wurde er dort vor Gericht gestellt und wegen Beleidigung zu einem Monat Gefängnis verurteilt.

Im Pariser Exil machte sich Liepmann nach seiner Freilassung umgehend an die Niederschrift eines weiteren Tatsachenromans: »... wird mit dem Tode bestraft«. Ausgangspunkt ist die Nacht des Reichstagsbrands und die nur Stunden später einsetzende Verfolgung der politischen Gegner der Nazis, insbesondere der Kommunisten. Schauplatz ist Hamburg. Der Protagonist wohnt in den Colonnaden, man hört Schüsse, die Polizisten tragen Sturmhelme, Nervosität macht sich breit. Eine kleine Gruppe kommunistischer

Freunde trifft sich in einer Gaststätte im Hotel Vier Jahreszeiten, über allem steht die Frage: Was ist zu tun? Liepmann geht dem Versagen der liberal-demokratischen Kräfte in Deutschland nach, zugleich blickt er ins Ausland und fragt, warum die Regierungen so lange untätig waren und neutral zu bleiben versuchten.

Es ist Nacht.

Das Schlafzimmerfenster führt zum Jungfernstieg; die Fenster des Wohnzimmers gehen nach vorn in die Kolonnaden. Stünde in jedem dieser Fenster ein Maschinengewehr, beherrschte man die westlichen Zufahrtsstraßen zur City der Stadt Hamburg. Hier ist das Zentrum unserer Welt.

Ich lag mit wachen Augen, auf dem Rücken, ich konnte nicht schlafen. Ungewöhnlich! Ich starrte zur dunklen Decke empor. Es war die Nacht vom 27. zum 28. Februar 1933. Die Nacht war still.

Das Telefon schrillte, ich nahm den Hörer und wußte, es war etwas Ungewöhnliches geschehen ...

»Hier ist Otto. Der Reichstag brennt. Die Regierung hat durch Rundfunk bekanntgemacht, daß die Kommunisten ihn angesteckt haben. Man habe einen Mann im Reichstag gefunden, der wäre nur mit einer Hose gekleidet gewesen, und – darin habe er ausgerechnet ein kommunistisches Parteibuch stecken gehabt.«

»Das ist doch grotesk!«

»Klar, die Sache ist von den Nazis gemacht! Von wem denn sonst? Wer kann denn ein Interesse daran haben, sechs Tage vor der Wahl?« – Ich hörte Ottos aufgeregtes Atmen.

Es gab um diese Zeit viele Leute, die zu wissen behaupteten, daß die Telefongespräche bestimmter Persönlichkeiten überwacht würden. Am 30. Januar hatte Hitler die Macht übernommen. Zwar

war den Deutschen in ihrer Verfassung das Post- und Telefongeheimnis ausdrücklich zugesichert, aber seit diesem 30. Januar waren diese und andere moralischen Werte in unserem Vaterland nicht mehr hoch im Kurs. Ich beendete also das Telefongespräch, verabredete kurz etwas, hing den Hörer an und wollte aufstehen.

Aber dann blieb ich liegen.

Die Nacht war nicht mehr still. Von der Straße gellte das rasende Quieken der Sirenen des Überfallkommandos der Polizei. Das Überfallkommando! Welch treffendes Wort! Wo friedliche Menschen: Frauen, Ehemänner, Greise, Kinder sich trafen, erschienen diese rasenden Autos. Es war mir, als hörte ich das verzweifelte Keuchen der weglaufenden Kinder und der alten Frauen – und dann die eisenbeschlagenen Schuhe der fetten Polizisten –, ich hörte das Stöhnen der von den Gummiknüppeln Getroffenen, mir war, als hörte ich diese ganze Stadt atmen, als vernähme ich den sorgengequälten Odem der Millionen, die in den Steinmauern der Großstadt wie in Särgen aus Beton und Eisen schliefen ...

Hamburg, eine Arbeiterstadt, Hafen und Industrie verlangen ganze Männer. Hier erwuchsen und erwachsen schweigend die härtesten und stummsten Führer von gestern und morgen, und damit die Ereignisse. Hamburg war schon einmal zur Wiege der deutschen Arbeiterbewegung geworden; unter dem Gellen der Sirenen und dem Kreischen der Eisenhämmer der Werften an der Elbe hatten die Arbeiterorganisationen ihre ersten Versammlungen abgehalten.

Man muß von vorne anfangen. Das Erbe August Bebels wurde verschleudert. Die Menschen wechseln. Armut, Gewalt und Häßlichkeit ersticken ganze Generationen. Ewig aber bleibt das moralische Gesetz: der Willen zum Sozialismus, zur Menschenwürde, zur Schönheit. –

Der Reichstag brennt. Der Reichstag ist weit, der Reichstag ist in Berlin und hat eine goldene Kuppel. Ich liege in meinem Bett, mitten im strategischen Zentrum der Stadt Hamburg, mein Herz ist schwer.

Ich sprang aus dem Bett, kleidete mich an und ging auf die Straße. Bemerkte, daß die Stadt in dieser Nacht sich verändert hatte gegenüber anderen Nächten. Ich bemerkte es an äußerlichen Zeichen. Sonst zum Beispiel gingen um diese nächtliche stumme Stunde Mädchen hier langsam auf und ab und verschenkten selbst dem elendigsten unter den Menschen ihr angstvolles Lächeln; heute standen die traurigen Mädchen in schnatternden Gruppen beisammen wie Bürgermädchen am Tag; sie ließen manchen älteren Herrn unangesprochen vorbeigehen, sie gestikulierten, sprachen erregt aufeinander ein – ja, sie beachteten noch nicht einmal die drei Sipos, die auf ihrer nächtlichen Streife hier vorbeigingen und vor denen sie sonst in die dunklen Häusereingänge flüchteten. Aber die drei beachteten die Mädchen gar nicht.

Da bemerkte ich, daß die Polizisten ihre Helme mit dem Sturmriemen unter dem Kinn befestigt trugen.

Das bedeutete nichts Gutes.

Vom Norden der Stadt her hörte man Schüsse. Daran war man gewöhnt, das war üblich und man hätte sie vermißt, wenn sie gefehlt haben würden; aber ich glaube, sie fehlten wohl niemals. Der nächtliche Himmel war voll dunkel zerrissener Wolken; in der Straße Kolonnaden, in der sonst um diese Stunde ein scheues, flüsterndes und huschendes Leben herrschte, tauchte ein ruhiger, harter Schritt nach dem andern auf, erst einzelne, dann immer mehr; aus den gelben Nacht- und Nebelkreisen der Laternen lösten sich hundert und tausend Menschen: Männer und Frauen. Sie flüsterten nicht, sondern sie sprachen wach und laut; es kamen ihrer immer mehr, sie gingen vorbei; die meisten der Männer barhaupt.

Ich stand still und ließ sie vorbeigehen. Was wollten sie? Wo kamen sie her? Wer organisierte sie?

Einige sahen mich an.

Immer mehr Menschen strömten durch die Kolonnaden zum Jungfernstieg. Die wandelnden Mädchen waren im reißenden

Menschenstrom untergetaucht. Sipos mit Sturmriemen und Karabinern versuchten immer häufiger, feste Inseln zu bilden. Die Polizisten und die Menschen sahen sich an und gingen schweigend aneinander vorbei. Es sah bedrohlich aus.

Ich bog um die Ecke des Neuen Jungfernstiegs und ging in das Hotel Vier Jahreszeiten. Im Keller, neben der Bar, gab es neuerdings eine Bauernstube, ein neuer nächtlicher Treffpunkt guter Hamburger »Gesellschaft«. Eine kleine Kapelle jazzte; zwischen den Tischen tanzte man. Die Tischtücher und die Servietten waren rot und bunt kariert.

Vom Norden der Stadt tönten die Schüsse. – Viele hundert Männer standen in dieser Nacht aus ihren Betten auf, ohne daß sie jemand gerufen hätte, und sie gingen und gingen. Sie hatten eine Tagesarbeit hinter sich. Es war Nacht. Der Himmel schwarz. Was wollten sie?

Sie gingen an den Polizisten vorbei. Ihre Schuhe klapperten hart auf dem nächtlichen Pflaster. Am Jungfernstieg angelangt, gingen sie langsamer, dann blieben sie stehen; sie warteten mit allen Nerven auf etwas, das geschehen würde – auf jemand, der ihnen etwas befehlen würde. Es war eine windige schwarze Nacht.

Nichts geschah. Die Männer standen schwer und warteten.

Ich ging in die Bauernstube. Es war genauso voll wie immer, die gleiche Fröhlichkeit und die gleiche angenehme Enge. Ich traf Max und Herbert; Otto hatte sie telefonisch hergebeten. Sie mußten sich sehr beeilt haben. – Otto selbst war noch nicht da.

Es ist merkwürdig, daß – wenn ich an jene Nacht zurückdenke – mir vor allen Dingen immer wieder die tiefe nervöse Ahnung einfällt, die uns alle erfüllte. Was trieb die Arbeiter nachts aus ihren Betten, aus ihrem Schlaf zu jener stummen, unruhigen Demonstration? Was trieb uns alle? Ich weiß es nicht. In dieser Nacht vollzog sich unser aller Geschick, das Geschick unseres Landes, unserer Kultur, das Geschick Europas. Tragische Schuld der Führer: *Sie* spürten nichts von der vibrierenden Nervosität dieser Nacht. *Sie* schliefen; *sie* lagen in ihren Betten; *sie* spürten nichts. Als sie aus gesundem Schlaf erwachten, wurden sie verhaftet; tragische Schuld ...

Max, ein kleiner, blonder Mensch, mit unordentlichem Haar und fahrigen Bewegungen, Buchhalter in einem großen alten Kontor, trug einen zerknitterten grauen Anzug; er starrte auf das Tischtuch und schichtete Brotkrumen.

Herbert begann zu reden. Herbert war das Gegenteil von Max: groß, mit gepflegten, glänzenden, schwarz zurückgekämmten Haaren, ein offenes Gesicht, ein eleganter und witziger Bursche. Manche warnten vor ihm, man könne sich keinesfalls auf ihn verlassen, ihm sei »nichts heilig«. Aber ich glaube, daß Leute, denen nichts heilig ist, mehr nachgedacht haben als solche, denen alles heilig ist; ich mochte Herbert gern, er war Schauspieler, sehr begabt, verschwenderisch mit Geld und Talent, ein »schöner Mann«. Herbert galt als Freund eines Berliner sozialdemokratischen Reichstagsabgeordneten, der seine Finger in vielen politischen Geschäften des Reichspräsidenten-Palais hatte, ohne daß ihm je etwas an den Fingern kleben geblieben sein soll. Herbert selbst bezeichnete sich als parteilos.

Wie wir zusammen in diesem Lokal saßen, mußte es den Eindruck erwecken, als habe Herbert ein paar ehemalige arme Schulkameraden hierhergeschleppt, um ihnen zu zeigen, in welch feiner Gesellschaft er zu verkehren pflege.

»Fein«, sagte Herbert lebhaft und rieb sich die Hände, »jetzt wird's interessant werden. Jetzt geht's los. Ob der Göring den Reichstag selber angesteckt hat? Ganz geschickt! Der Erfolgs-Lift der Nazis rutschte bedenklich abwärts; da machten sie ihm – dem Fahrstuhl – ein Feuerchen unterm Popo an, damit er wieder hochgeht.«

Das Wort »Hochgehen« bedeutet in einem gewissen Jargon das Geschnapptwerden von der Polizei. Max, der nicht zugehört hatte, blickte verwirrt auf: »Wer geht hoch?«

Otto kam. Er wand sich ungeschickt zwischen den Tanzenden durch. Dies war nicht sein Milieu. – Ich freute mich, als ich ihn sah; er war mir der liebste von den dreien. Er war mein Freund. Seine Hände fühlten sich hart an; nach sechs Jahren Arbeitslosigkeit hatte er seit fünf Monaten wieder Arbeit als Mechaniker in einem Automobilbetrieb. Wenn er sich gut hätte kleiden und pflegen wollen und können, wäre er selbst in dieser Gesellschaft aufgefallen: sein Gesicht war braun, gesund und hart, dazu große helle Augen, ein kräftiger Mund, ein männliches Lächeln.

Ich werde diese Nacht nie vergessen. Es war die erste Nacht in einer langen Reihe von abenteuerlichen Nächten. Wir saßen zusammen, vier Freunde, und am Ende dieser Reihe abenteuerlicher Nächte war einer von uns vieren erschlagen, einer von uns vieren verrückt und einer von uns vieren ein großer Mann.

»Was ist zu tun?«, fragte Max.

Schweigen.

»Man müßte – «, sagte Herbert, etwas vorgebeugt, »exakt wissen, wie sich die politischen Parteien verhalten werden.«

Die Jazzband spielte, man tanzte, wir sprachen. In den Pausen der Musik hörten wir vom Jungfernstieg einen Chor.

Sie riefen: »Hunger! Hunger! Hunger!«

Der Platz wurde von der Polizei gesäubert.

Wir gingen zu Fuß nach St. Pauli. Am Millerntor trennten wir uns.

Max ging nach Hause. Er schloß seine Haustür auf, ging die Treppen hinauf, öffnete die Korridortür der Wohnung, in der er ein möbliertes Zimmer hatte, tastete sich durch den Korridor zu seinem Zimmer, öffnete die Tür und griff nach dem Lichtschalter. Das Licht blitzte auf. Vor ihm standen zwei Leute, von denen der eine einen Revolver auf ihn richtete. Er war verhaftet. –

Wohin gingen die jungen Leute dieser Generation an ihren freien Abenden? Wie verbrachten sie ihre Frühlingsnächte? Gingen sie mit ihren Mädchen durch die abendlichen Parks? Verabredeten sie sich zu sportlichen Wettkämpfen? Gingen sie tanzen oder diskutierten sie die unsterblichen Probleme vom Sinn des Lebens?

Nein, nein! Die jungen Männer zwischen zwanzig und dreißig, sie gingen nicht tanzen, nicht diskutieren, und sie hatten kein Auge mehr und kein Empfinden für die natürlichen Schönheiten der Welt. Die jungen Leute des alten Europa gingen und beschäftigten sich mit Politik. Die Politik ersetzte ihnen Natur, Liebe, Schönheit und Religion.

Ja, es ist dies eine Feststellung, kein Werturteil, ob dies ein guter und ein nützlicher Zustand ist. Die jungen Leute wurden nämlich mehr oder weniger zu diesem Interesse gezwungen. Nicht nur jede Art geistiger Heimat hatten diese jungen Leute, die um das Jahr 1933 in Deutschland lebten, verloren. Sondern sie fühlten sich auch – und mit Recht – ausgesperrt aus den zu vergebenden Chancen der nahen Zukunft, falls sie an der Politik desinteressiert waren.

Und so waren Otto, Herbert und ich zu drei verschiedenen politischen Besprechungen gegangen. Herbert wollte zu den Jungsozialisten, einer umfangreichen Bewegung innerhalb der Sozialdemokratischen Partei; Herbert hielt ihre Meinung und ihren Einfluß für wichtig.

Otto ging in den Hafen.

Ich suchte das Lokal Indra in der Großen Freiheit auf, einer Straße an der Grenze Hamburg-Altonas.

Wir drei – und mit uns Millionen in dieser Nacht – fragten sich: Was kann getan werden?

Diese Frage wird die Geschichte einst stellen: *Was hätte in dieser Nacht geschehen können?*

Ralph Giordano

Noch zehn Minuten für Jerusalem (1936)

Ralph Giordano, 1923 in Hamburg-Barmbek geboren, erlebte als Jugendlicher, wie er und die gesamte Familie, seine Brüder und seine Eltern, von den Nationalsozialisten verfolgt und gedemütigt wurden. Aufgrund der jüdischen Vorfahren seiner Mutter wurde er mit siebzehn Jahren vom Johanneum verwiesen und musste auf eine Handelsschule wechseln. Als die Mutter im Februar 1945 deportiert werden sollte, gelang es der Familie, unterzutauchen und bis zur Befreiung durch die Engländer in einem Versteck zu überleben.

In dem großen Epos »Die Bertinis«, 1982 erschienen, hat Ralph Giordano einer Familie mit deutschen und jüdischen Wurzeln, sogenannten »jüdischen Mischlingen«, ein Denkmal geschaffen. Den Familienmitgliedern widerfahren Schikanen, Denunziationen, Gefährdungen, nur mit unermüdlichem Lebenswillen, viel Glück und Unterstützung durch andere gelingt es ihnen, die nationalsozialistischen Jahre zu überstehen. Indem Giordano sich viel Raum nimmt, die Zeit vor 1933, die Jahre des Naziterrors selbst, aber auch die Nachkriegssituation zu schildern, führt er die Leser unnachgiebig durch die deutsche Realität des 20. Jahrhunderts. Hamburg, Schauplatz des Romans und der Ort, den Giordano so gut kannte und den er zeitlebens als seine Heimat empfand, ist

selten so anschaulich und mit so vielen lokalen Färbungen gezeigt worden. Alle Aspekte des Lebens einer vielköpfigen, umtriebigen Familie werden hier durchgespielt, vor der Folie der Terrorjahre des Nationalsozialismus.

Während Ludwig in die Kunst des Lesens und Schreibens eingeführt wurde, rauften sich die älteren Söhne auf der Gelehrtenschule des Johanneums mit der lateinischen Grammatik, balgten sich mit Deponentien und Semi-Deponentien, mit dem Gerundivum und Cäsars *De bello gallico*. Nachdem Roman Bertini sich einmal für eine Formenarbeit Ernst Freunds vorwurfsvollen Blick nebst schlechter Note eingehandelt hatte, paukte er die A-, E-, I- und die Konsonantische Konjugation so gründlich, daß er darin zu einem wahren Meister wurde. Er jonglierte nur so mit dem Konjunktiv Plusquamperfekt Passiv, dem Zweiten Futur, den schwierigen Formen des Konditional, gleich nie verfehlten Bällen und Hölzern. Tempi und Endungen hatten sich ihm so fabelhaft ins Gehirn geprägt, daß er sie nie vergessen sollte. Wenn als Extemporale eine Formenarbeit in Aussicht stand, so war Roman Bertini guten Mutes.

Seit Ostern war er mit Cesar Untertertianer und von Klasse zu Klasse zwischen Peter Togel und Walter Janns mitgezogen. Im Gegensatz zu ihm hatten die beiden inzwischen beträchtlich an Körpergröße gewonnen. Während der Sohn des evangelischen Landesbischofs von Hamburg sich jedoch als ruhigere Natur entpuppt hatte, machte Walter Janns ein beachtliches Temperament zu schaffen. Ungewöhnlich knochig, warf er die langen Arme und Beine und räsonierte gern laut. Von trockenem Humor, konnte er sich an historischen Figuren begeistern und dabei fortwährend ihren Namen rufen, etwa »Erasmus von Rotterdam!« und noch einmal: »Erasmus von Rotterdam!« Auch hatte er nichts von seinem Talent eingebüßt, den Unterschenkel ohne jede Anstrengung aus beliebiger Grundposition hinter den Kopf in den Nacken zu legen, vorzugsweise immer noch, wenn er glaubte, damit Roman eine Freude bereiten zu können.

Beide, Peter Togel und Walter Janns, sprachen mit Kay Krause kein Wort, seit der in der Quarta damit begonnen hatte, ein kleines, offenbar gehämmertes Hakenkreuz aus Metall an sein Revers zu heften.

Soweit mochten Roman und Cesar nicht gehen, aber auch sie redeten nach dem Vorfall mit dem *Stürmer* nur das Notwendigste mit ihm. Die antisemitische Zeitschrift des Julius Streicher hing in einem Schaukasten der Dorotheenstraße, und die Bertinis mußten wie andere, die vom Bahnhof Sierichstraße kamen oder dorthin gingen, daran vorbei. Dabei hatten die Brüder einmal morgens auf dem Weg zum Johanneum Kay Krause vor der Zeitung gefunden, und als sie passierten, hatte der blasse blonde Mensch sehr vernehmlich geäußert: »Allen Juden wird der Arsch noch mal aufgerissen werden!«

Ohne ein Wort waren die Brüder weitergegangen.

Dabei zählte Kay Krause, nach dem gewalttätigen Tod seines Vaters im Kampf mit politischen Gegnern Sohn einer Witwe mit kleiner Rente, neben den Bertinis zu den einzig *Bedürftigen* dieser Klasse und fast der ganzen Schule. Auch Kay Krause mußte bei Ausflügen das Fahrgeld gespendet werden, auch ihm haftete der Makel niedrigen Standes an. Aber dennoch gab es keinerlei Solidarität zwischen ihm und den Brüdern.

Mit ihren Klassengefährten aus der Oberschicht wurden die Bertinis allmählich auf ihre Weise fertig, nämlich mit einer Art trotzigen Barmbeker Selbstbewußtseins und voller Hohn auf Zimperlichkeiten, die sich einfach dadurch ergaben, daß für viele dieser Jungen Dienstpersonal selbstverständlich war. So hatten etwa der elegante Horst Zeigler und der mädchenhaft-weiche Helmut

Nölte nie in ihrem Leben selbst Schuhe geputzt – für die Brüder Anlaß homerischen Gelächters, als die Rede darauf kam.

Was sie betraf, so wurde am häufigsten über ihren Barmbeker Dialekt gespottet, und in der Tat sprachen die Bertinis, wenn sie sich nicht in acht nahmen, das A zuweilen mit jener Hinneigung zum O, wie es in den Arbeitervierteln der Stadt geläufig ist. Dafür hielten Roman und Cesar sich schadlos, wenn es den Schülern aus Harvestehude, Winterhude oder der Uhlenhorst, ganz abgesehen von denen aus den Elbvororten, im Englischen nicht gelang, ein angelsächsisches O herauszubekommen. Worte wie to go, slow oder don't gerieten ihnen wie ein reines O hochdeutscher Mundart. Eine bestimmte innere Haltung fand hier die ihr entsprechende Artikulation, was bedeutete, daß diese Mitschüler auch bei bestem Willen nicht fähig gewesen wären, diesen Vokal breit auszusprechen. Also blieb es beim runden, vollen O, woran sich die Brüder, denen die englische Originalaussprache ohne Mühe gelang, weidlich ergötzten.

So wurde zwar ein deutlicher Gegensatz zwischen den Bertinis und den meisten Klassengefährten spürbar, aber er trug keinen politischen Charakter. Kay Krause, der Nazi, blieb in dieser Klasse, und als Typ auch fast in der gesamten Schülerschaft des Johanneums, eine Seltenheit, auch wenn die meisten dem *Jungvolk* angehörten oder Mitglieder der *Hitlerjugend* waren und zu bestimmten Anlässen mit ihrer Uniform in der Schule erschienen. Selbst die Söhne hoher Beamter oder Würdenträger der NSDAP – so der eines Hamburger Senators in der Klasse Ernst Freunds oder jener des Bürgermeisters von Hamburg in der Nebenklasse – waren alles andere als Propagandisten der Partei ihrer Väter.

Das Stigma der Bertinis, das ihnen unsichtbar auf die Stirn gebrannt war, bestand einfach darin, daß sie von sozialer Herkunft und Vermögen der Eltern her auf dieser Höheren Schule Ausnahmeerscheinungen und damit gemäß den herrschenden Anschauungen völlig deplaziert waren.

Sich dagegen zu behaupten, hatten sie besser gelernt, als sie es selbst ursprünglich für möglich gehalten hätten.

Jetzt, in der Untertertia, wurden sie in die marmornen Gefilde der altgriechischen Sprache eingeführt, und sie standen in Demut vor diesem erhabenen Schatz, so heftig ihnen auch Akzente und Zirkumflexe, Optativ und beide Aoriste, kurz die ganze *Palaistra* des ersten Jahres zu schaffen machte.

Nichts von solchen Schwierigkeiten, die auch für alle anderen selbstverständlich waren, schien David Hanf im Umgang mit dem Griechischen zu merken! Wenn er vor die Tafel trat, dann konnte jedermann sicher sein, daß er der verwirrenden griechischen Grammatik Herr wurde und unter seiner Kreide makellos die wunderbare Sprache fehlerfrei entstehen würde, wie ihr Gesetz es befahl. David Hanf schrieb schnell, traumwandlerisch, sich ab und zu stolz umblickend – hier kam ihm keiner gleich, auch Peter Togel nicht und Walter Janns, die, Wunder genug, im Griechischen öfter die Note 1 bekamen, aber nicht für jede Arbeit wie David Hanf.

Er hatte sich in diesen Jahren kaum gewandelt, pflegte sich immer noch mit knackenden Fingern zu melden, indes sein Hintern aufgeregt die Bank polierte, bot den Lehrern aufdringlich seine Dienste an und verstand es, sich nach wie vor allerlei Funktionen zu sichern, so immer wieder die Aufsicht über das Klassenbuch, das er, ganz Verwalter, wichtig unter den Arm geklemmt hielt. Nichts hatte sich an David Hanfs geblähter Geschäftigkeit geändert, seit er seinen Zahn vor dem Fahrradkeller verloren hatte, und doch war seither etwas in ihn eingezogen, das ihn vor Tätlichkeiten bewahrte.

Bis zu diesem vierten Jahr auf dem Humanistischen Gymnasium in der Maria-Louisen-Straße hatten Roman und Cesar Bertini nicht nur alte Sprachen gelernt und den Zwang, in allen Fächern gut zu sein, weil sie in der Arithmetik und der Mathematik ungenügend waren, zwei schlechte Noten im Osterzeugnis aber Sitzenbleiben bedeutet hätten – die hohen Lehren erhielten sie von ihrem Ordinarius, dem Studienrat Ernst Freund. Schon sein skurriler Humor, seine täppische und doch distanzierte Art, sich mit den Schülern zu verbrüdern, einen Witz zu reißen und danach das Gesicht mit der Hand zu bedecken, um dann doch durch zwei gespreizte Finger die Wirkung der Pointe zu verfolgen, all das schlug in Roman und Cesar tief verständnisvolle Saiten an. Was er moralisch für sie leistete, wurde ihnen jedoch erst viel später klar. Der mittelgroße Mann mit der Glatze, den braunen Basedowaugen und der tiefen Stimme warf beim Eintritt in die Klasse immer noch den Arm nur andeutungsweise hoch zum *Deutschen Gruß*, schnitt eine Grimasse, kehrte das Gesicht stumm und verächtlich zur Wand und ging sofort zur Tagesordnung über, eine sichtbar lästige Verrichtung hinter sich lassend. Im Unterricht dann, dazwischengestreut, jene kleinen, halben Bemerkungen gegen herrschende Mächte, seine scheinbar geschichtslosen Reden gegen Stacheldraht und nackte Faust und daß das Gewissen nichts gelte vor der Gewalt, die dann doch stets irgendwann unterlegen sei, allerdings erst, nachdem sie Millionen Menschenleben verschlungen habe — dieses Beispiel war unschätzbar und legte das Fundament für alles, was Cesar und Roman Bertini später wurden.

Dabei bevorzugte Ernst Freund die Brüder und David Hanf nie auch nur durch ein einziges Wort, den Schatten einer Geste, aber seit über vierzig Monaten strahlte den dreien die Sonne seiner unerschrockenen Persönlichkeit und lag warm und unauffällig über ihnen.

Wenn es einen Unterschied zwischen den Bertinis und David Hanf gab, dann war es ein amtlicher, der gelegentlich eingetragen, aufgeschrieben oder genannt wurde, so sehr Ernst Freund es auch zu verhindern suchte. Nach den neuen Rassegesetzen von Nürnberg galt David Hanf, da Vater und Mutter jüdisch waren, als *Volljude*, indes die Söhne der Volljüdin Lea Bertini und des *Ariers* Alf, Kinder einer sogenannten *Mischehe*, als jüdische Mischlinge Ersten Grades bezeichnet wurden. Keiner von ihnen ahnte damals schon, daß diese Differenzierung über Leben und Tod entschied.

Jedes Jahr waren die Bertinis an den Elbestrand gezogen, hatten in Barmbek die Vorortbahn bestiegen, die erst später in S-Bahn umgetauft werden sollte, waren bis Hochkamp gefahren und dann die lange Straße hinuntergegangen, die rechts und links von vornehm geduckten, modernen oder in stolzer Tradition altmodisch aufgereckten Häusern gesäumt war. Hatten am Ende der Straße die *Elbchaussee* überquert, ein Name, den sich die Söhne inzwischen gemerkt hatten; waren durch blattumwucherte Wege geschritten und hatten endlich an der steil abfallenden Treppe gestanden, deren Podest den Blick auf das gewaltige Panorama der Unterelbe freigab.

Sie kannten nun den Strom bei Regen und Sturm, unter einem schweren, schwarzgeladenen, von der aufgewühlten, gischtigen Wasserfläche gleichsam herabgesogenen Himmel; kannten ihn im Glanze der Sonne, majestätisch bestrahlt, goldblau verzaubert, gegen Abend changierend, gierig, den immer roteren, runderen Ball zu ertränken, um noch lange, nun wie vom Grunde her beleuchtet, zu irisieren.

Wenn die Eltern und Ludwig an der roten Mauer lagerten, brachen Cesar und Roman auf und erforschten die Gegend, eine Expedition, die zum Leidwesen Leas stundenlang dauerte. In verzauberten Sommern lernten sie die Blankeneser Landschaft kennen, die Täler vom Geestrücken herab bis zur Elbe, von alten Bäumen beschattete Klüfte, grünstrotzende Mulden, an deren Hängen menschliche Behausungen klebten. Von Dockenhuden stiegen die beiden hoch, in den *Hirschpark*, erkletterten Hügel, entdeckten Winkel, Wege, Treppchen, Fenster mit Aussicht auf das Paradies. Zogen hoch oben den unvergleichlichen Duft der Unterelbe ein, diese atmosphärische Anwesenheit der noch über hundert Kilometer entfernten See; wagten verstohlene Blicke in offene Kapitänswohnungen, durchstreiften das verschachtelte, verwunschene, ungeheuer südländisch wirkende Viertel am Süllberg, ein Auge immer auf dem Strom, wo Schiffe wie leichte Spielzeuge schwammen, bunt, zielstrebig, winzig aus der Höhe. Lange und wortlos konnten die Brüder am Hang stehen und nach dem andern Ufer schauen, wo die Nadel eines Kirchturms spitz emporstach und der lange grüne Deich Mensch, Tier und eine unübersehbare Fläche von Obstbäumen schützte, deren weiße und rosa Pracht zur Zeit der Blüte ihren Schimmer vom Alten Land bis ans Nordufer warf.

Unermüdlich schlugen sich Cesar und Roman Bertini durch Busch und Park, meist abseits der Wege; wanderten am Ufer entlang, bis zum Leuchtturm von Wittenbergen; kehrten um, fielen wieder in Blankenese ein und strebten endlich der Stelle zu, wo Lea beunruhigt auf sie wartete.

Inzwischen hatte Alf den Wall aufgeworfen, die hohe Burgmauer aus Sand, ein von Jahr zu Jahr grandioseres Bollwerk gegen die ohnmächtige Sommerflut, und hatte die schräge, festgeklopfte Wand befestigt mit Grassoden und mit Steinen. Dabei half ihm Ludwig mit geschickter Hand, formte Ornamente, Figuren, Kreise. Auch verzierte er den Rand des Walles mit allerlei Arabesken, drückte symmetrische Rillen in den Sand, Zinnen, Bögen, um dann, wenn Lea in lobende Verzückung ausbrach, ärgerlich und stumm zu zerstören, was sein Anteil daran war.

Da alle ringsum Burgen bauten, taten die Bertinis es auch, aber Roman und Cesar beteiligten sich an dem Aufwerfen und Ausschmücken nicht mehr, sondern zogen es vor, sich auf ihre alljährliche Entdeckerwanderung zu machen.

Als sie diesmal davon zurückkehrten, am späten Nachmittag, die bloßen Füße im heißen Sand, in der Nase den Geruch der Elbe und die Haut gewärmt von der anstrengenden Tour, wandten sich ihre Köpfe plötzlich, wie von einem Magnet gezogen, nach rechts. Dort stieg, wie jedes Jahr, der große Herr in Begleitung seines riesenhaften weißen Hundes die steile Treppe herab. Gemessen, Schritt um Schritt, kam er dem Strande näher.

Roman und Cesar Bertini hatten sich bei dem Anblick von einer auf die andere Sekunde versteift. Dann, langsam, den Mann mit dem Hund im Auge, die Nackenhaare wie unter Vorahnungen gesträubt, gingen sie näher auf die Eltern und den Bruder zu.

Der große Herr betrat den Strand einige Schritte entfernt von der Sandburg der Bertinis, wobei ihm Lea am nächsten war. Er löste die Leine des riesigen Hundes und sagte so laut, daß jedes Wort weithin verstanden werden konnte: »Ich gebe *Jerusalem* zehn Minuten Zeit zu verschwinden, sonst...« Und den knurrenden Hund mit der Linken am Halsband gefaßt, schritt er so hart an den Bertinis vorbei, daß sein Fuß den halben Wall zum Einsturz brachte.

Lea war zusammengesunken, mit geschlossenen Augen und zuckenden Lippen, als wollte ihr der Atem vergehen. Dann, vor dem Verlöschen, kam sie wieder zu sich, raste hoch, packte, und torkelte und taumelte mit den Ihren davon.

In jener Nacht schrie Ludwig Bertini, als er erwachte und nichts als Finsternis um ihn war, fürchterlich auf, schwenkte die Arme, brüllte nach Licht, blinzelte in die erschreckten Gesichter von Eltern und Brüdern, und schlief schwer und unruhig wieder ein, nachdem er etwas gelallt hatte von einem Kampf, der zwischen einer Bestie und ihm stattgefunden habe.

Fortan erscholl sein Gebrüll jede fünfte oder sechste Nacht durch das Haus in der Lindenallee 113, wenn er erwachte und es ringsum dunkel war.

Eines Tages fand Lea einen Zettel im Briefkasten, ein kleines, abgerissenes Stück Papier, auf dem stand: »Judenschwaine raus aus Deutschland.« Diesen ersten Zettel zeigte sie den anderen nicht. Den zweiten fand sie einige Tage später an derselben Stelle. Darauf stand: »Judenschwaine nemt euch In acht.« Diesmal zeigte sie den Drohbrief Alf und den Söhnen.

Von nun an begann Lea, den Briefkasten anzustarren wie ein feindliches Wesen, tat häufig, wenn sie an ihm vorbeikam, als dächte sie nicht daran, und ignorierte ihn einfach, obwohl der Briefträger dagewesen war. Dann wieder stürzte sie an die Haustür, schloß den Kasten mit dem winzigen Schlüssel auf und lehnte sich, wenn nichts drin war, zitternd und ermattet gegen den Pfosten.

Das Gefühl absoluter Straflosigkeit überführte die Täter schließlich. In der Hoffnung auf Belohnung war eines Tages nämlich am Geländerknauf des Parterres ein handgeschriebener Anschlag befestigt: »Schlösselbond gevunden. Abzuhohlen bei Scholz.« Es waren dieselben hastigen, primitiven Schriftzüge, und Lea Bertini wuchs über sich selbst hinaus, nahm den Anschlag ab und brachte ihn samt den aufbewahrten Schmähzetteln auf die Polizeiwache in der Hellbrookstraße. Dort wurde die Anzeige lustlos entgegengenommen, Leas Hinweis auf die Täter aber, ihre naive Forderung, sie durch Schriftproben zu entlarven, falls die schon gegebene Vergleichsmöglichkeit das nicht täte, abgelehnt mit der Begründung, daß es sich bei den Scholz', was immer es auch für Leute sein mochten, um eine kinderreiche deutsche Familie handele, die in der besonderen Gunst von Staat und Gesetz stehe und der man sich ohne genauere Beweise keinesfalls auf solche Weise nähern könne. Die Polizisten waren nicht unhöflich zu Lea, jedoch bestimmt.

An den Gepflogenheiten dieser kinderreichen deutschen Familie über den Bertinis hatte sich nichts geändert, ausgenommen etwas, das in der Lindenallee nur flüsternd hinter der Hand kursierte, unter dem Versprechen zu äußerster Diskretion, obwohl die Scholz' die letzten waren, die sich einen Zwang zur Geheimhaltung auferlegten.

Inzwischen war nämlich das einzige Mädchen der Familie zu einem stämmigen Geschöpf aufgewachsen, mit langen Haaren und sehr kurzen Kleidern, so daß die Begehrlichkeit reichlich Nahrung fand an der saftigen Vierzehnjährigen. Als die Nachbarn die Stimme des Mädchens das erste Mal durch das Haus gellen hörten und anschließend das rhythmische Quietschen der Bettstelle, mochten sie noch an eine akustische Halluzination geglaubt haben. Als dieselbe Stimme aber mindestens dreimal wöchentlich nachts ins Treppenhaus und durch Decken, Wände und Fußböden drang, wobei gleich darauf das obszöne, nur zu bekannte Geräusch einsetzte, konnte es über die inzestuöse Handlung keine Täuschung mehr geben – die Brüder taten der einzigen Schwester geschlechtliche Gewalt an.

Zur allseitigen Überraschung und Erleichterung verschwand die Familie an einem Vormittag für immer, ohne daß sie sich verabschiedet hätte oder ihr nachgetrauert wurde. Es fuhr ein bauchiger Wagen vor, in dem in unglaublich kurzer Zeit die Reste möbelähnlicher Gebilde verschwanden, von den zahlreichen Mitgliedern unter Jauchzen, Flüchen sowie den unflätigen Beschimpfungen der Nachbarn die zwei Treppen herabtransportiert – abgebrochene Stühle, dreibeinige Tische, Schränke, denen die Rückwand fehlte, zerlumpte Teppiche und, wie beim Einzug, zu wenig Bettstellen für die Kopfzahl.

Die Alteingesessenen standen hinter den Gardinen versteckt und hatten Mühe, ihres Glückes Herr zu werden. Helene Neiter gar stieg an dem sonnigen, lichtüberfluteten Vormittag aus dem dritten Stock hinten herab und betrat die Lindenallee – ältlich, lang gekleidet nach Art der Vorkriegsmode, mit spitzer Nase und aufmerksamen, bösen Augen. Sie machte einige Schritte vorwärts und stellte sich unter die Linde vor dem Haus. Dort blieb sie, die Scholz' unentwegt musternd, so lange stehen, bis der Motor angeworfen und der bauchige Möbelwagen samt der zahlreichen Familie abgeschleppt wurde – der Staat hatte ihr eine große Wohnung so gut wie mietfrei zur Verfügung gestellt, nachdem die ausgemergelte Mutter mit einem Kreuz dekoriert worden war.

Helena Neiter war die einzige Hausbewohnerin, der Lea die Zettel gezeigt und die von dem nächtlichen Besuch der *Melone* erfahren hatte. Ihr Gesicht war dabei immer spitzer geworden, sie hatte die dürren Arme erhoben und mit dem Fuße aufgestampft und kam, war sie bisher schon zu allen möglichen und unmöglichen Stunden erschienen, nun auch zu Zeiten, die von einer ungewöhnlich intensiven Beschäftigung mit den Bertinis zeugten. Mit schriller, zorniger Stimme bot sie ihre Dienste an – wenn Lea wolle, so werde sie, Helene Neiter, deutsch, an die siebzig und arisch, die Geheime Staatspolizei aufsuchen, ein Wörtchen mit ihr reden und dort an Ort und Stelle den Bertinis Untadeligkeit und Gutmütigkeit bescheinigen, wenn nötig schriftlich, mit dem ganzen Gewicht ihres unbefleckten Rufes! Die alte Frau geriet in Feuer, tobte, traf Anstalten, unverzüglich aufzubrechen, und konnte nur mühsam zurückgehalten werden.

Nun, als die Scholz' schon lange nicht mehr zu sehen waren, stand Helene Neiter immer noch unter der Linde, einer rächenden Gottheit gleich, und konnte sich nur langsam lösen und die Treppe hinaufsteigen. Bei den Bertinis verharrte sie schweratmend, klingelte, zeigte, als Lea öffnete, auf den Briefkasten, hinter dessen durchbrochener Front etwas Helles schimmerte, schloß auf und las mit tastender, von Wort zu Wort höherer Stimme: »*Ihr Juden werded ale getöded.*«

Marione Ingram

Gomorrha (1943)

Marione Ingram, geborene Oestreicher, ist zwölf Jahre jünger als Ralph Giordano, wie er wuchs sie in einer deutsch-jüdischen Familie auf, als »Mischling ersten Grades«. Während der Vater als Soldat an der Front eingesetzt war, versuchte die Familie in Hamburg zu überleben. Der Deportationsbefehl, der die Mutter erreichte, ging im Chaos der alliierten Luftangriffe Ende Juli 1943 unter. Mutter und Tochter überlebten den Feuersturm und konnten aufs Land fliehen, wo sie bis Kriegsende in einem Versteck ausharrten.

Marione Ingrams Schilderung der Stunden im Feuersturm ist an Eindringlichkeit nicht zu überbieten. Apokalyptische Szenen. Die Gefahr der Bomben und der einstürzenden Häuser in der brennenden Stadt wird ebenso geschildert wie das Verhalten der Menschen, denen sie begegnen. Sie erzählt vom Hass, der ihnen im Luftschutzkeller entgegenschlägt, wo sie Schutz suchen wollen, von schrecklichen Bildern, wie sie Menschen sterben sieht, und von dem puren Glücksspiel der Entscheidungen, die sie treffen müssen, um dem Feuer in ihren Wohnstraßen zu entkommen.

Mit siebzehn Jahren, 1952, zog die Autorin nach New York. »Kriegskind – Eine jüdische Kindheit in Hamburg« erschien 2013 in den USA und drei Jahre später auf Deutsch. Das autobiographische Zeugnis ihrer Hamburger Kindheitsjahre ergänzt die Erinnerungsliteratur des Holocaust um eine eindrucksvolle Stimme.

Dienstagnacht war es heiß, keine Brise vertrieb den Rauch, der immer noch von den Feuern aufstieg, die die Angriffe am Sonntag und Montag verursacht hatten. Ich war noch wach, als eine halbe Stunde vor Mitternacht wieder die Sirenen losgingen. Obwohl der Alarm immer so kommen sollte, dass die Bomber noch dreißig Minuten entfernt waren, machte der Lichtschein von »Tannenbäumen« sofort klar, dass diese Zeit längst überschritten war. Mutter und ich zogen uns schnell an, als schon die ersten Detonationen in der Nähe zu hören waren. Wir füllten mehrere Gefäße mit Trinkwasser. Dann tränkte Mutter Wolldecken im Wasser der Badewanne, und ich stopfte Wattebäusche in meine Ohren. Als die Flakgeschosse laut dröhnend auf die Flugzeuge zielten, die direkt über uns zu sein schienen, gingen wir wieder ins Bett und legten trotz der Hitze unsere Kissen aufs Gesicht, um es zu schützen und den schrecklichen Lärm zu dämpfen.

Sekunden später wurde das Gebäude von einer Explosion erschüttert. Wände, Decken und Fenster zersprangen und überschütteten uns mit Gips und Glas. Lampen und Bilderrahmen wurden durch den Raum geschleudert. Mit einer zweiten Detonation fegte eine Sturmböe durch die Wohnung, schmetterte die Vordertür auf den Fußboden, ließ Stuck, Fensterbänke und Türrahmen zersplittern und warf Bücherschränke und Tische um. Dann raste eine Flammenwand an unserem Fenster vorbei, und ich hatte das Gefühl, als ob eine dritte Explosion meinen Schädel zum Bersten brächte. Die Druckwelle schleuderte unser Bett durch den Raum, bis es kippte und wir auf dem Boden landeten.

Ich war wie gelähmt. Es verschlug mir den Atem, und ich musste ganz dringend zur Toilette, aber die Angst um Mutter trieb mich hoch. Die Luft war dick vor Gipsstaub und der Fußboden rutschig von Glasscherben. Als ich auf einen zusammengeknüllten Teppichhaufen urinierte und mich dabei gerade so auf den Beinen halten und meine Unterhose trocken halten konnte, glaubte ich, Mutter zu erkennen, wie sie in einer anderen Ecke das Gleiche tat. Ich versuchte, nach ihr zu rufen, aber wir waren ringsum umgeben von donnernden Bomben und Detonationen. Durch ein großes Loch, das einmal ein Fenster war, sah ich, wie die Balkons des Nachbarhauses mit Flocken weißen Phosphors übersät waren, einige landeten auf Tischen, wo sie glühten und glommen, wie fremdartige Nährchips aus dem Weltraum. Im Schein der Flammen war auf den Balkons jede einzelne Geranie klar zu erkennen. Ich suchte gerade nach meinen Schuhen, als eine Brandbombe unser Dach durchschlug. Ich fand einen Schuh und Mutter den anderen. Unfähig zu sprechen, umarmten wir uns und betasteten uns. Nachdem wir festgestellt hatten, dass nichts gebrochen schien, nahmen wir unsere wassergetränkten Decken und suchten vorsichtig einen Weg durch das dunkle, trümmerübersäte Treppenhaus nach unten zum Hof.

Wir legten die Decken wie große Schals um unsere Köpfe und rannten zu der gewaltigen Eisentür, die zum Luftschutzkeller führte. Mutter nahm die Düse eines Feuerlöschers und schlug damit gegen die Tür, bis sie sich öffnete. Ein Mann mit einem riesigen Stahlhelm steckte seinen Kopf heraus. Es war unser Blockwart, Herr Wiedermann. »Was machen Sie hier?«, fragte er.

Eine ohrenbetäubende Explosion folgte, und er warf die Tür zu. Mutter hämmerte erneut gegen die Tür, und Herrn Wiedermanns Kopf tauchte wieder auf. Wir zwängten uns an ihm vorbei.

»Sie müssen uns bleiben lassen!«, rief Mutter. »Wir sind ausgebombt! Draußen wartet der sichere Tod!«

Einige der Leute, die auf den Liegen im Luftschutzraum gesessen oder gelegen hatten, standen auf und kamen zu uns. Ein zerzauster, walrossbärtiger Mann hielt eine Laterne an Mutters Gesicht.

»Es sind die Juden!«, rief eine Frau. »Die Juden! Die verdammten Juden!«

Die Stimme war weder jung noch alt, und es lag nicht ein Hauch von Mitgefühl in ihr. Je öfter die Frau ihre Worte wiederholte, desto mehr schien sich die Überraschung in Entrüstung und Wut zu verwandeln. Explosionen übertönten, was sie noch sagte, und ich hoffte verzweifelt, dass andere mitfühlender wären; obwohl die Explosionen furchterregend waren, waren sie im Bunker doch besser auszuhalten. Doch die nächste Stimme, die sich über den Lärm erhob, war die von Frau Wiedermann. Sie schrie ihren Mann an, dass er uns hinauswerfen müsse, weil er die Verantwortung habe und es seine Pflicht sei, die Regeln einzuhalten, nach denen Juden nicht in den Luftschutzkeller kommen dürften.

»Du wirst zur Verantwortung gezogen werden!«, schrie sie. »Denk an uns! Denk an deine Familie!«

»Denk an uns, Papi!« Das war die Stimme ihrer Tochter Monika, meiner früheren Spielkameradin. Sie hielt ihre Lieblingspuppe fest an sich gedrückt und etwas abgewandt, als ob sie fürchtete, ich könnte sie ihr wegreißen. »Denk an uns!«

Der Mann mit der Laterne erhob seine Stimme, sein Atem roch extrem nach Schnaps: »Hören Sie auf Ihre Familie! Werfen Sie die Juden raus!«

»Sie werden in zwei Tagen deportiert«, sagte Herr Wiedermann. »Ich habe selbst den Deportationsbefehl gesehen.«

»Ein Grund mehr, sie rauszuschmeißen«, sagte der Walross-Mann.

Herr Wiedermann wandte sich uns zu und sagte, dass wir gehen sollten, aber Mutter unterbrach ihn und flehte ihn und die anderen an, wenigstens mir zu erlauben hierzubleiben – eine Idee, die mich entsetzte, aber einige Fürsprecher zu finden schien. Zu meiner

Erleichterung wurden die Weichherzigen von lauteren Stimmen niedergeschrien.

»Die bolschewistischen Juden stecken dahinter!«, brüllte eine raue Stimme. »Sie haben uns verkauft. Sie haben den Engländern gesagt, wo sie bomben müssen.«

Ich fand die Idee hochinteressant, aber Mutter sagte, das sei lächerlich. »Mein Mann ist bei der Luftwaffe«, rief sie. »Er ist jetzt auf dem Weg hierher. Sie werden Rede und Antwort stehen müssen, wenn Sie uns hier rauswerfen!«

In der Folge wurden die anderen noch wütender und bestanden darauf, dass man uns sofort hinauswarf. Frau Wiedermann versetzte ihrem Mann einen Schubs, und er stieß die Tür auf. Anstatt jedoch hinauszugehen, trat Mutter tiefer in den Schutzkeller hinein.

»Sie werden Rede und Antwort stehen müssen!«, rief sie, und es wurde leise im Raum. Sie sagte nichts mehr, aber stand einige Sekunden still und sah ihnen ins Gesicht, ihre Augen glänzten im Licht der Laterne. Sie wirkte verletzt und zornig, aber frei von Angst, beinahe triumphierend. Demgegenüber sprach aus vielen Gesichtern im Dämmerlicht immer mehr Furcht, offenbar spürten sie, dass sie sich selbst verdammt hatten, indem sie sich geweigert hatten, ihren Schutzraum mit uns zu teilen. Als eine weitere Explosion das Gebäude erschütterte, beugte sich Mutter mit einem ruhigen, beschützenden Blick zu mir und rückte die Decke zurecht, die ich um meinen Kopf geschlungen hatte. Herr Wiedermann packte Mutter am Arm, aber sie machte sich frei. Dann nahm sie mich an der Hand und ging auf die Straße, während die Tür hinter uns zuschlug.

Eine trügerische Dämmerung erleuchtete den Himmel im Südosten, ließ Mutters Wangen erröten und tauchte die Hauswände auf unserer Straßenseite in ein flackerndes Rot. Durch die zerbombten Fensteröffnungen konnten wir sehen, wie orangefarbene und gelbe Flammen auf Klavieren tanzten, aus Bücherschränken

Scheiterhaufen machten und Bettgestelle umzüngelten. Ein heißer Windstoß raste die Hasselbrookstraße hinunter, krümmte Baumstämme, riss Zweige und Blätter ab und zerrte an unseren Decken. Die Flak war noch im Einsatz, und Scheinwerfer suchten den Himmel ab, aber das Bombardement schien etwas nachgelassen zu haben. Auf der Straße sprudelte eine Wasserfontäne meterhoch. Alles wirkte sehr irreal. Wir gingen durch den Torbogen zurück in unseren Hof und sahen, wie nicht weit von unserer Wohnung rote Flammentulpen entlang der Dachlinie sprossen.

Auf der Straße waren Feuerwehrleute. Das war ermutigend, weil sie normalerweise nicht aus ihren Schutzräumen kamen, solange ein Angriff im Gange war. Die Feuerwehrmänner hatten einen Schlauch ausgerollt, aber er war ganz flach. Zwar war nach den Angriffen von Sonntag und Montag der Druck auf den Wasserleitungen teilweise wiederhergestellt worden, doch durch die Angriffe dieser Nacht waren Hauptleitungen beschädigt worden, was zu solchen Fontänen führte, wie wir sie gerade gesehen hatten.

Einige Feuerwehrleute waren auf der anderen Straßenseite dabei, mit Brechstangen die Eisentür zu einem Schutzkeller aufzubrechen, während ein anderer Feuerwehrmann oben auf einer langen Leiter stand und ein Loch in das Dach des Nachbargebäudes schlug. Obwohl wir Angst hatten, uns zu nähern, konnte ich doch hören, wie ein Feuerwehrmann einem anderen zuschrie, dass Rauch aus dem Nachbargebäude durch einen Fluchttunnel in den Schutzraum eingedrungen sei. Ich dachte, wie furchtbar es sein müsste, in dem Luftschutzkeller zu ersticken, und war einen Moment lang froh darüber, auf der Straße zu sein. Aber gerade als es den Feuerwehrleuten gelungen war, die Tür zu öffnen und Leute herauszuholen, kündigte das schreckliche Heulen fallender Bomben, gefolgt von donnernden Explosionen, eine neue Welle von Lancaster- und Halifax-Maschinen an. Meine Trommelfelle schienen zu bersten, als plötzlich – viel zu nahe bei uns – eine Bombe einschlug und die Hauswand neben dem Luftschutzraum zum

Einsturz brachte. Wir mussten zusehen, wie der Feuerwehrmann, der das Loch ins Dach geschlagen hatte, mit seiner Leiter in die Flammen fiel, und stöhnten entsetzt auf. In schneller Folge fielen weitere Bomben. Die meisten Feuerwehrleute kümmerten sich nicht weiter um die Opfer aus dem Luftschutzkeller und rannten zu ihrem eigenen Bunker. Zwei, die nicht schnell genug gerannt waren, wurden von einem Schrapnell oder fliegenden Trümmern niedergerissen. Einer fiel mit dem Gesicht auf ein Rauchopfer, der andere saß auf dem Bürgersteig und fasste schreiend nach seiner Leiste. Zwei Feuerwehrleute kehrten zurück, um ihren Kameraden aufzuheben und in Richtung Bunker zu tragen. Viele der Opfer aus dem Schutzraum waren auf dem Grasstreifen am Straßenrand liegen geblieben, wo man sie abgelegt hatte, aber andere wankten, hustend und geblendet, umher und suchten Halt an Bäumen oder Laternenpfählen. Wir lagen im Rinnstein und beobachteten, wie zwei oder drei aus dem Schutzraum hinter den Feuerwehrleuten herrannten. Nach einer weiteren nahen Explosion sprangen wir auf und eilten ihnen nach in der Hoffnung, dass die Feuerwehrleute uns in ihren Bunker hineinlassen würden. Wir rannten zwischen hohen Flammenwänden durch eine enge Gasse, bis wir zu einer großen Geschäftsstraße kamen. Der Bunker der Feuerwehrleute war auf der anderen Straßenseite, knapp fünfzig Meter entfernt, aber der Wind, der die Chaussee hinunterfegte, war voller Glut und so stark, dass ich mich kaum aufrecht halten konnte. Ich verlor den Halt und wäre in die Flammen gestürzt, wenn Mutter nicht meine Hand gehalten und mich zu sich gerissen hätte. Gerade als wir uns an der Hausecke duckten, explodierte eine weitere Bombe zwischen dem Feuerwehrbunker und uns und schleuderte ihre Splitter in die Mauer, hinter der wir kauerten.

Nachdem wir wieder zu Atem gekommen waren, liefen wir erneut los. Verzweifelt versuchten wir, den Flammen und Explosionen rund um uns herum zu entkommen. Wir hatten vor, eine Straße, die scheinbar von den Bombern verschont worden war, hinunterzulaufen und uns in eine Toreinfahrt oder einen Hausein-gang zu kauern. Aber schon schossen direkt vor uns neue Flammen auf und rasten züngelnd die Straße entlang, als ob sie sich, wie in einem Spiegelsaal, ins Unendliche fortsetzen wollten. Wir flohen vor der unerträglichen Hitze und versuchten, der Hauptflugstre-cke der Bomber zu entkommen. Aber oft war der Weg blockiert durch Bombenkrater, Haufen von schwelenden Ziegelsteinen oder brennendem Holz, die auf die Straße gestürzt waren. Manchmal versuchten wir, über die Trümmer hinüberzuklettern, aber meist mussten wir aufgeben und umdrehen. Der brüllend heiße Wind raste durch alle Gassen, aber in den größeren Straßen, die zur Als-ter führten, war es am schlimmsten. Heiße Luft und Gase schossen mit unglaublicher Wucht durch die Straßen und rissen alles, was nicht fest verankert war, mit sich auf den großen lodernden Schei-terhaufen, der eine Stunde zuvor noch Hamm und Hammerbrook gewesen war.

Wir fanden kurzzeitig Schutz in einem Kellereingang, aber auch der stand schnell in Flammen. Es war offensichtlich, dass wir nicht bleiben konnten, wo wir waren, denn Gebäudeteile waren be-reits auf den Bürgersteig gefallen. Trotz des anhaltenden Sturm-gebrülls und der gelegentlichen Explosionen konnte ich mitunter das Knacken und Krachen hören, das vom Feuer verursacht wurde. Ich wusste nicht, wie wir es würden vermeiden können, von dem einstürzenden Gebäude zerschmettert zu werden, wenn wir blie-ben, oder den Flammen zum Opfer zu fallen, wenn wir auf die Straße gingen. Ich sah in Mutters Gesicht, dass auch sie sich nicht entscheiden konnte, was schlimmer war: zu bleiben oder zu gehen. Als jedoch eine Pause im Bombardement einsetzte, wickelte sie mich wortlos in meine Decke ein, wie eine Mumie. Ich konnte kaum atmen und hustete erbärmlich, als sie mich hochzog und uns beide zusätzlich mit ihrer Decke umhüllte. Dann nahm sie mich auf den Arm und bewegte sich langsam in Richtung Straße. Sie hielt sich eng an den Hausmauern und nutzte jeden Moment, in dem der Wind kurz nachließ, und so gelang es ihr schließlich, uns beide in eine etwas geschütztere Seitenstraße zu bringen.

Wir waren beide erschöpft – humpelnd, voller Blasen und aus Ohren und Nase blutend –, als wir in eine Senke stolperten, an deren Grund etwas Wasser stand. Der Krater befand sich wohl im kleinen Vorgarten von etwas, das eben noch ein hübsches Backsteinhaus mit Erkern und Türmchen gewesen war und jetzt nur noch als rauchender Trümmerhaufen existierte. Mutter tauchte sorgfältig ihre Decke ins Wasser und legte sie nass über uns. Die furchtbaren Explosionen hatten nachgelassen, obwohl Hunderte Brandbomben in unserer Nähe gefallen waren, einige davon in den Schutt, kaum ein Dutzend Meter von uns entfernt. Ein Kanister mit Flüssigphosphor hatte ein Bürogebäude in Sichtweite getroffen. Als sich der Phosphor brennend durch die Stockwerke fraß, sah es so aus, als ob jemand die Lichter anmachte, während er Etage für Etage hinabstieg. Bevor der Phosphor das Erdgeschoss erreichte, leckten bereits die Flammen über die darüberliegenden Stockwerke.

Dann kam eine Frau mit einem Kind auf dem Arm die Straße hinuntergelaufen, auf dem gleichen Weg, den wir genommen hatten. Ein älterer Junge, der die khakifarbene Hose und das Hemd der Hitler-Jugend trug, folgte ihr. Ich dachte, sie kämen wohl aus einem zerstörten Schutzkeller, vielleicht aus jenem, den Mutter zuerst angesteuert hatte, nachdem wir unser Wohnhaus verlassen hatten. Die Frau schien ungefähr in Mutters Alter zu sein. Ihr Kleid und ihre geflochtenen Zöpfe sahen aus, als ob sie gebrannt hätten, und sie war unterhalb der Taille fast nackt. Trotz seines kräftigen Körperbaus und seiner Wanderschuhe schien der Junge Probleme zu haben, sich auf den Beinen zu halten. Ich dachte, seine Schwierigkeiten kämen von dem heißen Wind, der die Chaussee vor uns hinunterheulte, und rechnete schon damit, dass er im Laufen dorthin gezogen würde. Aber nachdem er uns in einer Art Galopplauf passiert hatte, verlangsamte er seine Schritte bis hin zu einer grotesken Karikatur des Laufens. Wie in Zeitlupe bewegte er erst einen bleiernen Fuß und Sekunden später den zweiten, die Arme seitwärts ausgestreckt, um das Gleichgewicht zu halten. Es dauerte eine Weile, bis ich begriff, dass er und die Frau versuchten, durch den geschmolzenen Asphalt zu waten. Die Frau rutschte ein paarmal aus, es gelang ihr aber, sich wiederaufzurichten. Dann fiel sie langsam mit dem Kopf zuerst auf die Straße und drehte sich im letzten Moment, sodass sie auf dem Rücken landete, mit dem Baby auf der Brust. Der Junge versuchte, sie zu erreichen, aber er rutschte aus und fiel hin, kam wieder hoch, rutschte wieder aus und fiel wieder hin – und das immer und immer wieder. Trotz des infernalischen Lärms glaubte ich, ihre Schreie zu hören, und duckte mich tief in den Krater, die Augen zugekniffen und die Hände auf meine Ohren gepresst.

Mutter kroch an den Rand des Kraters, und einen Moment lang fürchtete ich, dass sie lossprinten wollte, um zu versuchen, das Baby zu retten. Aber der heiße Wind brannte ihr ins Gesicht und zwang sie zurückzukrabbeln. Wir lagen in der Senke unter der Decke, und es wurde heißer und heißer, weil Winde mit Sturmstärke die Flammen immer wieder anfachten. Das Bild von der Frau und dem Hitler-Jungen, die sich im sengenden Asphalt wanden, blieb in dieser schwülheißen Dunkelheit lebendig, bis ich bemerkte, dass ich nach Luft schnappte wie ein Fisch an Land. Egal, wie tief ich einatmete, ich bekam nicht genug Luft in meine Lungen. Als ich kurz vorm Ersticken war und im schwarzen Wasser zu versinken drohte, zog ich die Decke weg und streckte meinen Kopf heraus. Brennende Holzscheite und Trümmerteile – einige Bretter waren meterlang – segelten durch die Luft und mit ihnen Abermillionen von Funken, die so schnell wirbelten, dass sie wie dünne Lichtstrahlen aussahen. Ohne nachzudenken, öffnete ich meinen Mund weit und versuchte, so viel Luft wie möglich einzusaugen, bis mir ein höllischer Schmerz, wie von tausend Nadelstichen, klarmachte, dass dies ein großer Fehler gewesen war. Ich rutschte zurück, verschreckter denn je. Als ich meine Augen schloss, fühlte ich mich, als ob wir zwischen Eisenbahnschienen liegen würden, während ein endloser Zug über uns hinwegraste und die Funken, die von den eisernen Rädern stoben, uns ins Gesicht stachen.

Ich war eine Weile ohnmächtig, und als ich aufwachte, spürte ich, dass das Atmen immer noch wehtat, aber die Explosionen hatten aufgehört, und der Wind, obwohl immer noch heiß wie kochender Wasserdampf, war nicht mehr so stark. Die Hitze war gewaltig, und gewaltig war auch unser Durst. Wir konnten nicht länger in der Senke bleiben, ohne der Versuchung nachzugeben, von dem stinkenden Wasser am Grund zu trinken. Als wir aus dem Krater auftauchten, schienen wir uns in einem Wintersturm zu befinden, weiße Flocken aus Asche zogen mit dem Wind. Sie sahen so kühl aus, dass ich meine Zunge ausstreckte, um sie zu schmecken, aber es war noch so viel Feuerhitze in ihnen, dass sie schmerzhaft brannten. Mutter wickelte uns in ihre Decke, und wir versuchten, so zu gehen, dass uns die heiße Asche nicht direkt ins Gesicht getrieben wurde.

Wir waren noch nicht sehr weit gekommen, als wir die ersten Leichen entdeckten. Bevor wir unser Kraterversteck verlassen hatten, hatte Mutter vorsichtig nachgesehen, ob die Frau mit ihrem Baby und der Hitler-Junge tot waren, aber sie schirmte mich von dem Anblick ab. Obwohl wir vorher nur wenige Menschen auf der Straße gesehen hatten, schienen sie nun, nach dem Angriff, überall gewesen zu sein. Einige, offensichtlich Opfer von explodierenden Bomben, waren fürchterlich zugerichtet oder ihrer Glieder beraubt. Feuer und Hitze hatten viele weitere getötet. Die meisten lagen mit dem Gesicht nach unten. Die Flammen hatten sie ihrer Haare und Kleidung beraubt, ihre Körper waren versengt und aufgebläht, ihre Haut aufgesprungen, und gebrochene Lenden ragten ein Stück in die Luft. Obwohl unverkennbar menschlich, sahen sie wie übergroße verkohlte Fleischstücke aus. Aufgrund des Geruchs von verbranntem Fleisch drehte sich uns der Magen um, und wir wollten weinen, aber wir hatten zu wenig Flüssigkeit in uns, um Tränen zu produzieren oder uns zu übergeben. Stattdessen klammerte ich mich an Mutter und grub mein Gesicht in ihr Kleid.

Halb wahnsinnig vor Durst, lenkten wir unsere Schritte zum Eilbekkanal. Obwohl wir nicht mehr als sechs oder sieben Blocks davon entfernt gewesen sein konnten, brauchten wir nochmals eine Stunde bis zu einer Unterführung, die sich in der Nähe des Kuhmühlenteichs befand. Hunderte von Menschen waren im Wasser, die meisten nahe am gegenüberliegenden Ufer, wo das Wasser flach war, wegen des fehlenden Regens viel flacher als gewöhnlich. Noch mehr Menschen lagen an den Ufern, viele von ihnen offensichtlich tot. Einige von ihnen hatten Gesichter, die so rot und geschwollen waren wie chinesische Laternen: Während ihre Körper unter Wasser lagen, waren ihre Köpfe gekocht worden. Erbarmungswürdiges Stöhnen, Wimmern und Schmerzensschreie erhoben sich über dem Kanal. Die Schreie von Kindern hingen in der Luft wie Papierdrachen. Ab und zu schnellte am Ufer jemand hoch, begann zu kreischen und sprang mit einem Satz ins Wasser.

Normalerweise waren die Hamburger äußerst gelassen. Mitunter brummten sie Flüche oder äußerten Beleidigungen, aber normalerweise pressten sie die Lippen zusammen und ertrugen grimmig jedes Übel. An diesem Morgen gaben sie ihrer Pein jedoch eine Stimme.

Als ich auf die Stimmen lauschte, die aus dem Wasser herüberdrangen, wurde mir klar, das viele Phosphorverbrennungen erlitten hatten. Genauso, wie er sich durch die Stockwerke eines Hauses fraß, durchdrang der Phosphor auch lebendes Fleisch und Knochen. Nach den grotesken Verrenkungen und Gesichtsausdrücken der Toten zu urteilen, waren sie nach einem langen Todeskampf gestorben. Diejenigen, die noch im Kanal waren, hatten festgestellt, das der Phosphor untergetaucht seine Wirkung verlor, aber wenn sie das Wasser verließen, begann er wieder genauso wild zu brennen wie zuvor.

Als eine neue Serie von Luftalarm den Hamburgern signalisierte, dass weitere Bomber innerhalb von dreißig Minuten über der Stadt auftauchen würden, begannen die Leidenden spontan zu jammern und zu fluchen, ließen dann jedoch schnell davon ab, als wenn diese Anstrengung zu viel Kraft kosten würde. [...]

Wohin konnten wir gehen? Man sagte uns, zum Brandsende ginge es nicht, weil Soldaten die Straßen in Rathausnähe abgesperrt hätten. Ein Rettungsarbeiter empfahl uns, zum Stadtpark zu gehen. Dort wären wir wenigstens vor den Feuern sicher und könnten versuchen, einen Transport aus der Stadt heraus zu erwischen. Auf dem Weg dorthin sahen wir, dass das Gebäude des Karstadt-Kaufhauses über seinen zwei Luftschutzkellern zusammengebrochen war. Die Menschen, die aus dem Keller, der für Angestellte des Kaufhauses und städtische Bedienstete reserviert war, ausgegraben wurden, waren zwar benommen, aber unverletzt. Dagegen hatten die Helfer schon Hunderte toter Frauen und Kinder aus dem anderen Keller geholt, und auch als wir dort vorbeikamen, zogen sie immer noch mehr Leichen heraus. Aus Erleichterung darüber, dass wir nicht im Todeskeller gewesen waren, drückte Mutter meine Hand ganz fest.

Bei unserer Ankunft im Stadtpark trafen wir auf Tausende verzweifelter Flüchtlinge. Viele sahen sehr zornig aus, andere blickten leichenblass um sich, offenbar nicht in der Lage, ihr Gepäck aufzunehmen, während einige wenige so närrisch grinsten, dass ich dachte, sie hätten ihren Verstand verloren. Polizisten und andere Stadtbedienstete luden Menschen in alle Arten von Fahrzeugen und schickten sie weg, ohne sich besonders darum zu kümmern, wer wohin fuhr. Babykarren und anderes Zubehör wurden stehen gelassen, wo man sie abgestellt hatte, zurückgelassene Haustiere jagten einander durch den Park.

Ich glaubte nicht, das Mutter sich entschieden hatte, die Stadt zu verlassen, aber als ein Polizist uns zur Rückseite eines Lastwagens mit Plane trieb, weigerte sie sich nicht. Der Lastwagenfahrer verlangte etwas Geld, und auf ihre Frage, wohin er führe, antwortete er mit nur einem Wort: »Süden!« Und so verließen wir die Stadt. Da es hieß, britische Kampfflugzeuge hätten Flüchtlingskolonnen im Tiefflug beschossen, blieben wir am nächsten Tag abseits der Straße in einem Obstgarten unter Bäumen mit unreifen Äpfeln, an denen wir uns bedienten. Ich hatte Schmerzen beim Schlucken, fand den säuerlichen Geschmack jedoch himmlisch. Mutter und ich nahmen so viele Äpfel mit, wie wir tragen konnten, und hatten immer noch welche, als wir an einem Morgen gegen zwei Uhr in dem bayerischen Ort Hof abgeladen wurden. Im Halbschlaf nahm ich wahr, wie entschieden wurde, dass wir in einem Raum über einer Gaststätte neben einem Forellenbach würden schlafen können.

Ich kann mich nicht mehr an vieles aus den dann folgenden Tagen erinnern, außer an die Schmerzen beim Essen und Atmen. Als ich mich erholte, begann ich mich darüber zu freuen, dass wir die Bombenangriffe überlebt hatten und vor der Deportation bewahrt worden waren. Obwohl es ungeheuer schrecklich gewesen war, waren wir heil und anscheinend sicher daraus hervorgegangen, zumindest fürs Erste. Tag für Tag gewann ich meine Kräfte zurück und auch eine innere Freude darüber, dass meine Mutter meine Retterin gewesen war, meine schöne Heldin. Sie hatte die Gestapo ausgetrickst und war den Nazis im Luftschutzkeller und der Polizei energisch entgegengetreten. Sie hatte meine Hand gehalten und mich im Bombenhagel durch die Straßen geführt; sie hatte nie aufgegeben.

Hans Erich Nossack

Der Untergang
(1943)

Was Hans Erich Nossack in seinem Bericht erzählt, ist das Gegenstück zu Marione Ingrams Perspektive. Der Zufall hatte ihn und seine Frau Ende Juli 1943 für ein paar Tage in ein Häuschen in der Nordheide geführt, ein kurzes Ausspannen in der Natur. Kaum angekommen, wird Hamburg in einer großangelegten Luftoperation der Alliierten, Codename »Operation Gomorrha«, über mehrere Tage hinweg angegriffen, Zehntausende Menschen sterben, Hunderttausende fliehen. Nossack beobachtet aus sicherer Entfernung, was geschieht, er sieht den Feuerschein sich in den Rauchwolken spiegeln, er hört das Rauschen der Bomben, das Singen der Abwehrflak – grauenhafte Einzelheiten eines Infernos.

Als Nossack wenige Tage später in die Stadt fährt, läuft er durch eine Schuttlandschaft. In den einst vertrauten Stadtteilen des Hafens und der Innenstadt sind große Gebiete zerstört und niedergebrannt. Er erkennt sich plötzlich als Betrachter, der das Davor ebenso kennt wie das Jetzt. Einer, der von beiden Zuständen berichten kann und als Schriftsteller auch eine Verpflichtung dazu empfindet. »Der Untergang« ist das Zeugnis der Zerstörung Hamburgs innerhalb weniger Tage, und es ist die Besinnung eines Autors auf den Beitrag, den er zu leisten vermag, wie mit einem solchen Zusammenbruch umgegangen werden kann.

In der Nacht vom Sonnabend auf Sonntag weckte Misi mich. Sie rief von oben: »Hörst du es gar nicht? Willst du nicht lieber aufstehen?« Ich hatte den Alarm verschlafen; in der Heide hört man die Sirenen, die irgendwo in fernen Dörfern wie Katzen durcheinanderheulen, nur, wenn die Windrichtung günstig ist. Außerdem hatten wir uns die ganzen Jahre daran gewöhnt, nicht schon bei Alarm das Bett zu verlassen, sondern erst, wenn stärkeres Abwehrfeuer einen tatsächlichen Angriff vermuten ließ; eine Gewohnheit, die viele das Leben gekostet hat.

Ich wollte auch diesmal eine unwillige Antwort geben und mich auf die andere Seite drehen, da hörte ich es. Ich sprang auf und rannte barfuß ins Freie, in dies Geräusch hinein, das wie eine drückende Last zwischen den klaren Sternbildern und der dunklen Erde schwebte, nicht da und nicht dort, sondern überall im Raume; es gab keine Flucht davor.

Im Nordwesten zeichneten sich die Hügel diesseits und jenseits der Elbe vor der schmalen Dämmerung des vergangenen Tages ab. Lautlos duckte sich die Landschaft an den Boden, um nicht gefunden zu werden. Nicht weit entfernt stand ein Scheinwerfer; man hörte Kommandorufe, die sofort jeden Zusammenhang mit der Erde verloren und im Nichts zerflatterten. Nervös tastete der Scheinwerfer den Himmel ab, manchmal traf er sich mit anderen Zeigern, die gleich ihm in weitem Ausschlag pendelten; dann bildeten sie für einen Augenblick geometrische Figuren und Zeltgerüste, um erschrocken wieder auseinanderzufahren. Es war, als söge dies Geräusch zwischen Himmel und Erde ihr Licht auf und machte sie sinnlos. Aber die Sterne leuchteten wie im Frieden durch das unsichtbare Unheil hindurch.

Man wagte nicht, Luft zu holen, um es nicht einzuatmen. Es war das Geräusch von achtzehnhundert Flugzeugen, die in unvorstellbaren Höhen von Süden her Hamburg anflogen. Wir hatten schon zweihundert oder auch mehr Angriffe erlebt, darunter sehr schwere, aber dies war etwas völlig Neues. Und doch wußte man gleich: es war das, worauf jeder gewartet hatte, das wie ein Schatten seit Monaten über all unserm Tun lag und uns müde machte, es war das Ende. Dies Geräusch sollte anderthalb Stunden anhalten, und dann in drei Nächten der kommenden Woche noch einmal. Gleichmäßig hielt es sich in der Luft. Gleichmäßig hörte man es auch dann, wenn sich das viel lautere Getöse der Abwehr zum Trommelfeuer steigerte. Nur manchmal, wenn einzelne Staffeln zum Tiefangriff ansetzten, schwoll es an und streifte mit seinen Flügeln den Boden. Und doch war dies furchtbare Geräusch wieder so durchlässig, daß auch jeder andere Laut zu hören war: nicht nur die Abschüsse der Flak, das Krepieren der Granaten, das heulende Rauschen der abgeworfenen Bomben, das Singen der Flaksplitter, nein, sogar ein ganz leises Rascheln, nicht lauter als ein dürres Blatt, das von Ast zu Ast fällt, und wofür es im Dunkeln keine Erklärung gab.

Das Geräusch trieb mich sofort zurück. Ich weiß nicht mehr, ob Misi mich etwas fragte und welche Antwort ich gab. Es ist möglich, daß wir uns von oben nach unten etwas zuriefen, aber es werden nicht viele Worte gewesen sein; denn dies Geräusch machte alles Reden zur Lüge und drückte die Worte wehrlos nieder. Es war eine halbe Stunde nach Mitternacht. Die Fenster der Hütte waren nicht zu verdunkeln, wir kleideten uns im Finstern an und stießen in der ungewohnten Umgebung an die Möbel. Dann kam Misi mit den beiden Koffern die Treppe herunter. Ich hob die Falltür hoch, zwängte mich durch die Öffnung die Stiege hinab, bis nur mein Kopf noch oberhalb war; Misi reichte mir die Koffer und ich weiß nicht, was sonst noch, und ich trug alles hinunter. Dabei stieß ich im Keller an ein Bort; eine Glasschüssel, die uns nicht gehörte, fiel zur Erde und zerbrach. Auch im Keller war dies Geräusch schon, ja, vielleicht noch stärker; die Wände vibrierten davon, der Heideboden trägt die Geräusche sehr weit. Wir zündeten die Altarkerze an, die wir in einen kleinen Blumentopf gestellt hatten. Ich glaube, Misi löschte sie bald wieder aus, um sie zu sparen. Ich überhörte die Bitte, die in Misis Frage lag: Willst du nicht auch lieber unten bleiben? Ich ließ sie allein dort unten sitzen, auf einem kleinen Fußschemel, in Decken gehüllt. Ich stieg wieder nach oben und schloß die Falltür über ihr. Oder vielleicht schloß Misi sie auch selber in dem Glauben, dann sicherer zu sein. Aber sicher wovor? Und wie weit trennten wir uns voneinander durch die dünnen Bretter dieser Falltür! Dies alles ist sinnlos, und wenn man daran denkt, erfaßt einen unendliches Mitleid mit jeglicher Kreatur, und man verstummt, weil die Worte in Schluchzen überzugehen drohen. Wir können heute noch keine Musik hören, wir müssen aufstehen und weggehen. Wenn ich Musik sage, meine ich so etwas wie das Air von Bach oder ähnliches. Es liegt etwas Tröstendes darin, aber grade dieser Trost läßt uns fühlen, daß wir nackt und hilflos einer Macht ausgesetzt sind, die uns vernichten will. Ich ging in jenen Nächten auf und ab auf dem schmalen Streifen zwischen dem Gemüsegarten und dem Drahtgitter, das das Grundstück einzäunte; dort war der Blick nach Norden frei. Manchmal stolperte ich über einen Maulwurfshügel; einmal fiel ich hin, weil sich mein Fuß im Himbeergebüsch verwickelt hatte.

Was es für die Augen zu sehen gab, war wenig und immer das gleiche. Es ist auch nicht das wichtigste. Über Hamburg standen zahlreiche Leuchtschirme, die der Volksmund Tannenbäume nennt. Manchmal zehn Stück, manchmal nur zwei oder einer, und wenn einmal keiner zu sehen war, schöpfte man Hoffnung, daß es vorbei wäre; bis wieder neue abgeworfen wurden. Viele lösten sich auf, während sie niedersanken, und es sah aus, als flössen glühende

Metalltropfen vom Himmel auf die Städte. Anfangs konnte man diese Leuchtschirme verfolgen, bis sie am Boden verlöschten; später verschwanden sie in einer Rauchwolke, die durch das Feuer der Stadt von unten her rot angestrahlt war. Die Rauchwolke wuchs von Minute zu Minute und kroch langsam nach Osten. Ich achtete nicht, wie bei früheren Angriffen, auf die Richtung der Scheinwerfer und die Brennpunkte des Abwehrfeuers. Die Leuchtspuren der kleinen Flak sah man nur ganz zart, und die Granaten der schweren Geschütze explodierten überall. Nur wenn das Feuer genau über mir lag und die Splitter pfeifend und klatschend in nächster Nähe zur Erde kamen, trat ich unter das Dach der Veranda. Einige wenige Flugzeuge gerieten in Brand und fielen wie Meteore ins Dunkel. Aber es erweckte kein jägerisches Interesse wie früher. Wo sie aufschlugen, erhellte sich die Gegend für Minuten. Einmal stand der Schattenriß einer fernen Windmühle vor einer solchen weißen Helligkeit. Das Gefühl grausamer Befriedigung über einen abgeschossenen Feind blieb aus. [...]

Auf dem ersten Wagen, der uns Hamburg näherbrachte, erlebte ich in mir etwas, worüber ich noch mit keinem sprach und was mich mit scheuer Verwunderung erfüllt, weil ich die Deutung dafür nicht zu geben wage. Für Misi hatte sich auf einer Gemüsekiste ein Platz gefunden mit dem Rücken gegen die Wand des Führersitzes, so daß sie einigermaßen vor Zug geschützt war. Ich stand dicht gedrängt mit zwanzig oder dreißig anderen Menschen. Wir hielten uns an den Stangen für die Wagenplane fest, um nicht hinausgeschleudert zu werden. Oft mußten wir uns ducken, wenn uns die Zweige der Obstbäume peitschen wollten, die die Straße beschatteten. Es war gegen acht Uhr morgens und die Luft frisch und jung. Das Getreide stand in voller Reife. Auf den satten Marschwiesen kauten die schwarzweißen Kühe verschlafen wieder. Hier und da staunte ein Fohlen über den Zaun und sprang dann jäh zurück, um der Mutter von uns zu erzählen. Und aus der fruchtbaren Fläche hoben sich vertraute Inseln von Eichengruppen, unter denen alte Bauernhöfe sich verbargen. Manchmal ragte eine Dorfkirche hervor oder das barocke Dach eines Pastorats.

In rascher Fahrt ging es durch dies Land des Friedens auf die tote Stadt zu. Da überkam mich, ich weiß nicht woher, ein so echtes und zwingendes Glücksgefühl, daß es mich Mühe kostete, nicht jubelnd auszurufen: Nun beginnt endlich das wirkliche Leben. Als ob eine Gefängnistür vor mir aufgesprungen wäre und die klare Luft der längstgeahnten Freiheit schlüge mir entgegen. Es war wie eine Erfüllung.

Und doch muß auch Misi etwas Ähnliches empfunden haben. Ein paarmal, wenn wir über unsere Zukunft zu sprechen versuchten, sagte sie mir, daß sie das Gefühl habe, jetzt böte sich mir meine letzte große Chance, die ich nicht versäumen dürfe. Meinte sie damit wirklich nur die lähmenden Kompromisse, in die wir uns aus Bequemlichkeit oder falscher Rücksicht verstrickt hatten, und die wir nun nicht mehr einzuhalten brauchten, da eine höhere Gewalt sie zerrissen habe? Oder meinte sie über diese Fesseln hinaus, die doch nur Fesseln sind, wenn man sie als solche empfindet, und vielleicht wohltätige Fesseln, weil sie über die Zeit des Wartens auf die Stunde der Erfüllung täuschen, – meinte auch Misi, daß die furchtbare Wüste der Vorbereitung nun durchschritten wäre?

Wie sehr stand doch dies Gefühl im Widerspruch zu den Tatsachen. Oder man müßte denn annehmen, daß ein eben Gestorbener etwas Ähnliches empfindet und sein letztes Lächeln daraus aufblüht.

Handelt es sich hier wirklich nur um ein ganz persönliches Gefühl? Denn dann würde es nicht in diesen Bericht gehören. – [...]

Wir gingen wie Tote durch die Welt, die keinen Anteil mehr nehmen an den kleinen Kümmernissen der Lebenden. Man hat die Toten durch Zahlen zu bannen versucht. Gleich in den ersten Tagen sagte man: Vierzigtausend. Aber das kränkte die, die nicht gezählt

sein wollten, und man versuchte es mit hundertfünfundzwanzig-
tausend. Da bekam sie die Oberhand, die Zahl wuchs von Tag zu
Tag und stieg bis auf dreihunderttausend. Dann wachten wir eines
Morgens auf, und es waren nur noch dreißigtausend. Mit allen
Gründen der Logik wurde uns vorgerechnet, daß es nicht mehr
sein könnten. Es hatte jemand den Kampf gegen die Toten aufgenommen. Gleichzeitig hörten wir aus allen Teilen des Reiches,
daß es mit Hamburg gar nicht so schlimm wäre und daß die Hamburger sich nur so anstellten. Wir waren so erstaunt darüber, daß
wir nicht darauf antworten konnten; denn es war noch niemand
dazu gekommen, sich zu bemitleiden oder mit seinem Unglück zu
prahlen. Doch die Toten wollten sich durch Logik nicht besiegen
lassen. Heute schwankt die Zahl wieder zwischen sechzig- und
hunderttausend, und man wagt nicht, Einspruch dagegen zu er-
heben.

Warum versucht man die Toten zu belügen? Warum sagt man
nicht: Wir können sie nicht zählen! Das wäre ein einfaches Wort,
wie es auch die Toten verstehen würden. Denn es könnte sonst sein,
daß sie eines Tages kommen, wenn man ihnen nicht ihr Recht gibt,
und sich um das Ehrenmal aus dem Weltkriege versammeln, das
stehenblieb wie die Schornsteine der Häuser, als Dreiviertel der
Stadt zugrunde ging. Und sie werden diejenigen fragen, für die daran geschrieben steht: »Vierzigtausend Söhne der Stadt ließen ihr
Leben für Euch! 1914–1918«, sie werden die Vierzigtausend fragen:
»Eure Eltern, Frauen und Kinder auch, viele und ohne Zahl – sagt
uns, ihr Söhne, wofür? In fünfeinhalb Stunden!« Und dann wird
keiner da sein, der eine Antwort weiß. Und statt des nichtsnutzigen
Adlers, den eine prahlerische Zeit an das Mal gekritzelt hat, wird
die große Rune von Mutter Kummer wieder erscheinen. – Eine Woche später wurden diese Stadtteile ganz abgesperrt. Man zog einen
hohen Wall darum; Steine gab es ja genug. An den Eingängen standen bewaffnete Posten. »Was wollen Sie da«, sagte mir einer von
ihnen, »es ist kein Vergnügen.« Man sah Zuchthäusler in gestreif-

ten Anzügen darin arbeiten. Sie sollten die Toten bergen. Man erzählte sich, daß die Leichen oder wie man die Reste ehemaliger Menschen sonst nennen will, an Ort und Stelle verbrannt oder in den Kellern durch Flammenwerfer vernichtet wurden. Aber in Wirklichkeit war es schlimmer. Sie konnten vor Fliegen nicht in die Keller gelangen, sie glitschten auf dem Boden aus vor fingerlangen Maden, und die Flammen mußten ihnen einen Weg bahnen zu denen, die durch Flammen umgekommen waren.

Ratten und Fliegen beherrschten die Stadt. Frech und fett tummelten sich die Ratten auf den Straßen. Aber noch ekelerregender waren die Fliegen. Große, grünschillernde, wie man sie nie gesehen hatte. Klumpenweise wälzten sie sich auf dem Pflaster, saßen an den Mauerresten sich begattend übereinander und wärmten sich müde und satt an den Splittern der Fensterscheiben. Als sie schon nicht mehr fliegen konnten, krochen sie durch die kleinsten Ritzen hinter uns her, besudelten alles, und ihr Rascheln und Brummen war das erste, was wir beim Aufwachen hörten. Dies hörte erst später im Oktober auf.

Und dann der Geruch von verkohltem Hausrat, von Fäulnis und Verwesung, der über der Stadt lag. Und dieser Geruch war sichtbar als ein trockener roter Mörtelstaub, der über alles hinwehte. In uns erwachte plötzlich eine Gier nach Parfüm. –

An jenem ersten Tage verließen wir den Lastwagen in der Nähe der Markthallen. Wir wollten zunächst in den Freihafen, um nach dem Kontor zu sehen. Wir hatten überhaupt noch nichts darüber gehört und hofften, dort vielleicht noch etwas zu retten. Die Gegend lag wie ausgestorben, doch waren die Zerstörungen hier geringer als anderswo. Die Hälfte der Häuser stand noch, oder es waren nur die Dächer und die oberen Stockwerke ausgebrannt. Ganz vereinzelt stocherten Menschen in dem Schutt und trugen ein angesengtes Möbelstück auf die Straße.

Wir kamen über den Zollkanal. Es gab keinen Zoll mehr. Als wir bei St. Annen um die Ecke bogen, sahen wir die rote Reihe der Kontorhäuser. Aber es ließ sich immer noch nicht sagen, ob es nicht vielleicht nur Fassaden waren. Plötzlich trafen wir den ersten Bekannten, einen Ingenieur der Lagerhäuser. Ich glaube, wir redeten Unsinn und überstürzten uns in unsern Worten. Es war, als kämen wir nach zwanzig Jahren in die Heimat zurück und träfen einen Gespielen unserer Kindheit wieder.

Wir fragten ihn nach gemeinsamen Bekannten, aber er wußte auch nichts von ihnen. Übrigens war er wie abwesend. Ich bat ihn um etwas, er sagte: Ja, und hatte es in der nächsten Sekunde vergessen. Sein Blick ging irgendwohin ins Leere, wenn er einen ansah. Er war ein sehr höflicher Mann, dies war auch jetzt noch nicht verloren gegangen, doch die alte Höflichkeit schlotterte an ihm wie ein schlechtsitzender Anzug und schmiegte sich seiner neuen Erscheinung nicht mehr an. Dies alles kam von Schlaflosigkeit und Überanstrengung beim Löschen, vielleicht auch vom Alkohol, mit dem er sich bei Kräften hielt. Er holte gleich eine kleine Flasche Schnaps aus der Tasche und schenkte sie uns. Wir tranken jeder einen Schluck daraus, sie hat uns an dem Tage noch gute Dienste geleistet. Wer hätte acht Tage früher gedacht, daß Misi und ich mit einem ziemlich fremden Bekannten zusammen auf der Straße aus einer Flasche trinken würden? Aber es gab ja eigentlich diesen Begriff Straße nicht mehr.

Er erzählte uns, daß man Hamburg in der Nacht aufgegeben habe. Die Löschzüge seien am Abend mitten aus ihrer Arbeit abberufen worden und hätten die ganze Nacht untätig auf einer Ausfallstraße gestanden. Da habe auch er die Arbeit aufgegeben und sich zum ersten Male schlafen gelegt, obwohl ringsum alles brannte. – Später kam auch seine Frau hinzu. Ihre Dienstwohnung dort im Hafen war noch unbeschädigt, aber sie hatten ihre sämtlichen Sachen nach auswärts geschafft.

Die Kontorhäuser waren größtenteils bis zum zweiten Stockwerk niedergebrannt. Auf Umwegen über Glas und Schutt gelangten wir in unser Kontor. Alles troff von Löschwasser. Die Hinterwand des Hauses war durch eine Sprengbombe aufgerissen, und die Innengänge führten direkt ins Fleet. Vor dem Eingang zu unserm Kontor hing die Decke wie ein Vorhang bis auf den Fußboden herab. Sie hängt noch heute so. Drinnen war alles durcheinander geworfen: Möbel, Akten, Türen und Fensterrahmen. Die Zwischenwände der einzelnen Räume waren weggefegt, und wenn man etwas anfaßte, dann hatte man Glassplitter in den Händen. – Aber dies Bild kannten wir schon. Im Mai 1941 war das Kontor bereits in ähnlicher Weise zerstört worden.

Ich brach meinen Schreibtisch auf und fand zu meiner Freude einige Manuskripte. Mit dem Geldschrank gelang mir das gleiche nicht. Wir stopften alles, was uns wertvoll erschien, in Säcke und in eine alte Wolldecke. Und es war plötzlich alles wertvoll: ein altes Handtuch, eine Nagelbürste, ein schmiedeeiserner Leuchter und was sonst noch. Zwei Schreibmaschinen schafften wir in einen noch abschließbaren Keller, eine dritte wollten wir mitnehmen. Und das war gut, denn in den nächsten Tagen wurde von den Leichenfledderern der Stadt alles gestohlen, was sich nur fortbewegen ließ, von den kleinsten Gegenständen bis zu Teppichen und Möbelstücken. Es waren zwar überall Anschläge ausgehängt, daß Plünderer erschossen würden, aber wer wollte sie fangen, um sie zu erschießen? In unseren Kontoren aber machte sich die Meute vor allen Dingen über die Kaffeeproben und Verschiffungsmuster her, die vorher sauber und ordentlich auf Wandborten in kleinen Dosen aufgereiht standen. In den hundert Kontoren fand sich später buchstäblich keine Bohne mehr.

Plötzlich stockten wir, unser Blick war durch das Hinterfenster auf die Katharinenkirche gefallen. Wir sahen uns erschrocken an. »Ja, als sie einstürzte, habe ich geweint«, sagte der Ingenieur, der neben uns stand. Er nannte uns auch die genaue Stunde, in der es geschehen war. Es nützte uns nichts, daß wir uns einredeten: Es ist nur eine Kirche, die hunderttausend Wohnungen und die Menschen, das ist viel schlimmer. Es war wohl ein Symbol. Wir alle, die dort zu tun hatten, liebten den Turm über alle Maßen, jeder auf seine Art, vielleicht ohne es zu wissen. Wir merkten es erst jetzt. Weit über ein Jahrzehnt stand er vor meinem Schreibtisch. Das Blaugrün des barocken Kirchendachs verzauberte das opalisierende Wasser des Fleets. Besonders im Frühjahr und Herbst wurde man dadurch zu Träumereien verführt. Das Wissen um eine alte Orgel und daß diese Kirche als einzige den Brand Hamburgs hundert Jahre früher überlebt hatte, war gar nicht notwendig.

Nun stand nur noch ein kläglicher Stumpf des Turmes da, verrottet und schwarz angeraucht. Er war genau über der Uhr abgebrochen, der Zeiger wies auf kurz nach eins; aber mittags oder um Mitternacht? Und an welchem Datum? Über der Uhr sah man noch in goldenen Lettern das Wort: Gloria. Das Kupfer des Kirchendaches hatte sich wie ein Leichentuch nach innen über das Kirchenschiff gelegt. Nur ganz hinten auf einem Mauerrest der Sakristei stand noch der goldene Heilige mit seinem Steuerrad und wies mit dem Finger in die Ferne.

Aber ich entsinne mich nun, daß es mich im Mai dieses Jahres tief verstörte, als zwei große möwenartige Vögel die Kirche lautlos und fast ohne Flügelschlag umkreisten. Sie waren manchmal schwarz und manchmal weiß, und ihre Schatten streiften beängstigend über Häuser und Wasser. Auch die vielen hundert so viel kleineren Möwen, die dort ihr gefräßiges Wesen führen, verstummten, duckten sich und beobachteten die Fremdlinge mit schrägem Kopf. Das war nur an einem einzigen Nachmittag.

Doch man sagt uns ja immer, wir sollten nicht abergläubisch sein. –

Siegfried Lenz

Die allerletzte Reise (1964)

Siegfried Lenz lebte seit 1945 in Hamburg. Sein literarisches Schaffen ist deutlich von seinen ersten Jahren in Ostpreußen geprägt, dennoch gibt es nur wenige Autoren, die mit größerem Recht als Hamburger Schriftsteller bezeichnet werden können. 2002 wurde Lenz die Hamburger Ehrenbürgerwürde verliehen.

Siegfried Lenz, 1926 geboren, wählte die Hansestadt immer wieder zum Schauplatz von Erzählungen und Romanen. Wie sehr sich sein Blick auch auf Themen richtete, die für die Stadt spezifisch sind, ohne deshalb im öffentlichen Mittelpunkt zu stehen, dafür ist seine Reportage »Die allerletzte Reise« ein gutes Beispiel.

Lenz begibt sich in eine vergessene, unspektakuläre Ecke am Rand des Hamburger Hafens. Er besucht eine Werft, die keine stolzen Neubauten zu Wasser lässt, sondern Schiffe aufnimmt, die ihre letzte Fahrt hinter sich haben: eine Abwrackwerft. Mit Neugier zeichnet er den Weg nach, den die in ihre Einzelteile zerlegten Schiffe nun gehen. Er stößt auf alte Druckkessel, rostige Ankerketten und zerschlagene Wellen und Ruderblätter, einstmals unerlässliche Funktionsteile, jetzt zur Entsorgung bereit. Andere Teile können wiederverwendet werden. Ohne falsches Pathos zeigt er eine Arbeitswelt, die sich mit Sorgfalt und Kompetenz der ausgemusterten Schiffskörper annimmt. Ohne solche Werften würde der Hafen, würde der Kreislauf von Wirtschaft und Seefahrt nicht funktionieren.

Manche gehen auf schwedischen Klippen verloren. Manche wirft ein Sturm auf die scharfen Felsen vor der schottischen Küste. Der Atlantik holt sich einige, die Karibische See, die Pazifischen Gewässer: Schiffe enden überall. Im Nebel der Schelde, zwischen driftenden Eisbergen vor Grönlands Küsten, auf den wandernden Sandbänken der Deutschen Bucht, im Schlamm des Mississippi-Deltas, auf Atollen und Riffs der Sunda-Welt, in den kurzen Schmetterseen der Biskaya: überall liegen die unbeabsichtigten Friedhöfe der Schiffe, verteilt auf die Meere und Wasserstraßen der Welt. Manchmal beendet ein Sturm eine Fahrt, manchmal ein Schaden in der Maschine oder ein falsches Besteck, eine Unachtsamkeit, ein winziger nautischer Irrtum. Einige erwischt es auf der ersten Reise, andere trifft es in gesegnetem Alter: Schiffe enden planlos, unvermutet, als Beute eines tödlichen Zufalls. Das unterseeische Riff, das den Bug aufschlitzt, der feindliche Bug, der das entscheidende Leck reißt, die Faust des Taifuns, unter der das Schiff zerbricht: sie sorgen jedoch nicht für den tödlichen Zufall, sondern gleichsam für einen natürlichen Tod. Denn Schiffe, so hatte ich früher geglaubt, werden gebaut und hinausgeschickt und in Fahrt gehalten, bis sie der See nicht mehr gewachsen sind und ein Mißgeschick oder Verhängnis ihnen ein natürliches Ende bereitet, draußen auf See, in der heimischen Einöde der Meere. Mit vielen geschieht es auch so: Sie gehen draußen verloren, und ihre Tode erscheinen wie Zugeständnisse an die großen Gewässer.

Aber die meisten Schiffe enden anders, die bei weitem größere Zahl kommt auf andere Weise aus der Welt, ihre allerletzte Reise führt nicht zu unverstelltem Horizont, sondern in ein abgelegenes Hafenbecken, in die Windstille schützender Piers. Wenn draußen ein Schiff verlorengeht, wird sein Ende in den Nachrichten erwähnt, erscheint in der Zeitungsspalte für Vermischtes, und an den Küsten erreicht es den Wert eines Gesprächsgegenstandes für eine Weile: die Schiffe, die hier enden, erregen unser Interesse nicht mehr. Sie sterben sachliche Tode, sie sterben unauffällige, lakonische, ganz und gar zweckmäßige Tode, und sie gehen nicht dramatisch verloren wie vor fremden Küsten, sondern bedachtsam, nach ökonomischem Ratschluß. Hier, auf der Abwrackwerft, enden die meisten Schiffe, und von ihrem Ende spricht man nicht.

Die Werft, die dafür eingerichtet ist, alten Schiffen das Letzte abzugewinnen, liegt draußen vor der Stadt, liegt mitten in einer kahlen, mauerdurchzogenen Industrielandschaft. Ich fuhr hinaus über leere, gepflasterte Straßen, an schwarzen Drahtzäunen entlang. Ich fuhr zu den abgelegenen Seitenbecken, in denen die Fähre der Großen Hafenrundfahrt nie erscheint, in dem kein Bordführer den staunenden Touristen dralle Zahlen nennt, stolze, seewindgeschwellte Zahlen sozusagen, die von Aufbau und Illusion, von Leistung und Wagnis künden. Die Werft, auf der die Reise aller seewärts gerichteten Träume endet, gehört nicht zur Schauseite des Hafens, hier findet das Auge keinen erheiternden Silberglanz, hier werden dem weltweiten Umsatz keine fröhlichen Wimpel aufgezogen, keine Sektflasche zerspringt am Bug der Verheißung. Zurückgezogen, beinahe versteckt, liegt die Werft da, unscheinbar nach außen, und dabei ist sie die rechtschaffene Entsprechung, die notwendige Rückseite der repräsentativen Ansicht des Hafens.

Es muß sie geben, wie es die sehenswerten, die leistungsstolzen Helligen der großen Werften gibt, von denen Neubau nach Neubau ins Wasser gleitet, vom Heulen der Sirenen empfangen, von Beifall und üblichen Hurras begrüßt. Beim Ende eines Schiffes sind Ehrengäste naturgemäß nicht zugegen ...

Ein roter, schmuckloser Backsteinbau: das Kontor. Ein Schild über der Tür besagte: »Anmeldung – Verkauf«, und ich ging hinein, um mich anzumelden auf dem Friedhof der Schiffe. Ich zögerte zunächst, denn ich hatte keinen ausreichenden Grund für meinen Besuch: meine Neugier galt dem Ende ausgedienter Schiffe, ihrem ergiebigen Sterben gewissermaßen. Erfahren wollte ich, wie man den Veteranen der Meere, die die Stürme überstanden, die die Untiefen glücklich vermieden hatten, einen Sankt-Nimmermehrs-Tag bereitete, sie zerschnitt, zerhieb und zersägte – bis nichts mehr von ihnen blieb als toter Stoff und Erinnerung.

Den jungen, sehr freundlichen Kontoristen wunderte meine Neugier nicht, er begrüßte mich wie einen Geschäftsfreund, lud mich ein, die Abwrackwerft zu erkunden, und schickte mich zu einem Meister auf den Platz. Der Meister war nicht zu sehen, und ich ging über den unübersichtlichen, zugigen Platz, auf dem die Winde vielfältig abgelenkt wurden von Hügeln aus Holz und Metall, von Kesseln, Waggons und Kränen. Ich stand im Schatten eines Stapels gebleichter Duckdalben; sie waren zerschrammt, zersplittert, weißgescheuert von Bordwänden, die sie in elastischer Fessel gehalten hatten. Ihre Nutzzeit war vorbei, sie waren aus dem Grund und aus dem Verkehr gezogen, warteten vielleicht auf die Kreissäge; doch einstweilen bewahrten sie noch die Schrammen und Scheuerwunden, Zeichen drangvoller, langsamer und kolossaler Bemühungen. Wo waren die Schiffe, die an diesen mächtigen Stämmen festgelegen hatten, deren behäbige Bewegungen von ihnen aufgefangen wurden? An den ausgedienten Duckdalben vorbei ging ich zur Pier hinab, zwischen alten Druckkesseln, rostigen Ankerketten, Spills und Schornsteinen, zwischen zerschlagenen Wellen und Ruderblättern, dreckigen Bodenplatten und ölschwarzem, verbogenem Gestänge, das an den Schnittflächen den rötlichen Schimmer des Kupfers preisgab. Dort von der Pier her, hörte ich das harte Zischen der Schweißbrenner, hörte die rasselnde Bewegung eines Krans, sein warnendes Klingelzeichen. Ich hörte den Fall von Hämmern und das Geräusch eines Dieseltriebwagens.

Hier herrschte keine Friedhofsruhe, nicht die gebotene Stille eines Platzes, auf dem so kolossale Wesen wie Schiffe ihr Ende fanden, hier wurde ebenso rasch, ebenso planvoll und termingerecht gearbeitet wie an der Schauseite des Stroms, dort, wo die jungen Schiffe entstanden. Der Kran senkte sich hinter einem Berg scharfkantiger, zerschlagener Eisenteile, ruckte an, hob etwas, zog etwas empor, und ich sah einen gelbbraunen Schiffsmast hochschweben, sah ihn über den Eisensteg und die Kessel schwenken, einen kompletten Schiffsmast mit Antennen und dem schlanken Querbalken, der mir in diesem Augenblick wie ein Kreuz erschien, ein schlankes Friedhofskreuz: es war *nicht* das Wahrzeichen dieses Platzes. Das Wahrzeichen dieses Platzes, wenn überhaupt, war der scharfe Funkenregen der Schneidbrenner, die zischende Flamme, die sich durch das Eisen biß; ich sah es, als ich zwischen den Hügeln der Schiffsteile hindurchtrat zur Pier.

An der Pier hatte ein Dampfer festgemacht, ein schwarzer, altmodischer Bursche, auf Bug und Heck prangte noch sein Name, ein Name, der an Morgenröte erinnerte, doch jetzt an Abenddämmerung gemahnte. Der vordere Mast fehlte ihm, auch ein Teil der Kajüte fehlte und der Schornstein und die Funkbude. Überall an Bord: auf der Brücke, auf dem Vor- und Achterschiff, arbeiteten Männer mit Plastikhelmen, rissen Planken und Verschalungen los, lösten Schrauben und Blockierungen, schnitten Teile der Bordwand heraus, und ich sah, wie sich der Kran über den alten Dampfer senkte, wie sein Haken irgendwo eingepickt wurde, und dann schwenkte ein Teil der Aufbauten durch die Luft. Dröhnende Schläge hallten herüber, das widerwillige Knarren, wenn Stemmeisen rostige Nägel lockerten, Planken brachen, Eisen fiel auf Eisen, die Flammen knatterten, und wieder senkte sich der Kran über den Veteranen. Hart und sachgerecht gingen sie dem alten Dampfer zuleibe, und ich mußte an ein Bild denken, an eine Zeichnung des gefesselten Gulliver bei den Zwergen: unter der wimmelnden Beschäftigung der Kleinen büßte der Held seine Möglichkeiten ein. Ich stand und sah zu, wie sie aus dem alten Dampfer ein Wrack machten, und das Wrack planvoll zerlegten; da kam der Meister zu mir.

Auch der Meister trug einen Plastikhelm. Der Meister war ein grauhaariger Mann mit hellen, langsamen Augen und dem bedachtsamen Gang des Fahrensmannes. Er wunderte sich ebenfalls nicht über meine Neugierde, begrüßte mich sehr freundlich und lud mich ein, Fragen zu stellen. Er zeigte seine Bereitschaft, auf alle Fragen zu antworten, ausgenommen auf Fragen nach Preisen, und er entschuldigte sich dafür, indem er auf das lange Ohr der Konkurrenz verwies und auf den Zwang zu allerschärfster Kalkulation, dem alle unterliegen, die Schiffe abwracken. Mich interessierten keine Preise. Mich interessierte das Ende der Schiffe, das Gegenteil des hoffnungsvollen Stapellaufs, und wir nahmen den Dampfer als Beispiel, dessen Name nach Morgenröte klang. Der Meister erzählte, daß es ein estnischer Dampfer sei, der unter der Flagge Panamas gefahren war. Der Kapitän und ein Teil der Besatzung waren Esten gewesen, und das Schiff habe ihnen alles ersetzen müssen, was sie am Ende des Krieges verloren hatten. Sie hatten alle Gefühle auf ihr Schiff übertragen, hatten ihm alle Fürsorge und Liebe und pflegliche Aufmerksamkeit geschenkt, denn auch in tropischen Deltas, unter heißem Himmel, sollte ihnen das Schiff ein Zuhause sein, und das heißt: Estland. Zwei- oder dreitausend Tonnen Estland fuhren in Charter um die Welt, bis die Reparaturen zu teuer, die Fahrten unrentabel geworden waren. Die letzte Reise führte zur Abwrackwerft. Und der Meister erzählte von rührenden Entdeckungen, die er auf dem alten Dampfer gemacht hatte, von der sehr persönlichen Ausstattung, die an Estland erinnern sollte. In vier Wochen würde dies alles verschwunden sein, vier Wochen dauert es ungefähr, bis sie ein altes Schiff zerschnitten, ausgeweidet und zerlegt haben; dann bleibt nur noch der Boden nach, den sie bei Niedrigwasser aufschwimmen und zerschneiden, denn die Dockkosten sind zu hoch.

Stück für Stück hob der Kran von dem estnischen Schiff ab, setzte die Teile auf Land oder bereitstehende Waggons, die sie zur Lagerstelle fuhren. Der Meister entschuldigte sich noch einmal dafür, daß er keine Preise nennen könne. Er erwähnte lediglich, daß auf dem internationalen Wrackmarkt in Pfund Sterling bezahlt wird und daß die Konkurrenz groß sei, da eine Reihe ausländischer Regierungen Abwrackwerften Unterstützungen gewährten. In der Bundesrepublik werden keine Unterstützungen gewährt. Auf dieser Werft gilt, was in anderer Weise für Bergungsfirmen verbindlich ist: kein Erfolg – kein Geld. Indes, der Erfolg kommt hier nicht dem Glücksfall eines Haupttreffers gleich; der Erfolg stellt sich vielmehr als Folge einer sehr sorgfältigen Kalkulation ein. Bevor ein Schiff hier anlegt, um in seine Teile zerlegt zu werden, ist es schon einmal vom Sachverständigen auf dem Papier zerlegt und kalkuliert, aufgelöst und geschätzt worden. Das geschieht allemal, auch bei günstiger Gelegenheit, das geschah auch im Falle des spanischen Dampfers, der mit vollzähliger Besatzung nur zu kurzer Überholung ins Dock gehen wollte, doch dann hier auf der Abwrackwerft endete, nachdem sich herausgestellt hatte, daß die Reparaturen zu teuer sein würden.

Der Meister lud mich zu einem Gang über den Werftplatz ein, über das »Schlachtfeld«, wie er sagte. Es war ein naheliegender, ein einleuchtender Vergleich; denn fast alles, was hier zuhauf lag, trug die Spuren gewaltsamer Zerstörung, war gebrochen und geknickt, geborsten und verbogen – freilich in berechneter Weise. Wellen und Rohrleitungen, Kolben und Platten, Pumpen und Kiele: sie waren nicht wahllos zerschlagen, sondern nach einem ungefähren Maß: fünfzig mal einsfünfzig ist die wünschenswerte Abmessung für Metall, das nur noch Schrottwert besitzt. Da lag ein Hügel von

Messingventilen, ein Berg von kupfernen Leitungen, ein Haufen armlanger Eisenstäbe, die einst als Ballast gedient hatten: die Metalle waren bereits ihrer Qualität nach sortiert. Eines Tages würden sie in die Schmiede der Werft wandern, verflüssigt werden und als gegossene Barren wieder zum Vorschein kommen, bereit zu einem neuen Kreislauf. Ich mußte an die großen Friedhöfe von Vorzeittieren denken, an ihre mächtigen, überspezialisierten Körper, die unter Farn und Erde verschwanden, vergessen wurden, bis man über den Gräbern Bohrtürme errichtete, die den dickflüssigen Zauberschatz hervorquellen ließen. Nichts geht verloren, und wer kalkulieren kann, entdeckt die Ergiebigkeit großer Leichname.

Auf der Abwrackwerft kann jedes Stück Gewinn bringen, der Veteran der Meere wird vielfältig verwendet. Ein Satz Entlüfter eines abgewrackten Liberty-Schiffes: man läßt die genormten Teile in der Hoffnung liegen, daß eines Tages ein einlaufendes Schiff diese Teile benötigt und hier zu einem billigen Preis erhält. Schwere, düstere Kessel, plumpe Wassertanks, die aus dem Bauch eines griechischen Dampfers stammen: vielleicht wird eine Ölfirma sie kaufen, um in ihnen Vorräte zu speichern. Ein Satz rostiger, zerschrammter Ankerketten, ein wohlerhaltener Schiffsmast, ein gehämmertes Ruderblatt: sie liegen auf dem Platz bereit, warten auf den Kunden, der sich mit gebrauchtem Material begnügt oder begnügen muß. Was eine Chance hat, im Stück verkauft zu werden, bleibt liegen: vom Rettungsboot und den passenden Davits bis zum Ankerspill. [...]

Die wertvollen, zumindest die empfindlichen Teile der ausgeschlachteten Riesen lagen nicht auf dem Platz, sie lagerten in einem mehrstöckigen, schuppenartigen Gebäude, zu dem der Meister mich hinüberführte. In dem dämmrigen Schuppen herrschte die Ordnung, die man auf Schiffen findet, und auch hier durfte jedermann kommen und kaufen, was von einem abgewrackten Schiff übrigbleibt. Da standen viele Typen und Jahrgänge von Kompassen, da lagen Buchten voll Tauwerk und Stapel von Seekarten, ich fand die schwachen Spuren abgesteckter Kurse: nach Alexandria war die Fahrt gegangen, eine andere nach Hongkong, Manila, Saigon. Ich blätterte weiter, fand Karten für alle Meere der Welt, abgegriffene, fleckige, kaum und auch gar nicht benutzte Seekarten von südamerikanischen Gewässern. Vielleicht war die Reise dorthin immer eine Hoffnung geblieben, vielleicht hatte sie aber auch gerade bevorgestanden, als der Spruch eintraf, der das Ende verkündete. Als der alte Dampfer auf den Wert alten Eisens herabgesetzt wurde, als man ihn vom Meer ausschloß, da hatte sich niemand die Mühe gemacht, die Karten mitzunehmen, nach denen er so lange gefahren war. Man beließ sie ihm zur letzten Reise, so, wie man ihm die Möbel und Rettungsringe beließ, die Lampen und Laternen. Da stand der lederbezogene Drehstuhl des Kapitäns, standen die altmodischen, unbequemen Stühle und Sessel, die einst den ausgesuchten Komfort einer Kajüte dargestellt hatten: Agenten, Manager, Händler, einflußreiche Besucher hatten in fremden Häfen darin gesessen und nach erfolgreichen Abschlüssen den zollfreien Whisky getrunken, schäbig, zerschlissen waren die Bezüge, doch das dunkel gebeizte Holz verriet immer noch seine exotische Kostbarkeit. [...]

Ich sah eine Kiste mit Flaggen und Wimpeln, einen Stapel sonnengebleichter Schwimmwesten, und in einer Ecke des Bodens lagen Kojengestelle und das dazugehörige Bettzeug. Würden auch sie einen Käufer finden? Würde es jemanden geben, der die Träume aufnahm, die unter diesen schweren, rot-weißen Oberbetten geträumt wurden?

Wir verließen den Schuppen mit all den tadellosen, erinnerungsreichen Gegenständen, traten wieder auf den Platz der Abwrackwerft. Der Himmel war trübe, der Wind fiel in kurzen Böen ein. Ein seltsamer Geruch war in der Luft, in dem die Elemente Kohlendioxyd und Erbsensuppe vorherrschten. Wahrscheinlich kam der Geruch von dem schwarzen Zehntausendtonner herüber, der im Freihafen hinter den Halden lag.

Der Meister schien sich vergewissert zu haben, daß ich nicht ein treuherzig getarnter Späher der Konkurrenz war, und ruhig, mit diskreter Genugtuung, weihte er mich in ein Arbeitsprinzip dieser Werft ein, das den fünfundzwanzig Männern, die hier tätig waren, ihre Beschäftigung zu erhalten hilft. Es ist gewissermaßen das Prinzip des Fleischers, der das Tier ja nicht nur ausweidet, sondern einzelne Organe verwandelt, veredelt, etwas Neues entstehen läßt mit Hilfe von Gewürzen und Mischungen. Die Werft kann sich nicht damit begnügen, die gewonnenen Teile eines abgewrackten Schiffes liegen zu lassen, bis Käufer kommen – sie muß auch das alte Material verwenden, um etwas Neues daraus zu machen. Und so hat diese Abwrackwerft ihre eigene Tischlerei, ihre Gießerei und Schlosserwerkstatt, in denen gewonnenes Gut aus alten Schiffen aufbereitet wird.

Wir besuchten die Tischlerei. In einem Raum entstand eine Jacht-Kajüte, gefertigt aus wunderbaren glatten Hölzern, die aus einem ausgedienten Schiff stammten. Für diesen Bau lag bereits ein fester Auftrag vor, und ich bewunderte Muster, Eleganz und Solidität der Kajüte. Hier wurden aber auch Duckdalben zu Latten und Kanthölzern verarbeitet, Rettungsboote repariert, steinharte Planken, die von den Wassern aller Meere überspült wurden, zu Nutzholz gemacht. Nichts geht verloren, denn auch für die Berge von Abfallholz gibt es feste Interessenten. In der Gießerei waren frischgegossene Barren gestapelt; sie wirkten nicht ganz rein. Da waren in die schmutzige Silberfarbe Messingfäden eingelaufen, doch sie besagten nichts, es waren lediglich Reste aus einem früheren Guß. Und in der Schlosserei wurde gefeilt und gebohrt, geschliffen und repariert, alle Schraubstöcke waren besetzt, und unter den kundigen Händen der Meister gewannen ausgediente Ritzel und Räder, Wellen, Leitungen und Tachometer neue Brauchbarkeit.

Auf diesem geschäftigen Friedhof, diesem von nüchternem Handelssinn zeugenden Schlachtfeld, war kein spektakulärer Wohlstand zu erwerben; von diesem Platz – das glaubte ich zu erkennen – floß den Bossen kein ähnlich herausfordernder Reichtum zu wie jenem drangvollen Werftherrn, der immer neue, immer modernere Schiffe baute, bis sein Imperium zerbrach, weil er nicht bedachtsam kalkuliert hatte. Bei unserem Geschäft hier, sagte der Meister, ist es schwer, sich eine »goldene Nase« zu machen.

In den ersten Jahren nach dem Krieg war es noch anders; denn damals ernteten sie Wracks in allen Tiefen und Gewässern. Und die untauglichen Schiffe, die ihnen zufielen, waren noch nicht so streng kalkuliert wie heute: sie boten mehr Überraschungen, sie gewährten abenteuerliche Entdeckungen. Außerdem hatten viele ihre Herren und Besitzer verloren – wie die sehr ergiebigen U-Boote etwa, die mit ihrem eingebauten Vermögen an Akkus, Bleiplatten und Kupferzeug zur Verfügung lagen, wenn auch unter herabstürzenden Bunkerdecken, in den Erbbegräbnissen der jüngsten Geschichte. Damals herrschte eine Blütezeit der Wracks, und wer sich auf das nicht risikolose Geschäft des Ausschlachtens verstand, fuhr silbernen Gewässern entgegen.

Es hat allerdings nicht den Anschein, als stünden diesem so rationell arbeitenden Schlachthof alter Schiffe unmittelbar krisenhafte Zeiten bevor. Das Angebot an Tonnage ist groß, die Frachtraten auf dem internationalen Schiffsmarkt unterliegen erheblichen Schwankungen. Alle Reedereien der Welt sind bemüht, ihre Flotten zu modernisieren, und das sichert dieser Werft Arbeit. Das sichert ihr einen beständigen Zustrom zu langsamer, zu unrentabler Schiffe. Wehmut? Romantisches Mitgefühl? Sie brauchen uns nicht zu überkommen. Die belebte Schönheit eines Schiffes, seine Eigentümlichkeit, sein angenommenes Herz und seine angenommene Seele, überhaupt der Eindruck seiner Lebendigkeit: all dies gibt es nur, solange ein Schiff eine Besatzung hat. Verlassene, aufgegebene, der Abwrackwerft überstellte Schiffe – so zumindest erschien es mir – nehmen bald ihren angestammten Charakter an, den Charakter eines Werkzeugs, das man sich zum Transport, zur Fortbewegung ersonnen hat.

Nein, es war keine Stätte der Melancholie, es war kein Friedhofshimmel, der sich über dieser Werft spannte. Die rasselnde Fahrt des Krans, der Fall der Hämmer, der Funkenregen der Schneidbrenner, die auffordernden Rufe und Signale, die ein- und ausfahrenden Lastwagen, der Karbidgeruch, die bunten Plastikhelme: dies alles gehörte zum Panorama einer selbstzufriedenen Arbeitswelt. Der Weg von den stolzen Werften hierher, von den Helligen des Anfangs zu der grauen Pier des Vergessens, ist ein üblicher, ein selbstverständlicher Weg, der niemand befremdet. Schließlich gibt es für alles einen Hafen ohne Wiederkehr – und warum sollte es ihn nicht für Schiffe geben?

Uwe Timm

Heißer Sommer (1968)

Uwe Timm, 1940 in Hamburg geboren, lebt seit den 1960er-Jahren in München. »Heißer Sommer« ist sein Debütroman. An der Seite der Hauptfigur Ullrich wird der Leser exemplarisch durch verschiedene Stationen eines Reifungsprozesses geführt. Seiner Herkunft gemäß lässt sich der Student zunächst gewissenhaft ein auf das Studium an der Hamburger Universität. Von seinem Wellingsbütteler Untermietzimmer aus entdeckt er bald Schritt für Schritt eine aufregende, unbekannte Welt. Er liest Philosophen, die er kaum versteht, die aber äußerst angesagt sind in den studentischen Kreisen, die ihn faszinieren. Hier geht man unkompliziert miteinander um, diskutiert mit großem politischen Ernst und lacht gleich darauf zusammen. Ullrich erlebt einen intellektuellen und sozialen Raum, der die gewohnten bürgerlichen Grenzen sprengt. Und mittendrin: Studentinnen, nahbare Wesen, genauso aktiv und provokant wie die Kommilitonen. Politische Aktionen werden diskutiert und auch umgesetzt, dabei von der Polizei festgenommen und ins Präsidium gebracht zu werden, wird eher als Auszeichnung verstanden. Ullrich ist ein leiser Vertreter der 68er-Generationen, einer, der eher mit- als vorwegläuft. Der Roman einer politischen Bewusstwerdung.

Ullrich kam nicht so recht mit.

Eiffe der Bär fordert Durchblick für alle. Das hatte Ullrich in einem S-Bahn-Wagen gelesen, mit dem er nach Wellingsbüttel gefahren war. Er wollte sich dort ein Zimmer ansehen.

Das Einfamilienhaus lag in einem großen Garten. Unter dem Dach war ein kleines Mansardenzimmer ausgebaut. Er stellte sich vor, daß Christas Eltern in einem solchen Haus in Ratzeburg wohnen würden. Ullrich blickte aus dem kleinen Mansardenfenster hinaus und sah in der weißen Oktobersonne das rotbraun verfärbte Laub der Buchen im Garten.

Schön, sagte Ullrich.

Ja, sagte die Hausbesitzerin, schön und ruhig. Eigentlich sei sie nicht darauf angewiesen, zu vermieten. Aber der Sohn studiere jetzt in Marburg Jura und dadurch sei das Zimmer frei geworden. Da hätte sie gedacht, wo so viele Zimmer fehlen, da sollte dieses nicht leerstehen.

Das Zimmer ist bestimmt billig, dachte Ullrich und sagte, sich umblickend: Ja, schön.

Dabei dachte er an die Kammer des Theologie-Kandidaten in München.

Jetzt sei nur noch die Tochter im Haus. Und die macht nächstes Jahr auch ihr Abitur. So schnell geht das, sagte sie.

Ja.

Ullrich überlegte, wie er nach dem Preis des Zimmers fragen könnte. Wirklich ein schönes Zimmer, klein und gemütlich, und dann nach einer kleinen Pause endlich: Und wie hoch ist die Miete?

Hundertfünfzig.

Und dann, als Ullrich sie überrascht ansah: Elektrizität selbstverständlich inbegriffen.

Ullrich nickte. Er hatte sich schon in Barmbek ein Zimmer angesehen. Ein großes Zimmer mit einem Sessel und einer breiten Schlafcouch. Sogar ein Schreibtisch hatte in dem Zimmer gestanden. An der Wand, über der Couch, hatte ein Teakholzrelief gehangen, zwei Kraniche darstellend, die ihre Hälse zur Decke streckten. Die Lampe an der Decke ähnelte jener, die im Wohnzimmer seiner Eltern hing. Ein marmorierter Porzellanregenschirm.

Das Zimmer in Barmbek war billiger und größer. Aber es erinnerte ihn an zu Hause.

Ullrich sah in den Garten, sah das rotbraun verfärbte Laub der Buchen und dachte, hundertfünfzig Mark, das ist fast die Hälfte meines Monatsgelds. Er hatte schon zu lange vor dem Fenster gestanden. Es war ihm peinlich, jetzt noch nein zu sagen. Gut, ich nehme das Zimmer.

Frau Zollgreve brachte ihn zur Haustür. Ullrich hatte sich mit einer leichten Verbeugung verabschiedet. Er war über den mit Steinplatten ausgelegten Weg zur Gartentür gegangen und hatte sich über diese Verbeugung geärgert. Er nahm sich vor, in Zukunft darauf zu achten, auch bei Frauen keine Verbeugung mehr zu machen. In der kühlen, durchsonnten Luft hatte er durchgeatmet und war unter den gelbbraunen Linden zur S-Bahn-Station gegangen. Das ruhige Villenviertel hatte ihm gefallen. Er hatte versucht, sich einzureden, daß er diese Ruhe für seine Arbeit brauche. Aber er ärgerte sich trotzdem, daß er nicht nein gesagt hatte. Auf dem Fahrplan der S-Bahn-Station hatte er einen mit Filzstift geschriebenen Spruch entdeckt.

Eiffe der Bär kommt bald.

[...]

Auch Achill ist bewußtseinsabwesend, weil völlig gefühlsarm, ohne jeden Kontakt mit dem, was um ihn geschieht, nichts hörend ...

Die Buchen im Garten hatten fast alle Blätter verloren. Die Äste ragten schwarz und kahl in den grauen Himmel. Draußen nur das monotone Schilpen der Spatzen.

Ullrich versuchte, sich wieder zu konzentrieren. Er saß an dem kleinen Tisch vor dem Mansardenfenster. Er fror.

... weil völlig gefühlsabwesend, ohne jeden Kontakt mit dem, was um ihn geschieht, nichts hörend ...

Ullrich klappte das Buch zu. Er stand auf. Er holte sich den Marcuse, suchte die Seite, die er zuletzt gelesen hatte und legte sich aufs Bett.

In den höchstentwickelten Gebieten der industriellen Zivilisation, die in der gegenwärtigen Periode das Modell von Kultur abgeben, vermehrt und befriedigt die überwältigende Produktivität des etablierten Systems die Bedürfnisse der Volksmasse durch die totale Verwaltung, die dafür sorgt, daß die Bedürfnisse des Individuums diejenigen sind, die das System verewigen und befestigen.

Das *Cosinus* war eine Eckkneipe. Man konnte von der Straße durch die großen gardinenlosen Fenster in die beiden Räume sehen. Alle Tische waren besetzt. Ein bärtiger Mann trug Biergläser an die Tische. Er sah aus wie ein Student. Ullrich war zögernd eingetreten. Er hatte die Leute an den Tischen gemustert. Schließlich hatte er Petersen an der Theke entdeckt. Ullrich hatte gezögert, sich einfach zu der diskutierenden Gruppe zu stellen. Dann sah er Conny, der an der Theke eine Frikadelle aß. Ullrich stellte sich daneben. Ob Conny die Frikadelle empfehlen könne.

Probier mal, sagte Conny und hielt Ullrich die Frikadelle hin. Ullrich wußte nicht, ob er wirklich abbeißen sollte. Schließlich biß er ab. Er bestellte sich eine Frikadelle und ein Bier. Jemand fragte Petersen, ob er immer noch unter Schlafstörungen leide. Das habe sich gebessert. Ein Mädchen erzählte Petersen einen Traum. Den habe sie schon zum drittenmal geträumt. In diesem Traum sucht sie ein Zimmer, aber jedesmal, wenn sie eine Tür öffnet, kommt sie in ein anderes, größeres Zimmer. Die Zimmer werden immer größer. Schließlich sind es endlose Hallen, durch die sie bis zur nächsten Tür gehen muß.

Petersen hörte konzentriert zu, dabei vor sich auf den Boden blickend, ein Glas Apfelsaft in der Hand. Conny fragte Ullrich, was er mache. Er erzählte von seiner Seminararbeit. Er stand da, die Frikadelle in der einen, das Bier in der anderen Hand und erzählte von dem fehlenden Seminarschein.

Der letzte Schein, der mir fehlt. Aber plötzlich ging es nicht mehr. Er habe sogar die Universität gewechselt, sagte Ullrich und lachte gemeinsam mit Conny.

Wir haben doch alle einen Hau weg.

Leistungsfixiert.

In einer Gesellschaft, welche sich durch die wirtschaftliche Konkurrenz reproduziert, stellt schon die Forderung nach einem glücklicheren Dasein des Ganzen eine Rebellion dar: den Menschen auf den Genuß irdischen Glücks verweisen, das bedeutet, ihn jedenfalls nicht auf Erwerbsarbeit, nicht auf den Profit, nicht auf die Autorität jener ökonomischen Mächte verweisen, die das Ganze am Leben erhalten. Der Glücksanspruch hat einen gefährlichen Klang in einer Ordnung, die für die meisten Not, Mangel und Mühe bringt.

Die Frikadelle sei gut, sagte Ullrich begeistert, er habe noch nie eine so gute Frikadelle gegessen.

Er habe schon wieder so einen kleinen niedlichen Trip, erzählte Conny. In der letzten Zeit häufe sich das.

Der Frust geht um.

Erst später war Ullrich darauf gekommen, daß es sich um einen Tripper handeln müsse.

In der ganzen Kneipe gab es nur einen mit kurzem Haarschnitt.

Ullrich fand, daß der Kopf des Mannes hier peinlich nackt wirke. Ullrichs Haare waren inzwischen wenigstens schon wieder über die Ohren gewachsen.

Die Parka, die Petersen trug, erschien ihm besonders praktisch. Ullrich fand seinen blauen Regenmantel plötzlich albern. Für den Winter war der Stoff zu dünn, und wenn es regnete, ließ er Wasser durch.

Ullrich konnte nicht einmal die Hände richtig in die Taschen stecken, so wie Petersen und die anderen, die ihre Hände in der Parka richtig vergraben konnten. Er nahm sich vor, sofort eine solche Parka zu kaufen, auch wenn er sich das Geld dafür leihen müßte.

Er habe das getestet, sagte Petersen. Er sei jetzt ganz sicher. Es gebe keinen Zweifel mehr. Er habe sich einfach mit Lister am Telefon verabredet. Er habe zu Lister gesagt: Wir treffen uns im *Oblomow* und dann fahren wir hin und schmeißen die Scheiben ein. Aber am Telefon habe er nicht gesagt, wo und wann sie die Scheiben einschmeißen wollten, nur daß sie sich deshalb im *Oblomow* treffen müßten.

Lister und er seien dann ins *Oblomow* gegangen und dort hätten sie dann auch tatsächlich schon gesessen: drei ältere Herren in unglaublich unauffälligen Stoffmänteln, alle drei mit Hüten, Hüte mit so einem ganz schmalen Rand. Die hätten dagesessen wie eine typisch deutsche Skatrunde, zwischen den kiffenden Hippies, die die drei durch ihre Prismengläser bewundert hätten. Die Hippies haben die vermutlich für Schwule gehalten. Sie seien dann wieder nach Hause gefahren, zwei hätten ihn, der andere hätte Lister bis nach Hause verfolgt. Jedesmal, wenn er sich umgedreht habe, hätten die sich gegenseitig Feuer gegeben.

Alle lachten. Auch Ullrich lachte. Er hatte nicht vermutet, daß Petersen so witzig erzählen konnte. Petersen legte dabei den Kopf schräg und spitzte beim Sprechen den Mund. Ullrich hatte den Zusammenhang nicht richtig verstanden.

Das Telefon von Petersen wird überwacht. Die drei waren von der Popo, sagte Conny.

Popo, was ist das schon wieder, fragte sich Ullrich.

Ullrich bestellte sich noch ein Bier und eine Frikadelle.

Petersen bot Ullrich eine Seminararbeit über den *Prinzen von Homburg* an. Die habe er vor zwei Jahren geschrieben. Ullrich könne die Arbeit ausschlachten, oder aber auch die ganze Arbeit einfach so abgeben, wenn das gehe.

Danke, sagte Ullrich überrascht, er würde es schon schaffen, außerdem habe er ein Spezialthema.

Ullrich erzählte von Lothar. Lothar habe immer getauscht. Wenn Lothar in einem Buch eine Stelle fand, die Ullrichs Thema betraf, dann sagte er, er habe einen Hinweis zu Ullrichs Referatthema gefunden, einen sehr wichtigen Hinweis. Er wolle Ullrich die Stelle zeigen, wenn der ihm einen Hinweis zu seinem Thema geben könne. Hinweis gegen Hinweis. Lothar hatte immer Angst, daß Ullrich ihm etwas vorenthalten könne, um so seine Note zu drücken. Denn der Professor könnte ja gerade auf die Stelle, die Lothar noch nicht kannte, besonderen Wert legen. Es gab viele Stellen, die man nicht kannte. Sie zeigten sich die Durchschläge ihrer Arbeiten erst dann, wenn sie die Arbeiten abgeliefert hatten. Und wenn sie aus der Wohnung gingen, verschlossen sie die Zimmertüren.

Das ist das Dschungelgesetz, sagte Conny.

Aber sozialer Wandel setzt voraus, daß ein vitales Bedürfnis nach ihm besteht sowie die Erfahrung unerträglicher Verhältnisse und ihrer Alternativen – und eben dieses Bedürfnis und diese Erfahrung werden in der etablierten Kultur daran gehindert, sich zu entwickeln.

Wie leicht das alles ist, dachte Ullrich. Sie hatten über alles geredet. Sie hatten sich berührt. Die Mädchen streichelten ganz ungeniert die Jungen. Ullrich war aufgefallen, daß er plötzlich aussprechen konnte, was er dachte. Sie hörten zu, fragten nach Einzelheiten, interessiert und aufmerksam.

Er hatte von seiner kleinen Mansarde in dem Haus der Familie Zollgreve erzählt. Da mußt du raus, sagten sie, da packt dich der Frust. Wir horchen mal rum, wo was frei ist.

Er bestellte sich noch ein Bier. Er fühle sich hier pudelwohl, hätte er das gewußt, er wäre gleich gekommen, sagte er.

Sie lachten und schlugen ihm auf die Schulter. Es war ein freundliches Lachen, so als wäre er beim Blindekuhspielen lange herumgetappt, ohne jemanden zu erwischen und jetzt, plötzlich, sei ihm die Binde abgenommen worden und alle stünden um ihn herum.

Das muß verändert werden. Raus aus der Isolation.

Später, als er in seiner Mansarde saß, hatte er daran gedacht, wie oft sie das gesagt hatten: verändern und befreien. Vielleicht hatten sie es auch gar nicht so oft gesagt und er bildete es sich nur ein. Aber er hatte an dem Abend im *Cosinus* diese Worte zum erstenmal mit einer neuen Bedeutung gehört. Er hatte das Gefühl gehabt, als löse sich eine Erstarrung langsam auf, die er früher nicht einmal bemerkt hatte.

Befreiungskampf. Und dann immer wieder: dieser alte Dreck, dieser alte Scheiß, dieser alte Mist. Bewußtseinsbeton. Verkrustung. Revolutionare necesse est, sagte Conny und alle lachten.

Sie konnten unglaublich ernst und konzentriert miteinander diskutieren und im nächsten Moment wie Kinder herumalbern, um dann sogleich wieder genauso ernst wie vorher weiterzudiskutieren.

Beides gehörte zusammen, das löste sich nicht ab, wie Ullrich zunächst gedacht hatte, sondern das eine ging aus dem anderen hervor.

Dieser autoritäre Scheißer hatte einfach nein gesagt. Daraufhin wir dem einige Steinchen vor den Bug. Da mußte er beidrehen.

Es gibt qualitative Alternativen; denn die Befriedigung des Kampfes ums Dasein, die Neubestimmung der Arbeit als freie Verwirklichung menschlicher Bedürfnisse und Anlagen setzen nicht nur wesentlich andere Menschen voraus – Menschen, die sich ihr Brot nicht mehr mit entfremdeter Arbeit verdienen müssen.

Wissmann legen wir um.

Ullrich war zuerst erschrocken. Was reden die da, dachte er. Aber dann hatte er dem Gespräch entnommen, daß Wissmann schon einmal umgelegt worden war. Man hatte ihn wieder aufgestellt. Über dem Haupteingang der Uni steht in großen Lettern: Der Forschung. Der Lehre. Der Bildung.

Seitwärts, hinter den Rabatten und Ziersträuchern, steht dieser ungeheure Klops. Da können alle sehen, auf wessen Kosten hier geforscht und gebildet wird.

Ullrich verstand noch immer nicht.

Der politische Befreiungskampf in Vietnam, Angola und Südamerika ist immer auch ein sozialer Befreiungskampf, sagte Petersen. Der Befreiungskampf in den Metropolen gewinnt an Bedeutung.

Am Freitag reißen wir ihn um. Eine exemplarische Aktion.

Aufklärung und Öffentlichkeit. Der Klops muß fallen. Am besten nach der Mensazeit, also um 14 Uhr.

Viele Worte waren neu: Dipel. Initiierung. Introjizierung. Mauschelei. Theoretische Arbeit und ad-hoc-Bedürfnisse der Praxis.

Mehrmals verhedderte sich Ullrich bei dem Versuch, das Wort Institutionalisierung auszusprechen. Alle warteten ruhig. Am Schluß hatte er immer noch ein i zuviel auf der Zunge.

Stattdessen wird der Student mehr und mehr darauf abgerichtet, die etablierten Verhältnisse und Möglichkeiten zu begreifen und einzuschätzen: sein Denken, seine Ideen, seine Ziele werden planmäßig und wissenschaftlich eingeengt – nicht durch Logik, Erfahrung und Tatsachen, sondern durch eine gereinigte Logik, eine verstümmelte Erfahrung, unvollständige Tatsachen.

Hier gib es eine umreißende Linsensuppe mit Knackwurst.

Jemand war ungeheuer campy.

Da gibt es doch so einen Apparat am Dammtor, sagte das rotblonde Mädchen, das sie Erika nannten. Wir müssen sterben, damit Deutschland lebt. Ein Kriegerdenkmal. Das kann man nicht umreißen.

Da müßte mal Eiffe ran.

Kennt ihr Eiffe, fragte Ullrich schnell.

Nein.

Die ganze Stadt war voller Eiffe-Sprüche, aber niemand kannte ihn.

Sie kenne jemanden, der behauptete, Eiffe zu kennen, sagte Erika.

Ullrich fand, daß der Name Erika nicht zu ihrem rotblonden Haar passe. Vielleicht sollten wir für dich einen neuen Namen suchen, hatte Ullrich später vorgeschlagen, schon leicht angeturnt.

Sie hatte geantwortet: Das wollen alle. Aber der Name ist etwas, das kann man nicht einfach abschütteln.

Im Gegenteil, hatte Ullrich gesagt, man müsse sich selbst die Namen wählen können. Man müßte viele Namen haben, für die Eltern einen, für die Uni einen, für das *Cosinus* einen.

Als Ullrich gehen mußte, um die letzte S-Bahn nach Wellingsbüttel zu bekommen, hatte Erika gesagt: Du kannst bei mir schlafen.

Ullrich war verwirrt. Er hatte gesagt: Morgen früh kommt ein Freund.

Auf der Fahrt nach Hause hatte er darüber nachgedacht. Er hätte mitgehen sollen. Er hatte geglaubt, Erika sei Connys Freundin. Vielleicht hatte sie es auch anders gemeint, vielleicht wollte sie ihm nur ermöglichen, länger zu bleiben, solange, wie er Lust hatte. Denn so mußte er sich nach dem S-Bahn-Fahrplan richten.

Er ärgerte sich darüber, daß er gelogen hatte. Ihm war plötzlich aufgefallen, wie oft er lügen mußte, um das zu machen, was er wollte. Notlügen nannte das seine Mutter. Die waren gestattet. Er war davon überzeugt, daß Conny und Erika nicht logen. Sie machten das, wozu sie gerade Lust hatten und das verheimlichten sie nicht, glaubte Ullrich.

Eiffe der Bär als positive Synthese von Franz von Assisi und Joseph Stalin
Am Freitag war er pünktlich in die Mensa gegangen. Es stank nach gebratenem Fisch. Er hatte schnell gegessen und war dann hinausgegangen, in einen kühlen, sonnigen Novembernachmittag. Sie standen schon vor dem Eingang der Mensa. Petersen redete durch das Megaphon. Conny, Erika und andere verteilten Flugblätter. Conny begrüßte Ullrich und streckte ihm einen Packen Flugblätter hin: Hilf mal.

Ullrich war so überrascht, daß er zugriff. Einen kurzen Augenblick überlegte er, ob er die Flugblätter nicht zurückgeben sollte. Er müsse leider in ein Seminar, das sei sehr wichtig, hätte er sagen können.

Oder hast du keine Lust, fragte ihn Conny.

Nein, sagte Ullrich, es kommt nur so überraschend.

Das gibt sich mit der Zeit, sagte Conny, leider, und ging dann wieder zwischen den kommenden und gehenden Studenten hin und her, pflaumte einige an, lachte und verteilte dabei die Flugblätter.

Wie sicher der sich bewegt, dachte Ullrich.

Währenddessen sprach Petersen vom Neokolonialismus und dem Befreiungskampf in der Dritten Welt. Aber vor Aufregung hörte Ullrich gar nicht genau zu. Er hielt die Flugblätter den Vorübergehenden entgegen, als gehörten Hand und Flugblatt nicht zu ihm.

Seine Befangenheit wich, als die ersten ihm wie selbstverständlich die Flugblätter aus der Hand nahmen. Plötzlich freute er sich, daß er geblieben war, daß er nicht mit einer Ausrede weggegangen war. Er dachte an den Abend im *Cosinus*. Er nickte zu Erika hinüber. Sie fragte, ob er noch seine Bahn bekommen habe.

Ja, sagte er, mit Hängen und Würgen. [...]

So, wie er jetzt mit ihnen zusammenging, die Flugblätter unter dem Arm, die Hände in die Parka geschoben, fühlte er sich dazugehörig. Am Morgen hatte er sich die Parka in einem American Stock gekauft. Sie zeigte noch die Kniffe, wo sie zusammengelegt worden war. Er sah die weißen Atemfahnen der anderen in der Luft. Ihm war angenehm warm. Er hatte schon beim Aufwachen an diesen Augenblick gedacht. Er war in einer ausgelassenen Zerstreutheit in die Stadt gefahren, hatte die Parka gekauft, hatte seinen blauen Regenmantel in ein Schließfach eingeschlossen und war dann in die Bibliothek gefahren. Er hatte versucht zu lesen. Aber er hatte immer wieder daran denken müssen, wie sie das Denkmal umstürzen würden. Was würde passieren, wenn die Polizei käme? Er hatte sich nach dem Wissmann-Denkmal erkundigt und war dann hingegangen. Er wollte es sich in Ruhe ansehen, bevor sie es umrissen.

Neben dem Hauptgebäude der Uni, hinter kahlen Büschen, stand Wissmann, eine grüne Bronzestatue in Lebensgröße, auf einem Marmorsockel. Wissmann stützte die Hände auf seinen Degen, trug einen Tropenhelm und blickte über den mit Autos verstopften Dammtorplatz hinüber zur Alster. Ihm zu Füßen, vor dem Marmorsockel, stand ein Askari, ebenfalls aus Bronze, der über einen sterbenden Löwen die kaiserliche Fahne deckte.

Ullrich war enttäuscht. Er hatte sich das Denkmal aggressiver vorgestellt. [...]

Conny machte eine große Armbewegung: Wir werden dieses Denkmal der Unterdrückung und Ausbeutung umreißen. Und wenn der Hamburger Senat es wieder aufstellen läßt, dann werden wir wiederkommen. Der Senat wird diesen Wettbewerb verlieren, denn dieses Monstrum läßt sich schneller umreißen als aufstellen.

Conny warf die Schlinge um Wissmanns Brust und sprang vom Sockel. Petersen, Conny, Ullrich, Lister und noch einige zogen. Aber Wissmann stand fest und unbeweglich auf seinem Sockel.

Eiffe behauptet, wer Milch trinkt, ist charakterstark.

Den haben sie besonders gut verankert, sagte Petersen, der den Bronze-Wissmann schon einmal umgerissen hatte.

Nochmals zogen alle an dem Seil und der lange Lister rief sehr laut: Hau ruck.

Wissmann stand.

Von der Straße pöbelte ein Taxifahrer aus seinem Auto herüber.

Los, sagte Conny, der Klops muß runter.

Alle packten und zogen.

Der wackelt nicht mal, sagte Erika.

Alle sahen zu Wissmann hoch.

Der Hebelpunkt ist ungünstig, meinte Ullrich.

Er stieg auf den Sockel. Plötzlich stand er neben Wissmann. Alle starrten zu ihm hinauf. Er zerrte an dem Knoten, pulte in auf, zog die Schlinge hoch, legte sie um Wissmanns Hals. Das Metall war kalt gewesen. Ullrich sprang herunter, packte mit den anderen das

Seil und alle riefen: Hau ruck. Wissmann wackelte. Beim zweiten Hau ruck kippte er kopfüber vom Sockel. Sein Tropenhelm bohrte sich in den braunen Rasen.

Alle klatschten, schrien und liefen durcheinander.

Der Askari blickte in einen Himmel, der jetzt von Wissmann befreit war.

Der wartet, daß der Löwe aufwacht, sagte Lister ernst.

Petersen stieg auf den leeren Marmorsockel und ließ sich das Megaphon hinaufreichen. Er sprach vom Befreiungskampf in Afrika, den man unterstützen müsse, auch hier in der Bundesrepublik. Da hörten sie das Martinshorn. Ullrich sah das kreisende Blaulicht des Überfallwagens. Er hatte plötzlich Angst.

Der Peterwagen fuhr über den Bürgersteig auf den Rasen. Zwei Polizisten in Lederjacken stiegen aus und drängten sich durch den Kreis. Sie sahen zu Petersen hinauf, der auf dem Marmorsockel stand, dann sahen sie auf den im Gras liegenden Wissmann. Dann sahen sie wieder zu Petersen hinauf.

Wer war das, fragte der eine Polizist forsch.

Der Wind, das himmlische Kind, sagte Conny, steckte den Zeigefinger in den Mund und hielt ihn dann in die Luft. Der Wind müsse gerade gedreht haben, vorhin sei er noch von dort gekommen.

Alle lachten.

Die Polizisten sahen sich an und dann blickten sie wieder zu Petersen hoch, der immer noch auf dem Marmorsockel stand.

Wir haben stattdessen ihn raufgestellt. Wir finden ihn schöner, sagte Erika.

Wie reden die mit denen, dachte Ullrich.

Die Polizisten sahen sich schon wieder an.

Ullrich schämte sich plötzlich, daß er Angst gehabt hatte, als er das Blaulicht sah.

Ein Polizist forderte Petersen auf, sofort von dem Denkmal herunterzusteigen, er habe da oben nichts zu suchen.

Ich hab mich nur festhalten wollen, aber da fiel der gleich um, sagte Petersen. Hier ist doch schon alles untergraben. Petersen zeigte auf den Rasen. Wieder lachten alle.

Die Polizisten sahen auf den Rasen. Sie blieben ernst.

Schlechte Arbeit, sagte Conny, ganz schlechte Arbeit. Da hat das Amt für Denkmalschutz schon wieder gepfuscht. Sie sind doch Denkmalschützer, fragte er die Polizisten.

Runtersteigen, befahl der eine Polizist. Er hatte rote Ohren bekommen.

Aber bitte nicht gleich schießen, wenns nicht schnell genug geht, sagte Petersen und stieg vom Marmorsockel.

Sie kommen mit zum Präsidium.

Warum?

Sachbeschädigung, Erregung öffentlichen Ärgernisses.

Darf ich auch mitkommen, fragte Conny, ich hab nämlich bei dem Ärgernis mitgeholfen.

Dann kommen Sie auch mit.

Ich war auch dabei, sagte Lister, wenn Sie für mich noch Platz haben.

Mitkommen, sagte der Polizist.

Einen Augenblick hatte sich Ullrich überlegt, ob er nicht auch sagen sollte, daß er mitgeholfen habe. Aber er hatte plötzlich wieder Angst. Er hätte nicht gewußt, wie er sich auf dem Polizeipräsidium hätte verhalten sollen. Die anderen, so schien ihm, warteten darauf, daß auch er etwas sagen würde. Aber Ullrich schwieg. [...]

Am gleichen Nachmittag hatte Ullrich sich das *Kursbuch* gekauft: *Vermutungen über die Revolution*. Er hatte gleich in der Bibliothek zu lesen begonnen. Ohne Unterbrechung hatte er bis in den Abend hinein gelesen. Nur manchmal hatte er aus dem Fenster gesehen oder zu den anderen Lesenden hinüber.

Wie sie da hockten, über ihre Bücher gebeugt, erschienen sie ihm plötzlich bemitleidenswert ahnungslos. Er hatte das Gefühl, an einem ungeheuer wichtigen Ereignis teilgenommen zu haben.

Zugleich quälte ihn aber auch der Gedanke, daß er gekniffen hatte.

Im Kampf um Freiheit, im Interesse des Ganzen gegen partikulare Interessen der Unterdrückung kann Terror zur Notwendigkeit und Verpflichtung werden. Hier erscheint Gewalt, revolutionäre Gewalt, nicht nur als politisches Mittel, sondern als moralische Pflicht.

Sie hatten diesen Polizeieinsatz lächerlich gemacht. Sie hatten die Verhaftung als Phrase entlarvt, einfach dadurch, daß sich mehr verhaften lassen wollten, als in den Wagen hineinpaßten. Sie waren stärker als die Polizei, fand Ullrich. Die Polizisten hatten plötzlich lächerlich gewirkt, hilflos.

Alle hatten gelacht. Es war ein richtiges Spektakel gewesen.

Ullrich begann, nach den Gründen seiner Angst zu fragen.

Er nahm sich vor, mit den anderen darüber zu reden.

Schon früh ging er am Abend ins *Cosinus*. Das Lokal war noch leer. Ullrich setzte sich an einen der runden Tische. Er bestellte sich eine Frikadelle und ein Bier. Später bestellte er sich noch ein Bier. Langsam hatte sich die Kneipe gefüllt. Aber Conny und die anderen kamen nicht. Als er das dritte Bier bestellte, fragte er den Bärtigen, der bediente, wo die SDS-Leute seien.

Vermutlich im Keller, sagte der. Die haben doch heute das Wissmann-Denkmal umgekippt. Dann treffen die sich bestimmt in ihrem Keller.

Und wo ist der Keller?

Irgendwo in der Nähe vom Philosophenturm, wo genau, wisse er auch nicht.

Ullrich zahlte die drei Biere und die Frikadelle. Er fand, daß die Frikadelle pappig geschmeckt hatte.

Er ging zum Bahnhof.

Warum hatten sie ihm nicht gesagt, daß sie sich nach der Aktion im Keller treffen wollten. Dort würden sie jetzt zusammensitzen, lachend und redend. Ullrich dachte daran, wie er als Junge manchmal das Weinen unterdrückt hatte. Das Weinen war dann ein Kribbeln im Kinn.

Er hörte plötzlich Schritte auf dem Gartenweg knirschen. Er sprang vom Bett auf und ging ans Fenster. Fräulein Zollgreve trug Reitstiefel und in der Hand eine Gerte.

Diese Scheißbude, schrie Ullrich plötzlich. Wut: auf sich selbst, daß er nicht hatte nein sagen können, als er dieses Zimmer angesehen hatte, daß er gekniffen hatte. Diese Peinlichkeit, dieses blödsinnige Gefühl der Scham, diese Scheißangst.

Er lief hin und her. Er hätte jetzt gern gewußt, wie Conny und Erika in ihrer Kommune lebten. Er nahm sich vor, so schnell wie möglich auszuziehen.

Er sah aus dem Fenster in den kahlen Garten. Auf den Ästen der Buche saßen zwei große Krähen. Die eine krächzte. Der ganze Ast schaukelte dabei.

Warum setzen sich die Krähen ausgerechnet in diese Buche?

Auf dem Schreibtisch sah er seine Notizen. Die Sprache in Kleists Dramen.

Warum hab ich das alles geschrieben, dachte er. Seine Schrift kam ihm unbeholfen vor.

Eiffe ist grün

Sein roter Stift ist kaputt

Karen Duve

Taxi (1984)

Der Roman »Taxi« schließt an Uwe Timms Studentenerzäh-
lung an. 1968 liegt schon ein paar Jahre zurück, manches, wofür damals gestritten wurde, hat sich zum Besseren verändert. Politik ist inzwischen allerdings nicht mehr so
wichtig. Man studiert oder fährt lieber erst mal Taxi, weil einen das ganze Leben, das man nun voller Elan angehen soll,
irgendwie überfordert. Karen Duve, 1961 in Hamburg geboren, trifft den Ton dieser unentschlossenen, einerseits selbst-
bewussten, andererseits verunsicherten Generation genau.
Ihre Protagonistin ist die moderne, zeitgemäße Flaneurin.
Im Auto fahrend begegnen ihr die Typen der Stadt, die unangenehmen wie die sympathischen.

Die taxifahrende junge Frau verkörpert genug Ent-
schlossenheit, um sich in der rauen Welt der Großstadt zu behaupten, sie ist schlagfertig und sie ist dankbar, auf eigenen
Beinen stehen zu können. Schwieriger wird es im privaten
Leben. Die jungen Männer verhalten sich nicht wirklich anders als früher, wie umgehen mit dieser Enttäuschung? Im
Zweifelsfall bleibt der Rückzug. Ein unsentimentaler, weib-
licher Blick auf eine Stadt und ihre Menschen.

Es gab vieles, was mir am Taxifahren gefiel: die ganze Nacht aufbleiben, unverantwortlich schnell und unangeschnallt Auto fahren und dabei wilde und merkwürdige Musik in den Spätprogrammen der Radiosender hören, die Busspur benutzen, wenn alle anderen Autos im Stau standen, jede Nacht in Bordelle eindringen, in übel beleumdete Hafenkaschemmen, und gleich danach Herrn und Frau Pfeffersack vom Atlantic Hotel oder aus dem Fischereihafenrestaurant abholen. Aber was mir am besten gefiel, war das Geld. Kein Scheck der Welt, kein Kontoauszug am Ende des Monats konnte es mit richtigem Bargeld aufnehmen: klebrige Münzen, die noch lauwarm aus einer Hosentasche in meine Hand wanderten, blutbeflecktes, zerknülltes und mit Zahlen bekritzeltes Papiergeld, glattgestrichen auf einem abgewetzten Cordhosen-Oberschenkel. Es klimperte, knisterte, und erstaunlicherweise stank es sogar. Gierig griff ich nach den schmuddeligen Scheinen, stopfte sie in mein großes schwarzes Kellnerportemonnaie und rührte mit dem Zeigefinger im Münzfach, um dem Fahrgast Gelegenheit zu geben, »stimmt so« zu sagen. Nie wusste man vorher, was man am Ende einer Nacht verdient haben würde. Es hing von so vielem ab, vom Wetter, von der Jahreszeit, dem Wochentag, vom Glück hing es natürlich ab, oder davon, ob gerade die Fressmesse Internorga lief. Aber auch von der eigenen Cleverness und dem Instinkt. Es gab Taxifahrer, die dreimal so viel verdienten wie andere. Ich lag im guten Mittelfeld. Hundert bis hundertfünfzig Mark blieben fast immer für mich übrig. Aber es gab auch Nächte, die völlig schiefgingen. Und irgendwann passierte es tatsächlich, und man erwischte sie, die große, mehrere hundert Mark teure Ferntour, von der immer alle Taxifahrer fantasierten. Oder man fuhr drei Geschäftsleute zu einem Puff und kassierte dreifache Kopfprämie. Diese Ungewissheiten und Möglichkeiten hielten mich bei der Stange. Ich liebte das Geld, sammelte es wie Dagobert Duck und gab fast nichts aus. Das einzige, was ich mir gern geleistet hätte, wäre eine eigene Wohnung gewesen. Inzwischen war bereits November, und die Winter in der schlecht isolierten Gartenlaube waren unangenehm. Mein Bruder und ich schliefen mit Handschuhen und Pudelmütze. Aber um eine Wohnung zu mieten, hätte ich Anzeigen durchsehen müssen, telefonieren, Wohnungen besichtigen, einen Vertrag unterschreiben. Einen Vertrag unterschreiben! Ich verkrampfte, wenn ich nur daran dachte. Ich würde alles falsch machen und mich am Ende mit einem unkündbaren Knebelvertrag ruinieren. Ich hoffte, dass sich irgendwann etwas von selbst ergab. Bis dahin sortierte ich meine Zwanzig-, Fünfzig- und Hundert-Mark-Scheine, rollte die Stapel zu Zigarren, umwickelte sie mit einem Gummiband und tat sie in einen Schuhkarton, den ich unter mein Bett stellte, dorthin, wo ich ihn berühren konnte, wenn ich die rechte Hand über den Bettrand baumeln ließ. [...]

»Hein-Hoyer, Goldener Handschuh, kannst die Uhr auslassen.«

Er reckte gereizt das Kinn und legte einen Fünfzig-Mark-Schein aufs Armaturenbrett. Eine große Narbe lief über seinen Handrücken. Der Goldene Handschuh war die Top-Prügel-und-Absturzkneipe in Hamburg, noch vor dem Blauen Peter I bis IV und vor dem Bronzekeller und lange vor Hotel Hannovera. Der Mann wog bestimmt an die hundert Kilo. Er roch nach Schweiß, Alkohol und Gefahr. Unter seinen rechten Augenwinkel hatte jemand dilettantisch den schwarzen Umriss einer Träne tätowiert. Ein gewalttätiger Mensch, nicht imstande, sich zu beherrschen, aber in der Zivilisation mit ihren strikten Verhaltensregeln liefen seine Dominanzansprüche jeden Tag ins Leere. Auswildern ging ja nicht, und so blieb ihm nur der Goldene Handschuh, eines der letzten Biotope, in dem noch das gute alte Schimpansengesetz galt. Ich hatte ihn an der Außenalster aufgenommen, direkt gegenüber des Atlantic Hotels. Wegen Dunkelheit und leichtem Schneetreiben hatte ich ihn erst im letzten Moment gesehen und eine nicht ganz ungefährliche Vollbremsung machen müssen. Jetzt fädelte ich mich wieder in den mehrspurigen Verkehr ein.

»Was ist damit?«, fragte ich und tippte auf den Fünfziger. Bis zur Hein-Hoyer-Straße in Sankt Pauli kostete es keine zehn Mark. Er grunzte ungeduldig und machte eine wischende Handbewegung in meine Richtung. Ich tat das Geld in mein Portemonnaie. Kaum hatte ich es eingesteckt, sagte er mit seiner tiefen, kratzigen Stimme:

»Was bist du denn für eine süße, kleine Maus?«

Was sollte man einem derart aggressiven Exemplar auf eine derart dämliche Frage bloß antworten? Dian Fossey hätte die Situation sofort in den Griff bekommen. Wenn Dian Fossey es mit einem unangenehmen Gorillamännchen zu tun bekam, dann machte sie irgendwelche Schnalzgeräusche und Unterlegenheitsgesten oder stopfte sich ein Büschel Gras in den Mund, um ihn zu beschwichtigen. Ich trat aus lauter Verlegenheit aufs Gaspedal, riss die Taxe in eine Lücke auf die nächste Spur, rutschte bei Rot noch mit über die Ampel, zog wieder nach rechts, hatte freie Fahrt und sauste mit achtzig Stundenkilometern über die schneeglatten Straßen, immer fleißig die Lücken in den Nebenspuren nutzend. Hinter mir wurde gehupt. Mein Fahrgast versuchte die ganze Zeit, weiter Konversation zu machen. Ob ich einen Freund hätte? Warum denn jemand, der so hübsch war wie ich, Taxi fahren musste? Ob ich denn keine Angst hätte?

»Da musst du dich nicht wundern, wenn du eines Tages mit durchschnittener Kehle in der Elbe liegst. Also, wenn du meine Freundin wärst, würde ich dir das nicht erlauben«, sagte er.

Ich schnaubte autistisch oder murmelte undeutlich etwas in mich hinein, ich stellte den Scheibenwischer an und wieder aus, wischte mit einem Ledertuch über das beschlagene Fenster und gleichzeitig fuhr ich so halsbrecherisch, dass der bullige Kerl sich gegen das Armaturenbrett stemmen musste. Schließlich hielt ich mit quietschenden Reifen vor dem Goldenen Handschuh. Im Fenster der Kneipe stand ein kleiner Plastik-Tannenbaum mit Lametta und Wattepilzen. Ich hatte die ganze Zeit vergessen zu atmen und war beinahe am Ersticken. Also atmete ich erst mal tief durch und schaute dann erst meinen Fahrgast an. Er starrte hasserfüllt zurück und machte keine Anstalten auszusteigen. In einer besseren Welt wäre er ein Alphamännchen gewesen und ich hatte ihm nicht den Respekt gezeigt, den er als Alphamännchen erwarten durfte.

»Und?«, sagte ich. »Ist noch was?«

»Ich krieg ja wohl noch Geld raus, oder? Ich hab dir einen Fuffi gegeben. Willst du mich bescheißen? Hast du gedacht, ich merk das nicht?«

»Na klar«, sagte ich verächtlich, »du kriegst Geld raus. Sollst du haben. Deswegen brauchst du hier nicht den Max zu machen.«

Er nahm die beiden Zwanzig-Mark-Scheine, die ich ihm reichte, und während ich noch dabei war, mein Portemonnaie wieder zu verstauen, holte er kaum merklich aus und schlug mir die Faust ins Gesicht. Man sieht tatsächlich Sterne. Rote, blaue und farblose. Es war ein unglaublicher Schock, eine Beleidigung von einem Ausmaß, wie ich das nie für möglich gehalten hatte, wenn ich Leute sich auf der Straße puffen und stoßen sah. Ich wollte ihn sofort töten. Aber als ich in meine Jackentasche griff, bekam ich bloß einen Lippenstift zwischen die Finger.

»Okay, jetzt ist gut, nich?«, sagte er und stieg aus. Ich sah immer noch Sterne und wedelte nur mit der Hand Richtung Beifahrertür.

Zwei Zivilpolizisten begleiteten mich von der Davidwache zurück zum Goldenen Handschuh. Sie trugen gefütterte Jeansjacken und beutelnde Karottenhosen und hatten Verbrechergesichter. Ich stapfte neben ihnen her durch den Schneematsch.

»Wie sah er denn aus?«, fragte der eine.

Ich versuchte, mich zu erinnern. Auch das aggressive Lumpenproletariat bestand schließlich aus Individuen, jedes mit einer einzigartigen Persönlichkeit und einem unverwechselbaren Äußeren. Bloß hatte ich es während der ganzen Fahrt vermieden, meinen Fahrgast anzuschauen. Und dann mein schlechtes Gedächtnis. Und den letzten Eindruck hatte der Faustschlag ausgelöscht.

»Groß«, sagte ich. »Richtig groß und schwer.«

»Er hatte eine Knastträne, rechts«, fiel mir noch ein. »Und braune Haare. Braune, fettige Haare, und einen Bart glaube ich, so ums Kinn rum – oder Vollbart.«

Der Goldene Handschuh war gestopft voll mit Männern, auf die diese Beschreibung zutraf. Männer, die bereit waren, sich schon wegen geringfügiger Rangstreitigkeiten dem Risiko ernster Verletzungen auszusetzen. Einen solchen Ort aufzusuchen, hieß, gegen die elementaren Regeln des Selbsterhaltungstriebes zu verstoßen. Die beiden Zivilpolizisten waren deutlich kleiner als die meisten hier. Sie waren sogar kleiner als ich.

»Ist es der?«

»Oder der?«

Ich schüttelte den Kopf. Aber dann sah ich ihn durch den ganzen Zigarettenqualm hindurch. Ohne Zweifel, das war mein Fahrgast. Allerdings hatte er blonde Haare und überhaupt keinen Bart. Wie man sich doch täuschen konnte. Die beiden Polizisten sagten ihm, dass er mit ihnen hinauskommen sollte, und zu meinem Erstaunen ging er friedlich mit. Ich empfand es als ungeheuer erleichternd, den Goldenen Handschuh wieder zu verlassen, und sog dankbar die feuchte, kalte Luft ein.

»Haben Sie eben diese Frau geschlagen?«

Er sah mich glasig an, schmatzte mit den Lippen und lächelte.

»Was soll das heißen? Heißt das ja?«

Er lächelte wieder, schwankte und stabilisierte sich mit einem Schritt nach rechts.

»Würden Sie dann bitte mit uns zur Wache kommen?«

Im selben Moment fing er an zu brüllen und um sich zu schlagen. Einer der Polizisten griff zu und drehte ihm den linken Arm auf den Rücken, wo ihm der andere Polizist schon den rechten entgegenhielt. Sie waren ein eingespieltes Team. Die Handschellen rasteten ein.

»Was soll das?«, brüllte der Mann. »Ich hab die Schlampe nicht geschlagen. Hab ich nicht.«

Als wir in die Davidwache kamen, stand dort der Revierleiter leicht erhöht hinter einem Tresen. Vor ihm lag ein mächtiges Buch aufgeschlagen, in das er die Sünden der Menschen notierte. Auf einer Bank an der Wand warteten drei Jungs in Trainingsanzügen und ein älterer Herr, der sich einen blutigen Lappen an die Schläfe drückte. Um seine Stiefel und die Turnschuhe der Jungen hatten sich braune Pfützen gebildet.

»Und jetzt«, brüllte mein Fahrgast mit unveränderter Lautstärke, »was wollt ihr jetzt machen? Hah! Ihr wisst doch gar nicht, was ihr jetzt mit mir machen sollt. Ihr wisst doch gar nicht, was für *Maßnahmen* ihr treffen müsst.«

Alle Gesichter wandten sich ihm zu. Als Letzter hob der Revierleiter langsam den Kopf und sah von seinem Buch auf.

»Maßnahmen? Sie wollen Maßnahmen?«, fragte er sanft. Und dann zu den beiden Zivilpolizisten: »Sperrt ihn ein!«

Herrlich, wie das deutsche Rechtssystem funktionierte. Es war mir ein Rätsel, warum die Polizei bei meinen Altersgenossen so unbeliebt war. *Sperrt ihn ein.* Großartig.

Die beiden Zivilpolizisten schleiften meinen Fahrgast einen Flur entlang zu den Zellen. Er machte sich schwer wie ein Kind, das von seiner Mutter an einem Süßigkeitenregal vorbeigezogen wird.

»Das dürft ihr nicht«, schrie er. »Das ist Freiheitsberaubung.«

»Ach was«, sagte der Revierleiter gelangweilt. Dann winkte er mich zu sich heran, und ich erzählte ihm kurz, was vorgefallen war.

»Also, Sie können jetzt natürlich eine Strafanzeige stellen. Das würde allerdings bedeuten, dass der Herr dort in der Zelle Ihren

Namen und Ihre Adresse erfährt. Da Sie Taxifahrerin sind, könnte die Sache möglicherweise auch von öffentlichem Interesse sein und deswegen weiterverfolgt werden. Aber aller Wahrscheinlichkeit nach wird sie wegen Geringfügigkeit fallengelassen. Es sei denn, Sie wollen selber Strafanzeige stellen, aber dann ...«

Ich verzichtete. [...]

Ich stand als erstes Taxi am Flughafen und versuchte, durch bloße Willenskraft die elegant gekleidete Frau mit dem kleinen Koffer dazu zu bewegen, langsamer zu gehen, damit der schwitzende dicke Mann hinter ihr sie überholen konnte und er es sein würde, der bei mir einstieg. Elegante Frauen, die mit kleinen Koffern vom Flughafen kamen, fuhren mit 85%iger Wahrscheinlichkeit nach Eppendorf. Also eine Schrotttour für zwölf achtzig. Bei dem schwitzenden dicken Mann hingegen war alles möglich. Er trug eine flache schwarze Aktentasche, und als er einstieg, sah ich an seinem feisten, glatten Gesicht, dass er trotz seiner Massen sehr jung war, beinahe noch ein Kind.

»Sechzehn«, sagte er, als ich ihn fragte. Er wollte nach Rothenburgsort, eine schöne runde Fünfunddreißig-Mark-Tour.

»Wieso fliegt ein Sechzehnjähriger mitten in der Woche durch die Gegend und lässt sich dann mit dem Taxi nach Hause chauffieren? Erklär mir das«, sagte ich. »Was habe ich falsch gemacht?«

Er war Computerspezialist. Saß zu Hause rum und tüftelte an seinen Computern. Und er hatte etwas erfunden – ein Gerät oder vielleicht war es auch nur eine Technik, genau verstand ich das nicht –, mit dem man von ausländischen Telefonzellen aus Ferngespräche nach Deutschland führen konnte, ohne dass einen das etwas kostete. Damit war er ins Fernsehen gekommen, und daraufhin hatte ihm eine Zeitung einen Job als Teilzeitredakteur angeboten. Also flog er nun zweimal die Woche nach Frankfurt, zu seinem Verlag, und noch am selben Abend wieder nach Hause, wo er weiter an seinen Computern herumtüftelte.

»Willst du die mal sehen?«

Wir hatten vor einem öden Klinkerbau gehalten. Er wohnte im zweiten Stock und die Treppen machten ihm zu schaffen. Ölige Schweißperlen bildeten sich auf seiner Stirn. Er schnaufte entsetzlich. Im ersten Stock stellte er die Aktentasche auf dem Boden ab und stützte sich mit beiden Händen auf die Knie.

»Gleich«, keuchte er. »Einen Augenblick nur.«

Der Junge war sechzehn und bereits ein völliges Wrack. Schließlich klemmte er sich seinen Koffer wieder unter den Arm und zog sich mit Hilfe des Treppengeländers in den zweiten Stock, wo er abermals ein bisschen verschnaufen musste. Er atmete so heftig, dass er den Schlüssel nicht gleich ins Schloss bekam.

In der Wohnung war seit mindestens zwanzig Jahren nicht mehr tapeziert worden. Auf der Tapete waren Koggen zu sehen, abfotografierte Koggenmodelle, die auf einem muffigen bläulichen Hintergrund mit gelben Schleifen segelten.

»Hier.«

Er stieß eine Zimmertür auf. Was mir als Erstes auffiel, waren nicht die vier riesigen, bereits eingeschalteten Computermonitore, die sich über zwei Tische verteilten, sondern die gigantischen Süßigkeiten, die überall herumlagen. Das waren Süßigkeiten wie für Riesenkinder, Weingummitüten, die ein ganzes Kilo fassten, Schokoladentafeln im Din-A4-Format, Keksdosen wie Waschmitteltonnen und eine dreieckige Toblerone-Packung – groß wie ein Stahlträger. Dazwischen lagen verschmierte Pizzaschachteln.

»Mit spätestens zwanzig werde ich mir ein Haus kaufen können. Und mit spätestens fünfundzwanzig werde ich Millionär sein.«

Ja, dachte ich, aber nur, falls dein Fettherz bis dahin durchhält.

»Das hier«, sagte er, »ist die Zukunft, und Leute wie ich werden diese Zukunft gestalten. Wir werden es sein, auf die es ankommt.«

Ich nickte ernst und stellte mir eine Zukunft voller Koggen-Tapeten und gigantischer Süßigkeitenberge vor. Auch dicke Jungs, die nicht mehr die Treppe heraufkamen und mit Pizzaschachteln vor ihren Computern saßen, glaubten, sie wären etwas Besonderes. Alle glaubten das. Alle dachten, das Leben wäre ein Film und sie die Hauptdarsteller darin.

»Es wird eine neue Art zu denken geben, und wir werden diese Art zu denken vorgeben«, schwärmte der Dicke.

»Jemand wie ich wird in dieser Welt dann wohl überhaupt nicht mehr zurechtkommen?«, fragte ich höflich.

»Wahrscheinlich nicht«, sagte er unbarmherzig.

»Bist du schon zwanzig? Dann bist du zu alt, wenn's richtig losgeht. Die alten Leute werden sich nicht mehr umstellen können.«

Ich ging wieder hinunter zu meinem Taxi und fuhr zurück zum Flughafen. Dort stand ich, bis eine elegante Frau mit kleinem Koffer bei mir einstieg. [...]

Ich fuhr nach Poppenbüttel, eine alte Frau wollte zu einem Altersheim am Ende der Alten Landstraße. Es war am frühen Abend und die Sonne schien vom Oktoberhimmel herunter und tauchte alles in ein goldenes Licht. Die Frau hatte weiße Haare, sie war sehr schlank und groß, trug eine Hornbrille und hatte einen hellbraunen Mantel an. Alte Frauen aus der Mittelschicht fuhr ich am liebsten. Diese gutartigen, von ihrer eigenen Unwichtigkeit zutiefst überzeugten Kleinbürgerinnen beschwerten sich nie. Weder Weltkriege noch Inflationen hatten ihr Vertrauen in die Welt erschüttern können. Ohne die geringsten Bedenken lieferten sie sich Ärzten, Handwerkern, Altenheimen, Bus- und Taxifahrern aus. Mit ihnen konnte man mit hundert Sachen durch den Stadtverkehr flitzen, ohne dass sie auch nur mit der Wimper zuckten.

Im Radio lief dieses schwermütige Lied aus *Cats*.

»Dieses Lied bringt mich zum Weinen«, sagte die alte Frau. »Immer wenn ich es höre, muss ich weinen.«

Sie weinte aber überhaupt nicht, jedenfalls waren ihre Augen trocken.

»Ich bin jetzt achtundachtzig Jahre«, sagte sie, »und ich weiß ja, dass das alt ist und dass ich jeden Tag damit rechnen muss, tot umzufallen – aber ich kann es mir einfach nicht vorstellen. Ich kann mir das einfach nicht vorstellen, dass ich jetzt sterben werde.«

Ich nickte. Es kam nicht oft vor, dass eine alte Frau etwas Interessantes oder auch nur Persönliches sagte, deswegen war ich nicht vorbereitet. Ich wollte etwas Tröstliches antworten, aber mir fiel nichts Tröstliches ein, was nicht vollkommen verlogen gewesen wäre.

»Achtundachtzig Jahre, das ist ja auch viel zu kurz«, sagte ich schließlich. »Fünfhundert oder wenigstens dreihundert Jahre, damit könnte man etwas anfangen. Man hätte Zeit, sein Leben auf die Reihe zu kriegen, und man könnte vielleicht jemanden finden, der einem wirklich etwas bedeutet. Fünfzig Jahre braucht man doch allein schon, um herauszubekommen, was man eigentlich will. Und siebzig Jahre, um die wichtigsten Bücher zu lesen. Und dann will man ja vielleicht auch noch ein paar alberne Hobbys haben, und dann geht ja noch so wahnsinnig viel Zeit mit solchen Sachen wie Schuhbandzumachen oder Staubwischen drauf.«

»Ich kann es mir nicht vorstellen«, wiederholte die alte Frau. »Eben ist man noch da, und eine Sekunde später plötzlich nicht mehr. Einfach tot.«

»Ist noch für keinen eine Ausnahme gemacht worden«, sagte ich. »Ich fürchte mich auch. Das mit dem Alter und der Sterblichkeit ist wirklich eine Sauerei.«

Sie hielt mir betrübt ihre Hände hin.

»Wissen Sie, wie das heißt?«, fragte sie und zeigte auf die braunen Flecken auf ihrer linken Hand. »Friedhofsblumen. Das sind Friedhofsblumen.«

»Ich habe neulich einen jungen Mann gefahren«, sagte ich, »der in London in einem Sterbehospiz arbeitet. Das Erschreckende, hat der zu mir gesagt, das Erschreckende ist, dass die Leute vor ihrem

Tod alle so voller Wut und Reue sind. Sie sind wütend, dass sie es so lange in einem miesen Beruf ausgehalten haben, oder dass sie immer noch mit ihrem Ehepartner zusammen sind, obwohl sie ihn längst nicht mehr lieben. Einige wollen nicht einmal, dass ihre Ehemänner oder Ehefrauen sie noch besuchen.«

»Ich bin nicht wütend«, sagte die alte Frau. »Ich will bloß nicht sterben.«

Ich ließ sie auf dem Gelände der schicken, modernen Altenwohnanlage heraus. Die Büsche und Bäume leuchteten in allen erdenklichen Rottönen. Überall standen nette kleine Bänke herum. Sogar ein Gartenschach gab es. Die alte Frau schlurfte langsam, aber sehr aufrecht davon.

Ich legte den Rückwärtsgang ein und machte mich wieder auf den Weg zurück in die Innenstadt. Die letzten Nachzügler des Feierabendverkehrs kamen mir entgegen. Mit verbiesterten Gesichtern saßen sie in ihren angezahlten Golfs und Kadetts und BMWs und hatten es eilig, vor den Fernseher zu kommen. Die würden auch alle sterben. Genau wie ich. Wenn ein Krieg ausbrach oder ein Atomkraftwerk in der Nähe hochging, würden wir sterben, und wenn kein Krieg ausbrach und kein Atomkraftwerk hochging, würden wir auch sterben. Das war das eigentliche Problem. Auch wenn ich keine Milch trank und keine Pilze aß und keinen Autounfall hatte und mir jeden Abend die Zähne putzte – in ein paar Jahren würde ich tot sein. Und falls ich mir vorher die Zeit nahm, über mein Leben nachzudenken, würde ich wahrscheinlich sehr wütend werden.

Michael Kleeberg

Das steinerne Schiff

Michael Kleeberg folgt seiner Hauptfigur Karlmann Renn, genannt Charly, durch Jahre des beruflichen Aufstiegs, des Selbstzweifels und durch eine wechselvolle private Geschichte. Der Volkswirt hat den Firmenchefs den Rücken freizuhalten, ohne selbst am Unternehmensgewinn beteiligt zu sein. Als kaufmännischer Geschäftsführer, eine Position, um die er sich gerade bewirbt, wird von ihm freilich selbstbewusstes Agieren erwartet, umso mehr, als er nicht in irgendeine Firma einzutreten im Begriff ist. Seit 1846 importiert das Hamburger Handelshaus Kautschuk, der persönlich haftende Firmenchef leitet das Unternehmen in vierter Generation.

Michael Kleeberg, 1959 geboren, kennt Hamburg von langen Studienjahren her. In dem Roman »Vaterjahre« führt er seinen Protagonisten für das bevorstehende Gespräch an den Ort, der wie kein zweiter für Handel und Kommerz stehen kann, für Expressionismus und Backsteinarchitektur, für Gediegenheit und Chuzpe, für »solide Freibeuterei«: das Chile-Haus. Charly ist der richtige Mann für seine zukünftige Arbeitsstelle: Das Haus wird ihm zu einer Ikone, zu der jeden Tag aufschauen zu können ihn jetzt schon froh macht.

Wie auch immer – ein neuer, fokussierterer, entspannter Charly fand sich eine knappe Woche nach dem Begräbnis morgens vor dem Chilehaus ein – und war so überwältigt, dass er ein paar Minuten stehenblieb und nur schaute. Er war absichtlich von Osten herangekommen, durch die Burchardstraße, um das Gebäude von der unvergleichlichen Bugseite zu erblicken. Aber diesmal erschütterte und beglückte und erhob ihn die Ansicht wie nie zuvor, vielleicht wegen der Aussicht, bald in dem Haus zu arbeiten, aus ihm hinaus- statt zu ihm aufzublicken, zu ihm zu gehören.

Die von den Dransfelds unsterblich gemachte Perspektive, das scharfe, spitzwinklige Dreieck der in den Himmel zielenden Fluchtlinien, die kaum glaubliche Spannung zwischen der nördlichen Flanke mit ihren spitzen Ecken und messerscharfen Kanten und der südlichen mit dem sanften Schwung ihres Bogens, war für das betrachtende Auge das, was der Bali-Impander, jenes sicherheitsnadelförmige Trimmgerät aus den Sechzigern, für den Bizeps gewesen war. Die beiden Seiten wollten auseinander, voneinander fortschnellen, und die Augen mussten sie unter größter Anstrengung zusammenziehen. Diese Anstrengung aber verursachte keine Müdigkeit, sondern schärfte den Blick, durchblutete ihn, machte ihn elastisch und wach und verstärkte das Bewusstsein davon, in der Welt zu sein und ihr standzuhalten.

Dieses steinerne Schiff, dieser backsteinrote Klipper, dieser den Asphalt durchpflügende Eisbrecher des Handelsgeistes, diese gotisch-avantgardistische Nautilus des Kommerzes, diese futuristische Kathedrale der beschleunigten Linien, dieser dürersch-expressionistische Holzschnitt unter dem immensen, wolkengetürmten Hansehorizont, das war Hamburg: seine kühne Gediegenheit, seine solide Freibeuterei, seine honorige Chuzpe, seine himmel-

stürmende Bodenständigkeit und seine ästhetische Kaufmanns-
klugheit.

Mein Gott, dachte Charly, während die Details der Handwerks-
kunst, die Simse, das Maßwerk, die mit Licht und Schatten spie-
lende körnig-glatte, schiefrige, gebackene Oberfläche der seinerzeit
bewusst aus zweiter Wahl gebrannten Ziegel, auf ihn einstürmten
wie Funkenflug, mein Gott, das hier und dahinter der Freihafen
und die Fleete und die Elbe (nein, er dachte: der Strom) und die
Schiffe und die Offenheit und der Geist und das Gewimmel und
die kühlen Entschlüsse und das Fernweh und die Masten und die
Vision, die diesen steinernen Dampfer hier auf Reede gesetzt hat
zwischen Sprinkenhof und Meßberg, diese von Energie durch-
pulste, ständig sich wandelnde Dauer – er dachte noch einiges Kon-
fuse mehr, das alles in allem einer Anbetung des Götzen seiner
Stadt nahekam, hier fast kniend vor seinem Standbild, nie so
machtvoll ausstrahlend wie jetzt, und er sandte im Geiste ein zugleich stammelndes und selbstbewusstes Dankgebet zum weltläufigen, gewandten, geschliffenen und gepichten Gott Mammon dafür, ein Teil dieses Organismus, dieses lebendigen Nexus sein zu
dürfen.

Charly umrundete das Gebäude einmal ganz und durchquerte
die durch es hindurchführende Fischertwiete und berauschte seine
Augen an dem altbekannten und doch nie wirklich geschauten
Bau. Die Anordnung der Klinker mit den versetzten Steinen, den
Plastiken und Ornamenten und Lisenen zwischen den Fensterrei-
hen verlieh ihm seine so abwechslungsreiche Struktur, und die
Ausschusssteine aus der Inflationszeit, die dem Architekten so gut
gefallen hatten, dass er zusätzliche anforderte, bewusst in extre-
mer Glut fehlgebrannt und mit Macken behaftet, schufen die un-
vergleichliche Textur aus schokoladenbraunen, rostbraunen, violetten, ochsenblutroten, bläulich schimmernden, porigen,
sandpapierenen und lasierten Ziegeln, die den hochbordigen, aus
Westen in die Stadt gerammten Salpeter-Segler bei jedem Tages-

und Abendlicht, bei hamburgisch perlgrauem oder nordseeisch marineblauem Himmel anders schimmern, anders leuchten, anders glänzen ließen, und bei starkem Wind wirkte es aufgrund der Knupperigkeit des Steins, der der Arche ihre Erdenschwere nahm, als wolle, als müsse, als könne sie in jedem Moment Segel setzen und davonrauschen, in einer weiten Kurve über die Dächer des Kontorviertels und der Speicherstadt hinweg, auf den Wogen der Lüfte, Kurs Südwest, am Kap Hoorn vorüber zu einer letzten Salpeterfahrt nach Iquique und Antofagasta.

Es war ein besonderer Moment in zweierlei Hinsicht. Einmal, weil er sein Unterbewusstsein, das ja eines der Hamburger Symbole auf immer verloren hatte (die verfluchte Köhlbrandbrücke), mit einem neuen versorgen konnte, solider, sicherer und schöner, und zum zweiten, wovon noch zu reden sein wird, weil es Charly in einer Zeit, in der aus der ihm zum Überdruss bekannten Stadt aller mythische Glanz verschwunden zu sein schien, mit einer neuen hamburgensischen Ikone beschenkte, vor der seine zukünftige Erinnerung knien, die sie anbeten und durch die er sein Leben beschauen konnte.

Dann stand er vor dem Portal A, Fischertwiete 2, dem Eingang zum Westflügel des Chilehauses. Links und rechts der Tür zwei etwas fette ionische Säulen und darüber ein Wappen. Links so eine Art gekröntes Reh, rechts ein fünfstrahliger Stern, darüber drei Gebilde, die wie Ähren aussahen. Zum Glück blieb in diesem Augenblick ein Pärchen neben ihm stehen, begleitet von einem älteren Mann, der es – und ihn zugleich – aufklärte: das Staatswappen von Chile (natürlich, du Schwachkopf!), hier der Andenhirsch und über dem Stern die Kondorfedern (Ähren, großartig!).

Der kleine Vorraum, den er betrat und der mit seinem angedeuteten gotischen Kreuzrippengewölbe etwas von einem Narthex hatte, trug an der Seitenwand die Erbauertafel. Dahinter öffnete sich die eigentliche Eingangs- und Treppenhalle. Charly hörte sich atmen, und was er wahrnahm, war eine Regung wie: Dem Glück des Auges folgt das Glück der Berührung, das taktile und auch das olfaktorische Glück. (Zigarrenaroma in Holztäfelungen, chlorhaltiges Putzmittel, der Geruch, wenn man in einem Fährschiff von tief unten hinaufklettert, und, aber das musste eine Nasentäuschung sein: Lebkuchen.) Aber was steckt wirklich hinter dieser Regung?

Es war das Erlebnis des Zeittunnels, das staunend fassungslose Hineingleiten in eine lebendig gebliebene und uns heutzutage in unserer heillosen, erinnerungslosen Modernität exotisch anmutende Vergangenheit, vergleichbar dem Eintritt in eines der ägyptischen Honoratiorengräber in Giseh. Es war das Erlebnis eines Handwerksstolzes, einer Handwerksgediegenheit, einer Liebe zur Qualität, aus der, um es kurz zu machen, ein anderes Menschenbild spricht als aus den standardisierten, technisierten, entfremdeten Bauten der Gegenwart. Vor siebzig Jahren, spürte man also, in einer Zeit der Inflation und Armut und, verglichen mit heute, sozialen Misere, in einer auch schon modernen Krisenzeit, hatten die Gewerke hier fast mit der religiösen Inbrunst von Kathedralenbauern Qualität, Schönheit, Details, Solidität und Dauerhaftigkeit geschaffen; was bedeutet das? Ein anderes Verhältnis zur vergehenden Zeit, aber auch eine andere Zukunftsgläubigkeit und ganz gewiss ein anderes Selbstbild, ein anderes Ethos. Weiß der Himmel, unter welchen Bedingungen wer hier in zwei Jahren dieses Gebäude mauerte und meißelte und tischlerte und zimmerte, weiß der Himmel, unter welchem finanziellen und Renditedruck Architekt und Bauherr standen, aber ein jeder vom Maurerpolier bis zum Bildhauer hat offenbar eine Berufsehre besessen, die heute so nicht mehr existiert. Nicht mehr existieren kann und darf? Standardisierte, billigst vorgefertigte Teile, mechanisierte, stumpfsinnige Arbeit, kein Budgetposten für Geschmack und Stil, der Verfall bereits im Material und in der Arbeitstechnik einkalkuliert und impliziert? Eines ist sicher: keine Identifikation mehr, bei niemandem. Die Klospülung der Effizienz-Moderne, in der das alles verschwunden ist auf Nimmerwiedersehn. Und hier, und das spürte Charly, hier war es alles noch da.

Die Wandverkleidung aus ockerfarbenen Fliesen, jeweils getrennt durch ein doppeltes Sims aus einem naturbelassenen und einem glasierten Stein, auf den Salamander geprägt waren, im Fluchtpunkt die breite, sich zum Halbgeschoss hin verjüngende Treppe, wo der Treppenabsatz einen Halbkreis bildete, einen Erker zum Innenhof hin, und in den Nischen zwischen den Fenstern stand eine aufwendig wie das Chorgestühl einer Kirche getischlerte Reihe von eichenen Sesseln. Auf dem Ende der beiden steinernen Handläufe jedoch, die die Treppe hier unten flankierten, saß je eine Keramikschildkröte – warum? Weil es schön war.

Links und rechts des Eingangs waren auf zwei Tafeln die Namen der ursprünglich ansässigen Firmen und Kontore direkt auf den Putz gemalt, davor standen Aufsteller mit den aktuellen Mietern. Auf der linken Seite bei K–Z las Charly Namen wie »Radikalsoziale Freiheitspartei, 6. St.«, »Reichskraftsprit GmbH V.-A. Hamburg«, »Sloman, Herbert Erben« (der Erbauer) oder »Thüringische Glaswollindustrie«. Dazwischen stand er, der Name der einzigen Firma, die noch immer das Chilehaus bewohnte: »Sieveking & Jessen, Handelshaus«.

Ehrensache, nicht den Aufzug zu nehmen, der bei der Renovierung die Paternoster ersetzt hatte, sondern die Treppe, obwohl er in den sechsten Stock musste.

Oben angekommen, »auf der Brücke«, wie er es empfand, noch einen vor Bewunderung kopfschüttelnden Blick auf die gelbweißen Wandfliesen, die gestromten Simse und die Art-déco-Hängelampen des Korridors werfend, wartete er eine Weile, bis sich seine Atmung normalisiert hatte, bevor er den messingnen Klingelknopf drückte, der in das Firmenschild eingelassen war. Sieveking & Jessen GmbH & Co. KG, Kautschukimporteur seit 1846.

Der Altgesellschafter öffnete ihm persönlich. Der Kapitän des Klippers auf der Brücke. Die rot gegerbte Seglerhaut. Das weiße

Haar. Fleischige Nase und Ohren. Unbehaarte Hände mit Alterspigmenten. Weiße Manschetten mit goldenen Manschettenknöpfen. Blauer Blazer. Graue Hose. Hellbraune Budapester. Rechts von ihm ein achtzig Jahre alter bedruckter Kautschukballen aus Brasilien. John Jessen.

Willkommen bei Sieveking & Jessen. Das war nicht der Begrüßungssatz eines Vorstellungsgesprächs, eher die Einladung zur Mitgliedschaft in einem exklusiven Club. Und Charly hatte auch keinen Augenblick lang das Gefühl, es gehe um seine Zukunft. Das sogenannte Geschäftliche flocht sich ganz natürlich ins Sightseeing der Kontorräume und das Geplauder über die Historie der Firma ein.

Wir haben hier sechzig Mitarbeiter, Herr Renn, nicht alle auf dieser Etage, zwei Stock tiefer ist unser Prüf- und Entwicklungslabor mit unseren hauseigenen Chemikern und Chemieingenieuren. Und natürlich drüben im Hafen unser Lager, kommen Sie, man sieht es von hier. Da, entschuldigen Sie, Herr Hähnel, dürfen wir mal: Da drüben das ehemalige Hauptzollamt am Alten Wandrahm, Brooktorkai und Sandtorkai sind ja eins dahinter, und jetzt zählen Sie mal von dort zwei Giebel nach rechts, tja, Hamburger Hafen ist wichtig für ein Hamburger Handelshaus, obwohl, reines Handelshaus, reine Vertriebsgesellschaft sind wir ja schon lange nicht mehr, nech. Hier entlang, bitte. Seit 1974 haben wir dieses Labor für Qualitätskontrolle, ich sehe, Sie wundern sich, dass wir hier keinen Parkett- oder Fliesenboden haben. Aber das ist einer unserer Kunden, fühlen Sie mal. Ärr, auch nicht mehr der Jüngste, haltbarer als Linoleum und ebenso natürlich und leicht zu verarbeiten und widerstandsfähig. Naturkautschuk. Hat man uns kostenlos verlegt. Und es passt sehr gut, wenn man sich dran gewöhnt hat, finden Sie nicht auch? Das war jetzt übrigens der Tradingroom. Tja, ich leite die Firma mit meinem Neffen, den werden Sie gleich noch kennenlernen, und was wir suchen, ist ein dritter Geschäftsführer, der verantwortlich zeichnet für den kaufmännischen Bereich. Hier herein, bitte. Ja, bevor ich Ihnen noch ein wenig über das Haus erzähle, genießen wir die Aussicht. Sie als Hamburger werden das zu schätzen wissen, auch wenn Sie's so noch nie gesehen haben. Warten Sie, die Tür geht schwer auf, und passen Sie auf Ihren Kopf auf, offiziell sind die Balkone nicht zum Rausgehen, die Geländer sind zu niedrig, dürfen aber nicht verändert werden. Denkmalschutz. Also die Speicherstadt haben Sie ja schon aus dem Großraumbüro gesehen, aber hier schauen Sie, Katharinenkirche, Spiegel-Haus, da, wenn Sie sich ein bisschen vorbeugen, die Nikolaikirche, und da hinten, da drüben, einmal quer über den ganzen Hafen rüber, heute kann man's sehen bei dem Licht, da, die Pfeiler der Köhlbrandbrücke. (Danke!) So nun wieder rein, setzen Sie sich, warten Sie, ich lass uns was kommen. Frau Ecks-tein, sind Sie wohl so lieb und bringen uns zwei Tassen Tee? Nehmen Sie Milch? Dann bitte nur ein Kännchen Milch für mich. Danke schön. So, noch einen Moment bitte. Ja, hallo, Sven-Erik? Ja, Herr Renn ist jetzt bei mir. Wenn du nachher rüberkommen möchtest? In Ordnung.

Er legte auf, und kaum saß er im Sessel, klopfte es, und auf sein »Herein« betrat eine ältere, schlanke Dame in blauem Hosenanzug und weißem Rollkragenpullover (die Brille am Band auf der Brust) den Raum und trug ein Tablett mit Teekanne auf dem Stövchen, zwei Tassen, Milchkännchen und Zuckerdose zum Tisch.

Fräulein Ecks-tein, bitte die nächsten dreißig Minuten keine Anrufe durchzustellen.

Der Alte seufzte wohlig, während er die Tasse zum Mund führte, und sagte: Und, kommt Ihr Herr Vater über den Verlust hinweg?

Mein Onkel, verbesserte Charly, und das war der einzige Moment, den er als kritisch empfand. Aber der alte Jessen ging umstandslos darüber hinweg, als erinnere er sich seines Fehlschlusses vom Friedhof nicht mehr. Ihr Onkel, verzeihen Sie. Ja, Frau Renn war ja nicht einmal zehn Jahre älter als ich. Da macht man sich schon so seine Gedanken. Die kritischen zehn Jahre zwischen dem fünfundsechzigsten und dem fünfundsiebzigsten.

Charly überlegte, ob er sagen sollte: ›Sie hat ein erfülltes Leben gehabt‹, aber dann fiel ihm ein Satz ein, den er instinktiv für besser hielt: Es war nicht immer ein leichtes Leben.

Das dürfen Sie laut sagen! Wer hier in der Nachkriegszeit ein Geschäft aufgebaut hat, der musste arbeiten, hart arbeiten. Freizeit war ein Fremdwort.

Und bevor das wie eine Drohung klingen konnte, fügte er hinzu: Das hat sich ja heute zum Glück geändert. Ich habe das Geschäft hier anno '58 übernommen, da waren Sie wohl noch gar nicht geboren, wie?

Nur geplant, sagte Charly lächelnd.

In der vierten Generation. Ich musste zwar nicht bei null anfangen wie Ihr Großvater, aber solch ein Erbe zu bewahren in schwieriger Zeit und den Erfordernissen des Tages anzupassen … Mein Vater hat das Geschäft achtunddreißig Jahre lang geleitet und ich nun auch schon – warten Sie: siebenunddreißig Jahre werden es dieses Jahr. Ich selbst bin ja kinderlos, mein Neffe, der Sohn meiner Schwester, ist hier seit fünf Jahren Mitgesellschafter und Geschäftsführer. Heutzutage angesichts der Termingeschäfte ist Liquidität eines unserer Hauptaugenmerke. Sie haben Ihre Unterlagen ja sicher mit – Charly reichte ihm die Mappe, und der alte Jessen überflog die Papiere so schnell, dass er unmöglich etwas davon lesen konnte. Schön, schön, schön, sehr schön. Dass Sie so ein Haus kaufmännisch führen können, davon gehe ich aus, aber damit ist es nicht getan. Ich sagte Ihnen ja schon, worauf es ankommt, ist ein Sinn dafür, wie ein solch traditionsreiches Haus nach innen und nach außen aufgestellt sein muss, sich präsentieren muss, sich darstellen muss. Wie lange existiert die Goldschmiede Ihrer Familie?

Bald sechzig Jahre, sagte Charly. Noch jung, gemessen an Sieveking & Jessen.

Ja, aber auch sechzig Jahre muss man erstmal durchhalten. Langfristig, denke ich, wird mit dem Posten, den Sie übernehmen sollen, auch eine Beteiligung verbunden sein. Nur damit Sie nicht glauben, wir machen hier eine Personalpolitik, die kein Morgen kennt. (Mit ironischem Schmunzeln sagte Charly Jahre später, wenn er diese Momente anekdotisch nacherzählte: Auf diese Beteiligung warte ich noch heute. Ich habe das Ergebnis dieses Ladens verzwanzigfacht, seit ich dort arbeite, aber glaub mal nicht, dass sich mein Gehalt auch verzwanzigfacht hätte. Die Gesellschafter haben, als ich anfing, 200 000 Mark im Jahr verdient, heute verdienen sie 1,7 Millionen Euro jeder. Die Jessens befinden sich, was die gute Hamburger Gesellschaft angeht, ich meine jetzt die wirklich gute, eigentlich am unteren Rand. Privatvermögen von rund 50 Millionen Euro, aber – ich kenne die Zahlen ja, weil auch deren Portfolios über meinen Tisch laufen – im Jahr spendet der alte Jessen 2000 Euro, für die Seemannsmission. So viel zum Thema Hamburger Pfeffersäcke ...)

Möchten Sie noch einen Tee? Nein? Sehr schön, ich auch nicht. Ja, was haben wir noch zu besprechen? Ab wann können Sie anfangen? 1. Juni, geht das? Jetzt brauchen wir aber noch die Einschätzung meines Neffen, ich hoffe, er kommt gleich. Sagen Sie, welcher Jahrgang war Ihr Großvater? 1898? Und hat wann? 1938 die Goldschmiede gegründet? Ja, gekauft, nicht gegründet. Ja, da liegt eine halbe Generation dazwischen. Mein Vater war Jahrgang 18-86, mein Großonkel Jahrgang 18-50 und mein Urgroßonkel 18-19. Der Sieveking, der das Haus mitbegründet hat, ist dann in der zweiten Generation nach London ausgewandert und hat seine Anteile überschrieben. Ein Sohn des seinerzeitigen Senators und Ersten Bürgermeisters aus der namhaften Familie. Wollen Sie mal sehen, die Ahnengalerie, hier drüben? Ja, darauf bin ich besonders stolz! Er deutete auf einen Rahmen, in dem ein in deutscher Schrift handgeschriebener Text hing, das Original eines Briefs oder Tagebuchs. Das ist ein Ausschnitt aus dem Tagebuch Wichard von Moellendorffs von 1914. Der Name wird Ihnen nichts sagen. Moellendorff hat zusammen mit Rathenau die deutsche Wirtschaft auf den Kriegsbetrieb umgestellt. Eine Meisterleistung, für die Rathenau die meisten ›credits‹ kassiert hat, aber in Wahrheit war Moellendorff der Kopf dahinter. Und über uns hat er sich geärgert, hehehe, hier, sehen Sie, ich lese Ihnen die Notiz vor, 16. August 1914: »Continental beschwert sich über die Preistreiberei von Sieveking & Jessen (Gummi), deren Bestände durch Vermittlung von unleserlich mehrere Tage zurückgehalten wurden ...« Na ja, das war mein Großvater, musste trotz aller vaterländischen Begeisterung auch sehen, wo er blieb. Ah, jetzt klopft's, das wird mein Neffe sein.

Momente der Spannung und Anspannung, sobald die Gestalt den Raum betrit, bis zum Aufstehen Charlys, dem Blick in die Augen, dem Händedruck, dem Sich-Setzen. Eine elektrisch geladene Atmosphäre, ein lichtschnelles Einander-Einschätzen und Sich-Messen. Zweieinhalb stumme Sekunden, vollkommen beherrscht, dabei ein ungeheuer komplexer Nexus, den wir mithilfe unserer Kenntnisse vom tierischen und menschlichen Territorialverhalten ein wenig auffasern müssen, um zu verstehen, was da abläuft. Gegenseitiger Blick auf die Größe (in etwa gleich), die Augen (wohin geht der Blick: Unter- oder Überordnung, Herausforderung), die Haare und das Kinn (Sexualpotenz), die Kleidung (Sozialstellung), die Anmutung (kein Gnom, keine Witzfigur, körperliche Gleichrangigkeit), die Ausstrahlung (Anspannung, Auf-der-Hut-Sein, kein Sympathievorschuss). Ergebnis des Mähne- und Gebisszeigens müsste oder könnte die Konfrontation sein.

Der männliche Leitlöwe eines Rudels herrscht im Allgemeinen nur wenige Jahre, bevor er von einem der Junglöwen abgelöst, vertrieben oder getötet wird. Es ist beobachtet worden, dass der neue Rudelführer daher häufig Jungtiere tötet, um die Löwinnen wieder paarungswillig zu machen und eigenen Nachwuchs heranzuziehen, von dem ihm weniger Aggressivität droht. Dieses Verhalten dient nicht dem Überleben der Gattung, sondern dem der eigenen Nachkommenschaft. Übertragen auf Sieveking & Jessen könnte man sagen, dass Sven-Erik die Gefahr spürt, das unter seiner Führung groß gewordene Männchen fremder Abstammung könne ihm früher oder später die Alpharolle streitig machen und fremde Gene ins Rudel bringen, weshalb er es schon zu Anfang zumindest symbolisch kastrieren oder töten muss.

Dem entgegen steht, dass Sieveking & Jessen kein Löwenrudel ist, sondern eine hochzivilisierte humane Struktur. Das Gegenteil des populären Diktums, dass Eigentum Diebstahl sei, ist nämlich wahr: Eigentum als ein Raum in privatem Besitz, der auch als solcher gekennzeichnet wird, ist eine besondere Form von Teilungssystem, die Kämpfe viel eher verhindert, als sie zu provozieren. Der Mensch ist eine kooperative Spezies, aber auch eine kompetitive, und sein Kampf um Dominanz muss auf irgendeine Weise strukturiert werden, will man Chaos vermeiden. Eine solche Struktur ist die Aufstellung territorialer Rechte. Sie beschränkt die Dominanz im Raum. Ich bin auf meinem Territorium dominant und du auf deinem. Mit anderen Worten: Die Dominanz wird so im Raum verteilt, dass wir alle ein wenig davon abbekommen.

Wenn wir das Unternehmen also als das Streifgebiet der beiden bezeichnen, in dem es zu keinen Aggressionen kommen wird, so sind die jeweiligen Kompetenzbereiche die zu verteidigenden Territorien. Charly würde sich, Gesellschafter hin oder her, weigern, ein getürktes Budget durchzuwinken, Protektionismus bei Neueinstellungen zu akzeptieren, eine Einmischung in die Finanzsteuerung hinzunehmen. Jessen würde sofort angreifen, wenn die Symbolbereiche des Führungsprimats von Charly betreten oder okkupiert würden oder wenn er sich in strategische inhaltliche Bereiche einmischte. Jessen hat den Standortvorteil des Chefs, aber er spürt, dass er sich auf sein Chefsein allein nicht wird herausreden können, wo es um Sachkompetenz geht: Die muss er ab nun unter Beweis stellen (was er natürlich ohnehin muss, bloß hat der Gradmesser dafür ein Gesicht bekommen). Wo die Grenzen verlaufen, wo die Territorien überlappen, besteht Konfliktpotenzial: bei den Budgetverhandlungen, bei der Personalpolitik, bei der Außenrepräsentation der Firma.

Zwei Alphatiere belauern einander, kommentiert Charly das am

Abend amüsiert vor seiner Frau. Aber ganz so amüsant ist es währenddessen nicht. Obwohl die beiden einander zum ersten Mal begegnen, spüren sie, ohne Beweise dafür zu haben, sofort ein paar Wahrheiten übereinander: Der Gesellschafter ahnt etwas von Charlys Charme, der auf den Alten wirken wird (was sich bewahrheitet), und von seinem Stolz, oder besser gesagt seiner Berufsehre. Charly weiß, dass der jüngere Jessen die weiblichen Angestellten der Firma als sein persönliches Revier betrachtet (auch das bewahrheitet sich). Keine Sympathie, aber Respekt. Sie werden in dieser Firma nebeneinanderstehen wie zwei fremde Männer in einem engen Aufzug: mit zusammengezogenen Lippen und an die Decke starrend, um die körperliche Präsenz des anderen zu verdrängen, die bei allem Bewusstsein, einander zum Besten der Firma zu benötigen, eine Zumutung ist.

Der Altgesellschafter hat das Ganze übrigens zwar stumm, aber hellwach mitverfolgt. Wie ein Wettender mit dem Fernglas auf der Tribüne beim Pferderennen. Ein wenig Reibung, ein wenig innere Konkurrenz, mag er denken, ist ein Tonikum für die Firma. Aber jetzt muss er die Situation auflösen. Das tut er, indem er seinen Neffen als Diplom-Chemiker vorstellt, der für die Qualitätskontrolle und für Ein- und Verkauf zuständig ist. Charlys Rolle wird es sein, ihm sein Handeln zu ermöglichen.

Tina Uebel

Last Exit Volksdorf

Tina Uebel, 1969 in Hamburg geboren, ist Hamburgerin und Weltbürgerin. Schon oft ist sie zu abenteuerlichen Reisen an möglichst entfernte Ziele irgendwo auf dem Erdball aufgebrochen, oft hat sie, fiktiv in einem Roman oder als Reportage, darüber geschrieben. Wenn sie über Volksdorf schreibt, ist der wohlhabende Stadtbezirk im Nordosten Hamburgs gemeint, es geht jedoch nicht ums Wiedererkennen. Tina Uebel schreibt über Jugendliche, übers Heranwachsen zwischen Schule und ersten Liebschaften, Konsum und Elternhaus. In der Pubertät gibt es lauter Wünsche, Hoffnungen, irreale Träume, und nichts, was da ist, genügt. Die Beziehung zu den Eltern – ganz okay. Nur diese übertriebene Toleranz, auf die könnte man verzichten.

»Irgendetwas täte er gern«, heißt es einmal über einen Jungen. Aber was könnte das sein? Neben sich die »Armee der Frühvergreisten«, denen der vorgezeichnete Lebensweg wie mit einem Barcode »auf die Stirn« gestempelt zu sein scheint. Wie sich unterscheiden? Und wie die Party heute Abend überstehen? Der Roman ist ein Kunstwerk aus genauer Sprache, Slang, Figurenrede. Ein Jugendlichenporträt aus der Vorstadt.

Nasrin und Sophie flanieren über die Spitalerstraße, untergehakt, sie sind Königinnen, die Stadt, die große, teilt sich um sie herum wie einst vor Moses das Rote Meer – die zwei haben Konfirmandenunterricht zusammen –, zur Linken Karstadt Sport, Douglas, Bijou Brigitte, Zara, Görtz 17 und der große Görtz, zur Rechten der Nike Store, Kenvelo, Orsay, New Yorker, Xanaka, H&M – wenngleich, das ist uncool, wird man mit zuviel H&M erwischt, kassiert man Häme –, Vero Moda und s. Oliver. Menschen branden ihnen entgegen, Erwachsene, so wie die beiden, fast. Es trägt jede ein imaginäres Diadem auf dem gutfrisierten Haar, es trägt jede einen Schatz in der Tasche: Sophie hundert, Nasrin achtzig Euro. Sie werden sich Roben und Gewänder und Geschmeide kaufen für ihren Schatz, sie werden die Schönsten, Strahlendsten sein auf dem Schulfest am übernächsten Freitag. Der Tanz in den Mai wird ihre Krönungsfeierlichkeit, man wird leise oh! und ah! raunen, wenn die zwei die festlich geschmückte Aula betreten werden, Arm in Arm wie jetzt. Finn, weiß Nasrin, wird sich in den Arsch beißen vor Wut und wünschen, er hätte sie angerufen. Tja, nun ist es zu spät. Nun wird sie ihn keines Blickes würdigen. Nun wird sie sich statt dessen in den bewundernden Blicken aller sonnen, darunter wird Ben sein, dem jetzt erst auffallen wird, daß er sie eigentlich längst mal hätte fragen wollen, ob sie nicht, na, vielleicht mal zusammen Fahrrad fahren wollen oder in die Koralle. Nasrin tagträumt von Bens blauen Augen und seiner süßen frechen blonden Stoppelhaarfrisur. Wie sich das wohl anfühlte, streichelte man darüber? Sophie steuert Nasrin derweil zu Bijou Brigitte und kauft, während Nasrin noch über Stoppelhaare meditiert, Finns Haare sind länger und fühlen sich flauschig an, zwei gewagt große Creolen für wenig Geld. Sie liebäugelt, weiß Nasrin, mit so gothicmäßiger

Musik wie Oomph! und HIM und Evanescence und dem *Matrix*-Soundtrack, aber traut sich nicht, sich danach anzuziehen, was Nasrin gut verstehen kann, Sophie hat es sowieso nicht leicht, sie ist gut in der Schule und schlecht in Sport, wenn man da auch noch das Falsche anhat, dann hat man verschissen, aber so was von. Die großen Creolen sind schon hart an der Grenze. Wenn ich vierzehn bin, laß ich mich piercen, sagt Sophie und beguckt sehnsüchtig Piercingstecker in der Vitrine. Erlaubt dir deine Mutter das, fragt Nasrin zweifelnd; mir doch egal, sagt Sophie, ich mach's einfach. Nasrin überlegt, ob Iris es okay fände, wenn sie sich piercen lassen würde, könnte schon sein. Vielleicht käme Iris einfach mit und ließe sich auch piercen, Nasrin schaudert. Als Iris damals darauf bestand, von nun an Iris zu heißen und nicht mehr Irene, fand Nasrin das peinlich, hat es inzwischen aber beinahe vergessen. *Mutti* hieß Iris ihrer Erinnerung nach nie. Begehrend streicht Nasrin um einen Ständer mit Straßohrringen herum, verwirft die Überlegung schließlich schweren Herzens, sie hat nur achtzig Euro, es ist schwer, damit etwas Vernünftiges zu kaufen, was nicht von H&M kommt. Untergehakt mäandern die Freundinnen die Spitaler hoch und runter, vom Nike Store am Hauptbahnhof bis zur Benctton-Filiale an der Mönckebergstraße. Probieren vieles an, ziehen alles wieder aus, gehen weiter. In die Großen Bleichen, nur so, zum Spaß, sie wissen genau, daß die Läden dort derart teuer sind, da kann man nur mit seinen Müttern einkaufen, und das auch nicht so oft, wie man es gerne täte. Aber mit achtzig Euro beziehungsweise 95,05 kommt man in den Großen Bleichen noch nicht mal zu den Türen rein. Die letztendliche Entscheidung, nicht ohne Bedauern über all die verschenkten anderen Möglichkeiten gefällt, manifestiert sich in einer ultrasexy Hüfthose von s.Oliver für Sophie, und für Nasrin, die, wie sie weiß, trotz gemeinsamer Brigitte-Diäten und Heilfasten mit Iris, immer noch einen viel zu fetten Hintern hat, in einem lässigen taillierten Sportsweartop von Sisley. Ihr Restgeld schmeißen sie zusammen und kaufen sich am Kiosk im Hauptbahnhof, wo die gestreßte Kassiererin die lange Schlange der Rollkofferkunden keines zweiten Blickes würdigt, zwei Rigo, die sie zusammen in der Horst leeren werden, zur Feier eines königlichen Tages. Sophie klaut noch bei Saturn eine CD, was Nasrin bewundert, sie würde sich das nie trauen. Sophie brennt ihr die, verspricht sie; wie gut es ist, so eine Freundin zu haben, denkt Nasrin in der U-Bahn, die vom Hauptbahnhof nur fünfunddreißig Minuten nach Volksdorf fährt, als lägen nicht Welten dazwischen. Ihr Sisley-Top wird ihre Hüften kaschieren und sie strahlen lassen, übernächsten Freitag. Ben wird nur Augen für sie haben. Finn wird sich erschießen. Zu Recht. Vor den U-Bahn-Fenstern wischen die Stadtteile vorbei, es werden die Häuser kleiner und die Bäume größer, je weiter man nach Nordosten fährt. Von der Station Volksdorf ist es nur ein Katzensprung, an der Kirche im Rockenhof, wo Nasrin und Sophie und fast alle aus ihrer Klasse zum Konfirmandenunterricht gehen, und dem Schwimmbad vorbei in die Horst. Von ihrem Konfirmationsgeld wird Nasrin einkaufen gehen, und zwar in den Großen Bleichen, nicht in der Spitaler. Iris selbst ist zwar aus der Kirche ausgetreten, hat jedoch mit Nasrin darüber gesprochen, daß man seinen spirituellen Weg allein finden müsse, und ihr Vater hat mit Religion nichts am Hut. Seit er mitsamt Kanzlei und neuer Frau nach Berlin umgezogen ist, hat er auch mit Nasrin nicht sehr viel am Hut, sie hat ihn manchmal schon beinahe vergessen. Nasrins spiritueller Weg führt jedenfalls ganz sicherlich über eine Konfirmationsfeier mit ihren Freundinnen, sie freut sich darauf. Und wird das Geld für die Nasen-OP sparen. Eckstein, Eckstein, alles muß versteckt sein – Aufgepaßt, ich komme!, singt sie im Chor mit Sophie laut und inbrünstig, und die beiden ziehen Arm in Arm los, Richtung Horst, Richtung Zukunft, an Kirche und Schwimmbad vorbei, und verschwinden im Dunkeln.

Das Wetter ist verhangen, wie Finn, der sich verhangen fühlt, ohne genau sagen zu können, was das eigentlich sein sollte: sich verhangen fühlen. Sein Vater würd's ihm sicherlich mit irgendeinem Körperscheiß erklären, Finn kann aber darauf verzichten und hängt im Innenhof ab und seinen Gedanken nach. Ben und Leon spotten über ein dickes Mädchen aus der Russischklasse, die ein limonengelbes Sweatshirt von Peek & Cloppenburg trägt und darin noch fetter aussieht, als sie in echt schon ist. Nee, so was will man nicht, Finn stimmt zu. Er haßt Latein, vielleicht wäre Russisch besser gewesen, er hat den *Kurier des Zaren* gelesen, zweimal. Michael Strogoff, der sprach Russisch. Zu Latein fällt Finn nur der hysterische Cäsar aus Asterix ein. Er versucht zwar, sich Mühe zu geben, schreibt aber doch die Übersetzungen gelegentlich von Leon ab. Wie Leon wäre Finn gern. Leon ist einen halben Kopf größer als er und zieht so ganz mühelos und mit Leichtigkeit sein Ding durch, mit guten Zensuren und ohne sich dafür anscheinend sonderlich anstrengen zu müssen. Wenn man Leon ansieht, kommt es einem vor, als wäre das alles gar nichts. Finn sieht Leon oft an, gern, mit Neid, oft. Der wird auch Arzt, wie Finn, weiß Finn. Leons Vater ist in der Forschung.

Sein Dad und Dr. Lütcke kennen sich flüchtig, flüchtig aber gut genug, daß Finns Vater einen Vergleich hat, wenn es an Finns Zensuren hapert, was es in Latein und Chemie und auch mal in Mathe bisweilen tut. Wie Leon müßte man sein, der gerade süffisant erwähnt, wie er Lily geschaßt hat. Beiläufig, wie Leon so was kann und tut. Und, erinnert sich Leon seiner, was läuft mit Nasrin, läuft irgendwas außer Scrabblespielen? Finn winkt ab, hab sie gepoppt, sagt er, war aber nicht der Rede wert. Wie jetzt, sagt Ben, echt jetzt, das erzählst du jetzt erst; sag ich doch: war nicht der Rede wert, sagt Finn, der keinen Wert darauf legt, auf Details festgenagelt zu werden. Der Gentleman genießt und schweigt, sagt Leon wissend, dessen Eloquenz aber wirkungslos verpufft in dieser Gesellschaft. Finn schert das heute alles wenig. Er denkt an Holden, was für ein komischer Name, der aus seiner Schule geflogen ist und den er darum beneidet und dann wieder nicht. Hab ein cooles Buch gelesen, sagt er; laß mich raten, das Sparbuch deines Dads, sagt Ben, der sich auch mal gewitzt vorkommen möchte. Über einen, der aus der Schule geflogen ist; was für ein Idiot, sagt Ben. Nee, irgendwie nicht, sagt Finn und weiß, daß er nicht nach Westen wird gehen können, weil, da ist ja nichts, außer Holland, und was sollte das wirklich bringen, außer besseres Gras vielleicht, aber egal, sagt er, ist ja nur ein Buch. Das fette limonengelbe Mädchen steht mit zwei anderen häßlichen zusammen, die Häßlichen bilden immer einen Pulk, eine Solidargemeinschaft, denkt Finn, dessen Vater abends am Abendbrottisch seinem Sohn die politische Lage näherbringt, denn damit kann man nicht früh genug anfangen, schon klar, irgendein Nichthäßlicher würde mit denen ja auch nicht reden, und irgendwie reden mit irgendwem muß wohl jeder. Finn steht mit seinen Buddies vor dem Klassenzimmer, in dem sie gerade Geschichte hatten. Am linken Eingang vor der Aula stehen die aus der Raucherecke, die sie, denkt Finn, bestimmt verbieten werden, bevor er sechzehn ist und rauchen dürfte, das wird debattiert, das Verbot, in der Schule und in ganz Volksdorf. Der Punk aus der elften lacht gerade einen der Faschos aus, dann zieht er ab, quer über den Innenhof, die Kippe in der Hand, was jetzt schon sehr verboten ist. Schert ihn aber nicht. Der Oberfascho, Gerrit heißt der, selbst Finn weiß das, so was spricht sich rum auch in den unteren Stufen, ruft ihm was hinterher, was der Punk mit einem Fuckfinger quittiert, ohne sich umzudrehen. The Rodent, sagt Leon, er und Finn haben im letzten Sommer gemeinsam zwei Wochen Sprachkurs in Bournemouth gemacht, kriegt gleich einen Anschiß, in zehn, neun, acht – die Pausenaufsicht, Frau Thiel, eine greise Chemielehrerin mit, so Leon, seniler Demenz, steuert auf den Punk zu –, sieben, sechs, fünf, vier – der Punk sieht sie, geht aber weiter –, drei, zwei, eins, null Sekunden. Leon hat recht, der Punk kassiert seinen Anschiß, schnippt die Zigarette beiseite, geht weiter. Läßt die Thiel stehen. Seine Haare sind schwarz gefärbt und lang und zottelig. Sein Ledermantel weht matrixmäßig hinter ihm her. Er hat, weiß

Finn, der den Punk oft sieht, auf dem Schulhof in der großen Pause oder im Dorf, auch noch eine kurze Lederjacke, eher so bikermäßig. Der Mantel ist cooler. Der weht hinter ihm her, als wäre er Neo, als wäre er Holden, der das vielleicht, lebte er heute, genauso gemacht hätte mit der Thiel. Der Muppet probt die Revolution, sagt Leon und will Überlegenheit demonstrieren, die Finn ihm aber nicht abkauft. Er sieht dem Ledermantelpunk hinterher. Schlank ist er, was Finn auch gern wäre, nicht, daß er dick ist, aber auf der Kippe, wäre er nicht beliebt, wäre er Zielscheibe, vielleicht, der Grat ist schmal. Immer. Man muß sich vorsehen. Immer. Finn weiß das sehr genau. Deshalb sieht er sich vor. [...]

Sie ist schon vorbeigefahren, als das, was sie sieht, ihr auch klarwird, und umgehend bringt Nasrin ihr Mountainbike mit einer Vollbremsung zum Stehen. Sie rollert ein Stück zurück. Vor dem leerstehenden Ladenlokal an der Eulenkrugstraße steht ein Lieferwagen, und Männer schleppen Bretter und Kisten hinein, und das ist, according to Nasrin, eine echte Sensation. Aber das Abgefahrenste ist die geschwungene Neonschrift über dem Eingang: Hogsmeade. Wie das Dorf voller Hexen und Zauberei beim Internat von Harry Potter. Worauf es natürlich jetzt gar nicht ankommt, es kommt darauf an, daß drinnen, wie Nasrin durch die nicht mehr abgeklebten Scheiben sehen kann, zwei Typen ganz deutlich einen Tresen basteln. Könnte fast sein, man mag es ja gar nicht glauben, daß sie tatsächlich ernst machen. Das Gerücht kursiert in Volksdorf schon seit Monaten, es soll hier ein Laden eröffnen, ein Café, irgendwas Richtiges, für junge Leute, für jemanden wie Nasrin und ihre Clique. Wo man hingehen kann und cool abhängen, sich mit Freunden treffen, Musik hören, fast undenkbar, daß das wirklich passieren könnte, laß es wahr sein, denkt Nasrin. Laß es nicht wieder so ein Spießerding werden, so einen Alte-Säcke-Laden wie der Jazzclub Lütt Huus im Keller des ehemaligen Fitneßclubs, wo sie sowieso noch nicht reinkommt, oder ein weiteres ödes Freßlokal wie Steakhouse und Fritten-Fries oder der sauteure Nobelitaliener, wo man ohne seine Eltern noch nicht mal eine Pizza essen gehen kann. Laß es was Geiles sein, stoßbetet Nasrin zum Schutzpatron aller vergnügungssüchtigen Teenager, welcher auch immer dafür zuständig sein mag, etwas, das schon nachmittags aufhat und auch Dreizehnjährige reinläßt. Oder zumindest Vierzehnjährige, Nasrins Geburtstag ist zwar noch lange hin, aber erstmal ist Sommer, kein Problem, nicht so nervig, im Sommer kann man was draußen machen, es ist der Winter, auf den es ankommt, wo es nichts gibt, das man tun könnte. Vorletzten Winter hat Nasrin noch gespielt, mit ihren Freundinnen, aber in diesem Winter ist sie, ohne daß sie genau gemerkt hätte, wann, zu alt geworden dafür. Was man jetzt statt dessen tut, hat sie noch nicht zur Gänze herausgefunden. Aber gäbe es etwas, wo man hingehen könnte, wie die Erwachsenen, nur ohne Erwachsene, das wäre doch schon mal ein Anfang. Sie überlegt, die Männer zu fragen, ist aber zu schüchtern, einfach hineinzumarschieren ins Hogsmeade, wie es jetzt wohl heißen wird. Die Bücher, noch besser als die Filme, hat Nasrin mehrmals gelesen und fiebert jedem neuen entgegen. Wenn der Laden so gut wird wie die, brechen rosige Zeiten an hier in Volksdorf. Man wird sehen. Nasrin hofft das Beste. [...]

> There's no stoppin' the cretins from hoppin'
> you gotta keep it beatin'
> for all the hoppin' cretins

Man amüsiert sich, kein Zweifel. Joshua raucht und verachtet. Des Rauchens wegen riskiert er einen Anschiß, Verachtung auf dem Schulgelände ist noch nicht verboten. *Noch* nicht. Bislang hat er nicht mal einen Zigarettenanschiß kassiert, man gibt sich scheißliberal, man gibt sich scheißtolerant, man *drückt ein Auge zu*. Man möchte kotzen. Die Armee der Frühvergreisten tanzt den Blitzkrieg Bop, kotzen tun sie erst nach fünfzehn heimlichen Bacardi Coolers auf dem Klo, und das wird auch schon der Höhepunkt ihres armseligen kleinen Lebens sein, bevor sie dann Papas Praxis übernehmen und an Einzelhauslepra sterben. Joshua besieht sich all das, die Söhne und Töchter, mit fünfzehn das Mofa, Vespa, mit sechzehn den Roller, auch Vespa, mit achtzehn das Auto, Golf, mit fünfundzwanzig die Eigentumswohnung, Winterhude, mit sechzig den Krebs, Gott sei Dank, ab dann kann man wieder drüber reden. Man sollte ihnen ihre JU-Mitgliedschaft als Arschgeweihe tätowieren, als Barcode, auf die Stirn, den Halblebendigen, die sich nicht entblöden, sich zu Sarah Connor aneinanderzuschubbern. Könnte man sie wenigstens vom Reproduzieren abhalten. Kann man nicht. Nach dem sechzehnten Bacardi Cooler gibt es unter Umständen Geschlechtsverkehr. Teenage Lobotomy. Selbst das halbe Dutzend Neonazis ist unter diesen Umständen dem allgemeinen Urschlamm aus künftigen Anwälten vorzuziehen. Alles ist dem vorzuziehen. The Blitzkrieg Bop. Hey ho, let's go/Shoot'em in the back now/What they want, I don't know. Joshua hört die Ramones über iPod, Sarah Connor erreicht ihn nur schemenhaft, im Stand der Gnade dank überlegener Technik, es entgeht ihm nicht gänzlich, wie lächerlich er selbst ist in dieser ganzen Freakshow. I'm a worm man. I'm fed up/There's no hope/I wanna puke/I want some dirt. In einer Ecke lehnend, sieht Joshua zu. Er sieht zu, er sieht dabei gut aus, weiß er, und hat es satt, zuzusehen. Irgendwas täte er gern, außer zu repräsentieren. Interagieren. Zum Beispiel. Dazu fiele ihm eine Menge ein. Er muß sich nur den Typen dort ansehen, der unwürdig mit seinem Becken einen weiblichen angehenden BWL-Auswurf anzuckt, und er käme auf Gedanken. Beat on the brat/ Beat on the brat/Beat on the brat with a baseball bat. Wobei der Baseballschläger die Waffe der Wahl der Faschos ist, vor denen Joshua nie ganz sicher sein kann, nicht nachts, nicht mit seiner Frisur, nicht mit seiner Lederjacke. Die tragen auch Lederjacke, nur in Braun, hey, how come. Aber, solange dir jemand nach dem Leben trachtet, so lange kannst du wenigstens sicher sein, eines zu haben, right? Ein Leben. Move, denkt sich Joshua, der nicht nüchtern ist, er trägt Dosenbier in seinem Rucksack, man wird nicht gefilzt hier, man bring seinen Kindern Vertrauen entgegen. Lächelnde Eltern patrouillieren die Party, im Verein mit dem lächelnden Lehrkörper. Oh-so-fuckin'-tolerant. *Night of the Living Bread*, Move, Baby, bewegliche Ziele sind schwerer zu treffen, denkt sich Joshua, dem offensichtlich Mitleid, Mitgefühl und Interesse hier nicht entgegengebracht werden wollen, und der den Schalter umlegt auf *Predator*, denn letztendlich ist er ein harter Hund, und langweilen mag er sich nicht. Nicht, wenn auf dem Gräberfeld V. Village mal einen Abend lang der Papst im Kettenhemd steppt, hey. Gib mir ein Opfer, denkt Joshua und killt seinen iPod. Spielen wir auf Anwesenheit. Spielen wir mit, spielen wir mit dem ganzen Zoo. Die Weibchen, denen er seine Aufmerksamkeit gönnt, treten nur in Rudeln auf, mindestens vier, wenn sie groß sind, möchten sie mal alle Folgen von *Sex and the City* auf DVD besitzen. Die Männchen gehören in die Petrischale. Ein Bauchnabelpiercing aus seiner Stufe weint sich an der Schulter eines anderen Bauchnabelpiercings aus, wahrscheinlich hat Papa ihre Titten-OP auf nächstes Jahr verschoben, volljährig mußt du schon sein, Hasi. Als Trostpreis gibt es das Zweitrennrad, oder doch die Lobotomie, oder beides, Hasi, wir können es uns ja leisten. Und die Möpse gibt es dann zum Abitur. Joshua tritt seine Kippe verstohlen aus und hofft auf einen Brandfleck auf dem Parkett der Aula und zündet sich, verstohlen, die nächste an. Ein Klumpen Hilfiger-Hemden schwappt durch die geöffneten Flügeltüren zum Innenhof hinaus, kiffen, wie Joshua weiß, der die Humansurrogate kennt, leider, sie kiffen meistens in einem ihrer Golfe vor Fritten-Fries, damit sie es für den Freßkick nicht so weit haben. Joshua und die Hemden kaufen bei demselben Dealer, hey, this is Volksdorf, das Angebot ist beschränkt. Die Nachfrage hingegen ist grenzenlos. Servicewüste Deutschland. Eine bleiche höhere Tochter wankt an ihm vorbei, anorektisch oder Alkoholvergiftung oder beides, Double A, sie touchiert ihn im Vorbeigehen und merkt es nicht und starrt mit leeren Augen auf irgendwas weit, weit neben ihm. Sie sieht aus, als kaufe ihre Mutti ihr die Klamotten. *Victimize me* hätte sie auf ihre Stirn tätowiert, hätte Mutti ihr das nicht in einem langen, innigen Gespräch von Mutter zu Tochter ausgeredet. Joshua kennt sie. Vom Sehen. Sie ist in der Zwölften, ein Jahr älter als er. Reife Frauen rules O.K. Träge schiebt sich Joshua durch den Türrahmen ins Foyer und wartet darauf, daß die Tochter vom Kotzen zurückkommt. Ob sie zurückkommt. Erst mal gucken, denkt Joshua, ob es lebensfähig ist. Teenage-Mutant-Darwinismus. Checking the Gengut. Einer der Nazis mit seinen Hofschranzen zieht an Joshua vorüber und würdigt ihn keines Blickes, es ist Joshua mehr als recht, Fressenpolitur, da steht er nicht so drauf. In keiner Hinsicht. Irgendein gutgenährtes Kind versucht eine Kippe zu schnorren, Joshua lächelt möglichst mitleidig und sagt, das schadet deiner Gesundheit, dein Leben liegt noch vor dir; was für ein, whatchacallit, Leben, sagt das Ding im Konsenshemdchen, kein schlechter Konter, nicht für hier, nicht für einen, Joshua taxiert das bemühte Ding, höchstens fünfzehnjährig. Höchstens. Ich hab Blättchen, sagt es, aber keinen Tabak. Du könntest dir einen Papierflieger basteln vielleicht, sag Joshua geistreich; du könntest mitrauchen, Smartass, sagt das Hemdchen. Exaustauschschüler. Joshua muß grinsen und wägt ab. Illegale Drogen schaden deiner künftigen Karriere, sagt er dann, er hat selbst noch ein Piece und spekuliert auf die kleine Kotzerin. Anorexia, wie er sie nennt, Anorexia Nervosa, ein Name wie der einer Prinzessin. Meine künftige Karriere fügt Ihnen und den Menschen in Ihrer Umgebung erheblichen Schaden zu, sagt der Wicht, und hat, wie Joshua einsieht, mit Sicherheit recht. Geh und wachs, sagt er und gibt dem Kind eine seiner Gauloises, mit der es sich trollt. Joshua steckt sich eine weitere an. Die anwesenden Autoritäten sehen in andere Richtungen, sie wissen, daß die Jugend auch mal über die Stränge schlägt. Das ist unser Vorrecht, nickt Joshua die herrschende Strategie ab, unsere Eltern und unsere Pädagogen sind schließlich unsere Freunde. Sie wissen, sie lieben uns. Sie wissen, wir haben keinen Zugang zu Schußwaffen. Halb- oder vollautomatischen. Zum Beispiel. Das gute alte Columbine-Erfurt-Spiel. I'm a teenage schizoid. The one your parents despise. Psycho Therapy, gonna kill someone. Während Joshua noch an Dinge denkt, die er nicht begreift, aber kennt aus Büchern und aus Filmen und aus Sehnsüchten seiner eigenen vagen Person, während er daran denkt, wie es sich wohl anfühlen mag, ein kaltes Metall, das vermutlich schwer wäre, viel schwerer als das, was man sonst so anfaßt, was faßt man schon an, und wie es sein mag, ernst zu machen, endlich mal, wirklich ernst to the point of no return baby, währenddessen kommt die blasse Tochter aus dem Mädchenklo geschlichen, er hätte sie fast vergessen, ganz nüchtern ist er nicht mehr. Aber er erinnert sich, als er sie sieht. Prinzessin Nervosa. In den Klamotten, die Mutter für richtig befunden hat. Mann, siehst du scheiße aus, sagt Joshua, willst du ein Bier. Miss Anorexia, may I call you Annie maybe, maybe Annie Maybe, my May Bee Baby, sieht ihn an aus leerblauen Augen, vielleicht sieht sie auch an ihm vorbei, das ist er gewöhnt, sind wir das nicht alle gewöhnt. Joshua ist versucht, vor ihren Regenaugen mit den Fingern zu schnipsen. Trink ein Bier, dann geht's dir zwar nicht besser, aber du scherst dich weniger drum, sagt er. Okay, sagt die Regenaugentochter. Geh'n wir raus, sagt Joshua; okay, sagt sie, und sie gehen raus, während er tanzt, der Kongreß.

1 2 3 4
Cretins wanna hop some more
4 5 6 7
All good cretins go to heaven

Dörte Hansen

Familienstillleben

Der Roman »Altes Land« erzählt von dem schwierigen An-
kommen einer ostpreußischen Familie nach der Vertreibung
1945 an ihrem zugewiesenen Wohnort südlich von Hamburg,
im Alten Land. Sechzig Jahre später zieht Anne, die Nichte
aus Hamburg, zu ihrer Tante ins Alte Land. Anne wohnt eigentlich in Hamburg-Ottensen, sie ist mit einem erfolgreichen Krimiautor liiert, die beiden haben einen Sohn, Leon.
Dörte Hansen, 1964 in Husum geboren, zeigt uns mit Anne
eine junge Frau und Mutter, die zu einer durchaus wohlhabenden Generation gehört, ohne existenzielle Sorgen. Im
Unterschied zu vielen um sie herum, die eine nahezu perfekte Work-Life-Balance hinzubekommen scheinen, was den
ganzen hippen Stadtteil prägt, kommt sie mit ihren eigenen
Ansprüchen nicht so leicht klar. Verkauft sie sich als Musik-
lehrerin nicht unter Wert? Wird sie ihrem Sohn wirklich gerecht, oder sollte ihr die eigene Karriere nicht doch wichtiger
sein? Eine fordernde Mutter trägt noch dazu bei, ihre Selbst-
zweifel zu verstärken. Der Umzug zur Tante aufs Land
könnte ein Ausweg sein, um alle Probleme erst einmal hinter
sich zu lassen.

Im Gruppenraum der Käfer standen die Stühle auf dem Tisch, der Boden war gefegt, gewischt, schon wieder trocken, jetzt legte Marion im Wickelraum die Handtücher zusammen, was überhaupt nicht ihr Job war. Sie war hier nicht die Hauswirtschafterin, sie war die pädagogische Leiterin der Käfergruppe, und während sie ein bisschen heftiger als nötig an den unschuldigen Handtüchern zerrte, behielt sie Leon im Auge, der wie bestellt und nicht abgeholt in der Spielecke saß. Ihm schien das allerdings nichts auszumachen, er baute konzentriert an einem Turm, der mittlerweile fast so hoch war wie er selbst.

Es waren immer dieselben Eltern, die viel zu spät hier angehechelt kamen und dann am liebsten noch die große Verzeih-mir-Show abzogen. Aber das hatte sie ihnen inzwischen ganz gut abgewöhnt.

Als Anne in den Gruppenraum stürzte, gab Leon seinem Turm einen Tritt, und die Bauklötze flogen donnernd durch den ganzen Gruppenraum, was Marion nicht toll fand, besonders nicht um acht nach drei.

Sie machte schon mal das Licht aus, während Anne durch den Gruppenraum hetzte, um die Bauklötze einzusammeln. In Marions Hand klimperte das Schlüsselbund.

Anne schnappte sich Leon, »schönen Feierabend, Marion!«, angelte im Flur nach seinen Stiefeln und stürmte nach draußen, Mütze, Schal und Handschuhe hatte sie schon in die Kapuze des Schneeanzugs gestopft. Im Windfang der Eingangstür stellte sie Leon neben seinen Buggy, um ihn fertig anzuziehen.

Die Mütter von Hamburg-Ottensen hatten es fast immer eilig. Sie schoben ihre Kinderwagen wie Kofferkulis, als wären sie Reisende auf einem Flughafen, die dringend ihre Gates erreichen mussten, um nicht die Anschlussflüge zu verpassen.

Anne sah die anderen im Stechschritt an sich vorbeimarschieren, eine Zeitlang war sie noch mitgerannt zu den Pekip- und Krabbel- und Babyschwimmterminen, aber sie fühlte sich in diesen Gruppen so fremd und fehl am Platz wie eine Atheistin im Gebetskreis.

Nach zwei qualvollen Stunden Babyschwimmkurs hatte sie Christoph hingeschickt, dem es nichts ausmachte, mit einem Dutzend Eltern und Kleinkindern singend in einem Planschbecken auf und ab zu hüpfen, alle immer Hand in Hand. Er absolvierte diesen Termin genauso klaglos wie seinen Dienst am Waffeleisen beim Kitafest oder den Windeleinkauf bei Budnikowsky.

Christoph lebte mit ihnen wie ein gut gelaunter Gast, es schien ihm nie ganz klar zu sein, dass er dazugehörte, dass ihn dieses Familienleben tatsächlich etwas anging.

Wenn sie zu dritt durch die Stadt gingen, ein Mann und eine Frau mit einem Kleinkind im Wagen, fing Anne manchmal ihr Spiegelbild in einem Schaufenster ein, und sie versuchte zu verstehen, warum sie anders waren als die anderen Familien.

An den Kleidern und Frisuren lag es nicht. Sie sahen gut und richtig aus im Schaufensterspiegelbild, ihr Kind war niedlich, und Christoph legte seine Hand auf Annes Schulter, wenn sie die Karre schob.

Aber da war ein Zögern, wenn Leon seinen Schnuller auf den Gehweg spuckte oder zu weinen begann, weil er nicht länger im Buggy sitzen wollte, es fehlte das Fraglose, das sie an all den anderen Familien wahrzunehmen glaubte. Das reflexhafte Bücken nach dem heruntergefallenen Schnuller, das Weiterreden, während man fast beiläufig das Kind aus der Karre auf den Arm hob. Das Stillen im Café bei koffeinfreiem Latte, die Mutter bis zur Willenlosigkeit entspannt, und neben ihr der Vater, den Laptop vor sich, über der Schulter das Spucktuch und seine Hand auf ihrem Rücken, sanft und langsam auf und ab streichelnd. Die Familienstillleben in den Cafés und Parks von Hamburg-Ottensen zeigten Anne, was sie nicht waren: ein fest verschnürtes Paket, Vater-Mutter-Kind, verwoben zu einem stabilen Familienstoff.

Sie waren zwei Leute mit einem Kind, lose verhäkelt, drei Luftmaschen.

Zwischen all den Paaren, die in lässigem Gleichschritt durch die Straßen des Stadtteils zogen, schienen sie und Christoph immer auf Zehenspitzen zu gehen.

Sie war sich heute gar nicht mehr so sicher, dass Christoph sein Hemd damals aus Versehen falsch zugeknöpft hatte, vielleicht war es auch Absicht gewesen. Ein weißes Hemd, die Ärmel aufgerollt, es war die schiefe Knopfreihe, die ihr als Erstes an ihm aufgefallen war. Er hatte den Laptop vor sich, einer der vielen Textarbeiter im Café, an einem Tisch am großen Fenster. Der ganze Mann ein bisschen ungebügelt, zwei Falten, die sich schön von seiner Nase bis zu seinen Lippen zogen, die blonden Haare nicht gekämmt, die Finger auf den Tasten ziemlich schnell, bis zu dem kleinen Auffahrunfall mit dem Bobbycar. Ein Kind hatte den Tisch gerammt, beim Toben störten die Tische im Café immer, »hoppla, Schätzchen«, sagte die Mutter, »tu dir nicht weh«.

Die Bionade schwappte, sein Notebook schäumte, und Anne hatte ihren Baumwollschal über die Brauselache geworfen.

Der Laptop war trotzdem hinüber, aber der Abend wurde noch sehr schön.

Und dann der Sommer.

Und dann gleich schwanger.

Christoph schrieb seine Hafenkrimis so, wie Ingenieure Brücken bauten: gut geplant, tragfähig, schnörkellos. Er kannte die Qualen einer Schreibblockade nur vom Hörensagen und hatte keinerlei Antennen für die kleinen Gehässigkeiten seiner Autorenkollegen, die von den Verkaufszahlen seiner Bücher nur träumen konnten. Sie litten an ihren schmalen Erzählbänden, die sie sich in den

Nächten unter Qualen abrangen, und verachteten Christophs Mainstream-Verlag, der ihre komplizierten, handlungsarmen Texte immer wieder dankend ablehnte. Sie nannten ihn *unseren Volksschreiber* und lächelten schmallippig, wenn er bei seinen Lesungen in den Kneipen und Kulturzentren des Stadtteils wie ein *local hero* gefeiert wurde.

Christophs Leserschaft war treu und überwiegend weiblich, Anne sah die Gesichter der Frauen, die ihm zuhörten, wenn er las. Sie legten die Köpfe schief und lächelten, nippten am Wein und sahen, was Anne auch gesehen hatte: den schönen, leicht zerzausten Mann im weißen Hemd.

Zerstreut, wie Schriftsteller nun mal waren, knöpfte er es manchmal sogar schief, sie liebten das an ihm, dies Jungenhafte, leicht Chaotische, und Anne fühlte sich ertappt.

Der Reißverschluss von Leons Schneeanzug hakte wieder, sie hatte ihn schief hochgezogen, er hing auf halber Höhe fest. Nicht vor und nicht zurück. »Ich mach das mal eben«, sagte Marion, die jetzt die Eingangstür des Kindergartens abgeschlossen hatte und endlich auf dem Weg nach Hause war. Sie zog ihre Handschuhe aus, zerrte den Reißverschluss mit festem Ruck ein Stück nach unten und zog ihn wieder hoch. »So, kleiner Mann, bis morgen.«

Wenn es nicht zu nass und windig war, ging Anne mit Leon durch die Grünanlagen an der Elbe, und dann schauten sie den Hunden zu, den großen langhaarigen, die wie Halbwüchsige durch die Büsche stolperten, und den abgeklärten Dackeln der Altonaer Witwen, die unter den Parkbänken lagen und auf ihre rauchenden Frauchen warteten.

Manchmal ließ sie Leon vor dem Bio-Supermarkt in der Ottensener Hauptstraße für fünfzig Cent auf einem blauen Schaukelesel reiten, aber meistens war das Ding kaputt, dann saß er eine Weile auf dem reglosen Kunststofftier und ruckelte, bis er einsah, dass es zwecklos war.

Anne stand daneben, planlos, willenlos, die Tage hatten Überlänge, und meistens schien es zu regnen.

In den Nächten war alles anders. Wenn Leon schlief, lag sie in seinem Zimmer vor dem Kinderbett und streichelte sein träumendes Gesicht, die schmalen Schultern, die dicken kleinen Hände, er roch nach Milch und warmem Sand und unverdientem Glück.

Dann kam der Tag mit all den Windeln und den Flaschen, mit Schnullerketten, Handschuhen und Mützen, die immer weg waren, mit Kinderarztterminen, Sandformen, Matschhosen, Wickeltaschen, und plötzlich waren das Mutterglück und die Dankbarkeit nicht mehr auffindbar, sie rutschten tief unter die Feuchttücherpakete, gingen unter in Babyschwimmbecken und Getreidebrei.

Manchmal, wenn sie mit fremden Frauen auf dem Spielplatz saß, sah sie die dunklen Augenringe und fragte sich, ob es noch andere gab wie sie, Nachtmütter, die sich am Tag ein anderes Leben wünschten. Falls ja – sie würden es auch unter Folter nicht gestehen. Man durfte erschöpft sein auf den Bänken in Ottensen, gestresst und ungekämmt, auch ungeschminkt, das alles ging, nur mutterglücklos, das ging nicht.

Es hatte ein bisschen gefroren die letzten Tage, der Sandweg im Fischerspark war fest und matschfrei, eine perfekte Rennstrecke. Anne hob das Laufrad vom Gepäckträger des Buggys, und Leon sprang auf. Er fuhr mit der rauschhaften Begeisterung eines Kindes, das endlich schneller war als Eltern und andere Hindernisse. Leon war Easy Rider mit Marienkäferhelm, er bremste nicht für Mütter.

Im Park konnte nicht viel passieren, die Spaziergänger brachten sich meist rechtzeitig in Sicherheit, und wenn er umfiel, federte sein Schneeanzug die schlimmsten Schrammen ab. Das Problem war der Heimweg, wenn sie die Fußgängerzone hinter sich gelassen hatten und durch den finsteren, stinkenden Lessingtunnel mussten, wo die Tauben verreckten und Leon mit seinem Laufrad zwischen den vier Autospuren trudelte und in rasantem Slalom um zerknüllte Coladosen und alte Hamburgerkartons fuhr. Anne galoppierte ihm hinterher, schrie Halt- und Stopp-Befehle, als wäre sie einem Handtaschenräuber auf den Fersen. Es war natürlich zwecklos, niemand konnte den Geschwindigkeitsrausch eines vierjährigen Jungen bremsen.

Blau und kalt war dieser Nachmittag und viel zu klar für Anfang Februar.

Als sie zehn Meter hinter Leon atemlos in ihre Straße bog, fiel Anne ein, dass sie den Kinderarzttermin vergessen hatte.

Sie sah den weißen Fiat vor ihrer Tür, einmal mehr, einmal zu viel, und da kapierte sie es endlich. Schloss die Tür auf, ließ Leon unten im Hausflur stehen, stieg die vier Treppen hoch und stand dann wie eine Einbrecherin in ihrem eigenen Flur, wo schwarze Stiefel lagen, die ihr nicht gehörten.

Christoph saß mit Carola immer in der Küche, wenn sie ein neues Buchprojekt besprachen, die beste Lektorin, die er je gehabt hatte, sie saßen heute auch am Küchentisch bei Weißwein und Tee, alles wie immer, sie hatten heute nur nichts an. Anne sah zuerst die nackten Füße mit den rot lackierten Nägeln. Carolas Zigarette fiel ins Weinglas, als sie Anne sah.

Unten im Treppenhaus brüllte Leon, das Ego nach seinem triumphalen Nachmittag im Laufradsattel auf Diktatoren-Maß überdehnt, und wollte hochgetragen werden. »Ich geh schon«, sagte Anne, und Christoph ließ sich in seinem Stuhl nach hinten fallen, die Augen zu, als hätte sie ihn gerade hingerichtet.

Anne stieg die Treppe hinunter und nahm Leon auf den Arm, er stellte das Schreien augenblicklich ein und ließ sich vorwurfsvoll nach oben schleppen.

Carolas Haar war schwarz und fiel bis auf die Hüften, sie stand im Flur und hatte Schwierigkeiten mit dem Reißverschluss, bekam den Rock nicht zu, mit Reißverschlüssen bin ich auch nicht gut, dachte Anne, sie wischte die Hand weg, die Carola ihr scheinschwesterlich auf den Arm legen wollte, und ging in die Küche, wo Christoph stand, nur noch halb nackt, noch immer leichenblass. Anne riss die Balkontür auf, warf Carolas Kippen, ihre halb volle Zigarettenschachtel und das silberne Feuerzeug über das Geländer und ließ sich auf einen Stuhl fallen.

Leon, der sich freute, dass Carola mal wieder zu Besuch war, wollte mit ihr ein Bilderbuch angucken, das machten sie manchmal, aber heute nicht, also stiefelte er in sein Zimmer, wand sich alleine aus dem Schneeanzug, machte den CD-Player an und tanzte ein bisschen zu seiner Lieblingsmusik. *Da flog sie, oh Pardon, auf dem Besenstiel davon, geradeaus, übers Haus, dreimal rum und hoch hinaus ...*

Am Küchentisch saß Anne, sie hatte noch immer den Mantel an und baggerte mit einem großen Löffel in einem Glas Rapunzel-Haselnusscreme aus dem Bio-Supermarkt. Hörte nicht auf damit, als Christoph sich neben sie setzte, schaufelte weiter die teure Vollrohrzucker-Pampe in sich hinein, bis er ihr den Löffel aus der Hand nahm und das Glas verschraubte. Dann legte sie den Kopf auf den Tisch und schloss die Augen, als horchte sie an dem vernarbten Holz, und sie brauchte ihm gar nicht mehr zuzuhören, als er ihre Hand nahm, weil sie die Füße mit den roten Nägeln ja gesehen hatte und das lange schwarze Haar bis zu den Hüften.

Schneewittchen im weißen Wagen, und hier saß Anne Kaffeekanne.

Simone Buchholz

Originalton Hamburg

»Revolverherz« ist ein Kriminalroman mit einer ganz und gar untypischen Hauptfigur. Simone Buchholz stattet sie liebevoll mit lauter widersprüchlichen Eigenschaften aus, sodass sie durchweg überraschend handelt, spontan, leidenschaftlich, mit Herz. Konvention ist für sie ein Unwort, was ihr nicht nur Freunde einbringt. Dass diese Hauptfigur eine Staatsanwältin ist, die durch eine Mordserie unter Druck gerät, sorgt für Brisanz und macht das gesamte Setting noch eigenwilliger.

Eine außergewöhnliche Frau in einer unberechenbaren Stadt, so könnte man die Grundkonstellation des Romans beschreiben. Alles ist in Bewegung, die Stadt ist hier nicht nur Kulisse, sie spielt eine zentrale Rolle mit ihrem Wetter, den Kneipen und Imbissbuden, dem Hafen, der Elbe und einer Kiez-Fußballmannschaft. Und mit ihren Kriminellen. Mit einer rauen, burschikosen und zugleich gefühlvollen Sprache lässt die Autorin ihre Figuren die Handlung vorantreiben und zeigt deren gedrückte oder hochfliegende Stimmungen, deren Temperament und Alltag. Eine belebende Lektüre. Die Autorin, 1972 in Hanau geboren, lebt schon lange auf St. Pauli.

Ich fahre mit dem Schiff zum Mittagessen. Ich stehe an Deck, rauche gegen den Wind und lasse mir den Kopf zurechtblasen. Links die Containerschiffe, Kräne und Restposten alter Hafensiedlungen, rechts die schwimmenden Hochhäuser, in denen Asylbewerber aus schwierigen Ländern Unterschlupf finden. Dahinter klebt die Stadt und sieht riesig aus, eine Silhouette aus schwachen Lichtern, wie eine weitere Facette des wolkigen Himmels. Neben mir sitzt eine Frau, sie hat Kopfhörer auf und schaut aufs Wasser. Sie trägt ein zartrosa Kostüm und sieht nach Geschäftsfrau aus. Sie scheint ein bisschen Probleme mit ihren Schuhen zu haben, ihre Füße quellen am Spann ziemlich hervor. Und die Musik, die aus ihrem Kopfhörer kommt, muss pervers laut sein. Wenn ich das richtig mitkriege, hört sie Punkrock. Ich finde sie irgendwie nett, wie sie da sitzt, in ihrem Kostüm und ihren zu kleinen Schuhen und mit diesem Krach in ihren Ohren. Ich lächle sie an, aber sie reagiert nicht. Blöde Nuss. Ich schaue weg, spüre ein Schwindelgefühl in mir hochsteigen und atme Hafenluft, so viel ich kriegen kann.

Das Schiff legt am Museumshafen an, am Pier liegt ein zum Café umgebautes Schiff, am Ufer stehen kleine alte Häuser mit winzigen Vorgärten. Die Art von Idylle, die mich normalerweise schreckt, aber heute tut sie ganz gut. Ich schaue noch mal zu Frau Punkrock rüber, jetzt lächelt sie plötzlich, aber ich glaube nicht, dass ich gemeint bin, und gehe an Land. Aus den Augenwinkeln kann ich sehen, wie sie anfängt, sich zur Musik zu bewegen, und eine Art Sitztanz aufführt. Wie offensichtlich manche Leute doch ihren Wahnsinn zur Schau stellen. Verrückt.

Die Imbissbude steht noch. Sie ist so baufällig und abgerockt, ich habe große Angst, dass sie eines Tages einfach vom Erdboden oder gar vom Wasser verschluckt wird. Die Bude ist ein Traumplatz, und nur wenige wissen das und kommen hierher. Die meisten werden von den offensichtlich gemütlichen Cafés in Strandnähe angesaugt. Der Imbissbude sieht man von außen nicht an, wie viel Seele sie hat. Sie ist ja nicht mal eine Hütte, mehr ein Verschlag. Aber gegenüber ist das Herzstück des Hafens, da sind die großen Docks, das ist ein gutes Gefühl, die so in der Nähe zu haben. Und wer in der Bude mal drin ist, spürt es sofort: Hier darf man sein. Hier ist alles okay. Hier gibt es an richtig kalten Tagen sogar Erbsensuppe. Hier hab ich vor ein paar Jahren Carla kennengelernt.

Das war an einem Samstag, es regnete und stürmte, und die Bude war brechend voll, die ganze Stadt schien dort Schutz vor dem Wetter zu suchen. Ich fühlte mich einsam und war schon durch den ganzen Hafen gelaufen auf der Suche nach einer ehrlichen Flasche Bier. Carla stand zufällig neben mir in der Tür, wir versuchten beide, uns noch reinzuquetschen, als plötzlich eine Welle Elbwasser über den Anleger schwappte. Nirgendwo war ein Schiff zu sehen gewesen, die Welle kam völlig unerwartet, und nach dem ersten Schreck fingen alle in der Bude an, sich vor Lachen auszuschütten, vermutlich aus Erleichterung darüber, dass das alte Ding nicht einfach mit raus aufs Wasser gesprungen war. Wir waren die Einzigen, die es voll erwischt hatte, und auch die Einzigen, die sich nicht totlachten. Ich war stinksauer, meine Haare und mein Mantel trieften, ich hatte Brackwasser geschluckt, es war ekelhaft, ich wollte gerade anfangen, alle anzuschreien, als Carla nach dem Fischbrötchen ihres Nachbarn griff, den Hering da rausnahm und sich bis zur Hälfte in den Mund steckte. Sie legte den Kopf schief, schnitt ein dummes Gesicht in meine Richtung, und so nass, wie sie war, sah das brutal komisch aus. Ich musste grinsen und bestellte zwei Bier. Seit diesem Tag sind wir Freundinnen. Sie ist meine einzige Freundin.

Heute stehen nur ein paar versprengte Gestalten hier rum, alte gammelige Hafenmänner mit zufriedenen, furchigen Gesichtern. Einer von ihnen hat sich eine Gitarre umgehängt und spielt Elvis. Er singt nicht, er klimpert nur einen Song nach dem nächsten. Auf der Schiefertafel hinter der Theke steht: HEUTE CURRYWURST. SO GROSS, DASS SIE VERBOTEN GEHÖRT.

Ich rufe den Faller an und sage ihm, dass er herkommen soll.

»Warum?«, fragt er.

»Es gibt Anarcho-Currywurst, und es liegt Musik in der Luft«, sage ich.

»Warum noch?«, fragt er.

»Ich könnte Gesellschaft brauchen.«

Der Faller sagt: »Ich komme.«

Eine Viertelstunde später ist mein alter Kumpel da. Ich schätze, er ist mit Blaulicht gefahren. Manchmal hab ich den Verdacht, dass er mich heimlich adoptiert hat. Vielleicht wünsche ich mir das aber auch nur. Seine Tochter ist jetzt zwanzig. Wenn ich den Faller mit seiner Tochter sehe, wenn ich sehe, wie er sich vor sie stellt, egal was passiert, wenn ich all die Liebe für sie in seinen Augen sehe, dann legt sich eine Klammer um meine Seele und presst mir alles zusammen, und manchmal geschieht es, dass der Faller das merkt, und dann holt er mich irgendwie rein in den Kreis, und ich könnte heulen und muss sofort eine rauchen.

Ich schiebe dem Faller eine von den beiden monströsen Curry-würsten mit Pommes rüber, die ich für uns organisiert habe.

»Bier?«, fragt er.

»Nicht für mich«, sage ich, »ich bin im Dienst.«

Der Faller grinst. Er weiß, dass mir das eigentlich egal ist und dass ich zu jeder Tages- und Nachtzeit trinke, wenn mir danach ist. Gerade ist mir aber nicht danach. Mein Kopf ist im Moment nicht in der Verfassung. Ich trinke Apfelsaft. Kriminalhauptkommissar Faller bestellt sich ein Wasser. Seit dieser verfluchte Mist damals passiert ist, seit ihm der Alkohol in einer düsteren Nacht seine

Würde genommen hat, rührt er nichts mehr an. Und sein Gesicht ist seitdem um ein paar Schattierungen Grau reicher.

Ich beiße in meine Currywurst. Phantastisch. Außen hart, innen weich, gerade genug Salz und ein Tick zu viel Pfeffer.

»Also«, sagt der Faller, »was macht das tote Mädchen in Ihrem Kopf?«

»Liegt da rum und blutet«, sage ich mit vollem Mund.

»Dann drehen wir sie doch mal ein bisschen«, sagt der Faller.

»Ich will nicht«, sage ich und spieße zwei Pommes auf.

»Darauf können wir jetzt leider keine Rücksicht nehmen«, sagt er. »Es sei denn, Sie möchten den Fall abgeben.«

Er schiebt sich ein Stück Wurst in den Mund und macht beim Kauen die Augen zu. Der Mann mit der Gitarre spielt einen meiner Lieblingssongs: Walk a Mile in My Shoes. Und ich bilde mir ein, der Himmel draußen über den Docks hätte einen rosa Schimmer angenommen.

»Ich will den Fall nicht abgeben«, sage ich, »aber ich kann mich einfach nicht richtig darauf konzentrieren. Mein Kopf springt nicht an, und wenn, tut er weh. Es ist, als würde die Sache mich krank machen.«

»Wo genau tut's denn weh?«, fragt er. »Eine Tote macht Ihnen doch sonst auch nicht solche Probleme.«

Es geht darum, dass er ihr die Haut abgezogen hat, denke ich. Ich denke an ihre Haut und habe Angst um meine eigene, warum auch immer.

»Mir fehlt der Zugang zu seinem Gehirn«, sage ich. »Ich kann und will mich nicht in ihn reinversetzen.«

Der Faller weiß so gut wie ich, dass genau das normalerweise meine große Stärke ist: denken wie ein Täter. Im Grunde meines Herzens bin ich kriminell. Ein Schwerverbrecher. Ein richtig schlimmer Finger. Aber kein Psychopath.

»Sie sind eben kein Psychopath, Chef«, sagt der Faller.

»Sind Sie einer?«, frage ich und kippe meinen Saft auf ex.

»Ich«, sagt er, »bin eher der Typ für einen handfesten Totschlag.«

Ich weiß, dass er das ist.

»Wir stehen also richtig schön scheiße da«, sage ich.

»Muss ja keiner merken«, sagt er. »Und jetzt lassen Sie uns mal Hand in Hand in die Psychopathenhölle spazieren.«

Ich lege meine Plastikgabel weg. Draußen pfeift eine Windböe um die Ecken der Currywurstbaracke und rüttelt am Holz, und dann ist es wieder still, bis auf die Möwen, bis zur nächsten Böe.

Originalton Hamburg.

Der Mann mit der Gitarre hat die Musikrichtung gewechselt und spielt jetzt Seemannslieder. Deine Heimat ist das Meer.

Der Faller stippt drei Pommes in die Currysauce und steckt sie sich in den Mund.

»Die Vorstellung von abgetrennter Kopfhaut«, sagt er und kaut, »wie schlimm ist das für Sie?«

»Kann ich nicht sagen.«

»Falsch«, sagt er, »Sie können nicht drüber reden.«

Ich zucke mit den Schultern.

»Er wollte nicht ihre Haut, Chas«, sagt er. »Er wollte ihre Haare. Und leider eben komplett. Hören Sie also auf, über Haut nachzudenken. Unser Thema ist: Haare.«

»Ich glaube, sie war brünett«, sage ich.

»Das ist Spinnerei, Chas«, sagt er. »Es gibt auch jede Menge Blondinen mit dunklen Augenbrauen.«

»Wissen wir schon was über die Perücke?«, frage ich.

»Australisches Fabrikat«, sagt er, »wird auf der ganzen Welt verkauft. Massenware, in jedem Transenshop erhältlich, allein auf dem Kiez liegen die hundertfach in den Regalen.«

»Lassen Sie uns trotzdem die Kollegen drauf ansetzen«, sage ich.

»Selbstverständlich«, sagt er.

Ich bestelle mir dann doch ein Bier, was soll's. Und der Faller vernichtet die Reste seiner Wurst und sagt mit vollem Mund eines seiner Lieblingsgedichte auf, es ist eine Zeile aus einem sehr schönen Lied, das ich ihm vor Jahren mal vorgespielt habe, als es ihm nicht so gut ging: »Der Mensch besteht fast nur aus Wasser, und der Rest ist Alkohol. Nur wenn er sturzbetrunken weinen kann, fühlt er sich restlos wohl.«

»Es ist gleich zwei«, sage ich und nehme einen kräftigen Schluck aus der Pulle. »Wir müssen los.«

Im Konferenzraum in der Staatsanwaltschaft sitzen an einem großen Tisch: der Brückner und der Schulle, zwei junge Kollegen aus Fallers Mordbereitschaft. Herr Borger, unser Psychologe. Eine junge Assistenzärztin aus der Pathologie. Der Hollerieth von der Spurensicherung. Und der Faller und ich. Der Calabretta ist nicht da, der musste mit seiner Mutter zum Arzt.

Der Brückner und der Schulle sind super Typen. So klassische Hamburger Jungs mit flachsblonden Haaren und Gesichtern, die nie älter werden als achtundzwanzig. Der Brückner ist eher klein, und der Schulle ist eher groß.

Herr Borger ist Ende vierzig, er trägt eine silberne Lesebrille und sieht aus wie der Religionslehrer von nebenan, spricht aber wie ein Billardprofi: cool und abgeklärt. Ich hab noch nie erlebt, dass den Borger irgendwas aus der Ruhe gebracht hätte. Die Kollegen im Präsidium nennen ihn intern *Mr. Valium,* und ich glaube, er weiß es auch, und es ist ihm natürlich egal.

Die Frau aus der Pathologie kenne ich nicht, die scheint neu zu sein. Sie ist rothaarig und hat eine beeindruckend kleine spitze Nase, Modell Kleopatra, und sie wirkt auf den ersten Blick irre zart und auf den zweiten Blick sehr fleißig und professionell. Schade, dass der Calabretta nicht da ist. Ich glaube, sie könnte sein Typ sein.

Der Hollerieth von der Spurensicherung ist der Chef seiner Truppe und der, den ich von diesen Eierköpfen am wenigsten leiden kann. Immer, wenn ich den sehe, habe ich sofort das Bedürfnis, ihm weh zu tun. Er ist ein hochnäsiger Geselle mit einem sehr plumpen Gesicht und sehr schlanken Händen, die überhaupt nicht zum Rest seiner Erscheinung passen, und irgendwas an ihm macht mich echt rasend. Ich vermute, es ist die Tatsache, dass er anwesend ist. Er trägt einen grauen Beamtenschnurrbart, ein grobes Sakko und eine indiskutable Motivkrawatte zu einem labberigen Hemd. Er eröffnet unsere Gesprächsrunde.

»Wir haben so gut wie nichts«, sagt er und lässt einen vorwurfsvollen Blick über den Tisch rutschen.

Ich hasse vorwurfsvolle Menschen. Ich werfe doch auch niemandem mein Leben vor.

»Und das heißt genau?«, fragt der Faller.

Der Hollerieth schlägt seine Akte auf, spinnenfingrig und wichtigtuerisch.

»In der Nacht von Montag auf Dienstag hat es geschüttet wie aus Eimern. Wir haben also zwar jede Menge Fußabdrücke und Reifenspuren, aber die sind verwischt und nicht zuzuordnen – auf dem Kopfsteinpflaster am Hafen fahren und latschen ja schließlich Tausende von Leuten rum. Am Körper der Toten haben wir kein Stück fremde DNA gefunden, lediglich ein paar einzelne Fasern von Klamotten. Irgendjemand trug vermutlich eine Jeans und einen Wollpulli, entweder sie oder ihr Mörder. Und wir gehen davon aus, dass sie mit einem Plastikkabel erwürgt wurde, weil wir an ihrem Hals kein faseriges Material gefunden haben.«

Der Hollerieth schaut die junge Ärztin aus der Pathologie an. »Was halten Sie davon?«

»Kunststoff«, sagt sie und nickt. Sie hat eine wunderschöne rauchige Stimme, die perfekt zu ihrer Haarfarbe passt. »Ich tippe aber von der Verletzung her eher auf einen Kabelbinder als auf ein Kabel. Ein Kabel würde nicht solche Einschnitte hinterlassen.«

»Und sonst?«, frage ich. »Ist da was unter ihren Fingernägeln?«

»Nichts, was auf einen Kampf hindeutet«, sagt sie. »Die Hautpartikel, die wir gefunden haben, sind ausschließlich von ihr selbst. Sie hat sich höchstens mal am Kopf gekratzt. Bis auf die Würgemale an ihrem Hals hat sie keine Hämatome. Und was die Ausbildung der Leichenflecken angeht, kann ich mit ziemlicher Sicherheit sagen, dass sie erst nach ihrem Tod an die Stelle geschafft wurde, an der die beiden Matrosen sie gefunden haben.«

»Was ist mit den Tabletten, von denen der Doc gesprochen hat?«, frage ich.

»Phenobarbital«, sagt sie, »ein starkes Barbiturat. Ist verschreibungspflichtig und wird eigentlich nur noch zur Narkosevorbereitung oder bei Epilepsie verabreicht. Der Stoff ist schwer zu beschaffen. Es könnte natürlich sein, dass unser Täter Epileptiker ist. Aber dann braucht er das Zeug selbst und kann es sich nicht leisten, es in solchen Dosen zu verpulvern.«

»Wie wirkt der Stoff?«, fragt der Brückner. Wollte ich auch gerade fragen. Diese ersten SoKo-Treffen sind immer ein bisschen wie die erste Stunde bei einem neuen Mathematiklehrer: Alle versuchen, einen möglichst guten Eindruck zu machen.

»Das hängt von der Dosierung ab«, sagt die Ärztin, deren Art, zu reden, mir mit jedem Satz, den sie von sich gibt, besser gefällt. Ein schön unbeteiligter Singsang. Ich muss den Faller fragen, ob er sich ihren Namen gemerkt hat. »Die Tote hat eine ordentliche Menge in Verbindung mit Gin bekommen«, sagt sie. »Ich schätze, sie ist stehenden Fußes eingeschlafen und hat sich dann auch direkt auf den Weg über den Jordan gemacht. Phenobarbital ist ein mächtiges Zeug.« [...]

»Also noch mal«, sagt der Schulle, »wir haben keine Hinweise darauf, wer sie war, und vermissen tut sie bisher auch keiner. Richtig?«

Richtig. Die Runde nickt.

»Heißt«, sagt der Faller, »warten, hoffen, weiterarbeiten.«

Wir stehen noch ein bisschen um den Tisch rum, spicken in den Akten des anderen, und ich bewege mich unauffällig in die Nähe der Assistenzärztin mit der Reibeisenstimme.

»Frau Riley«, sagt sie, »freut mich, Sie endlich kennenzulernen. Sie haben 'ne Menge Fans in der Pathologie.«

»Ach ja?« Ich schenke ihr mein nettestes Lächeln. »Die haben dann wahrscheinlich keine Ahnung, wie wenig ich ein Fan der Pathologie bin.«

»Ich verrate Ihnen was«, flüstert sie. »Wir wissen das alle ganz genau.«

Ich muss grinsen. Mann, finde ich die gut.

»Ich heiße Bettina Kirschtein«, sagt sie.

»Danke«, sage ich und kann gar nicht aufhören, debil zu grinsen. Es passiert mir selten, dass ich von jemandem so schnell so hingerissen bin.

»Freunde sagen Betty«, sagt sie.

»Rauchen Sie, Betty?«

Sollte ich etwa anfangen, mir Freunde zu suchen?

»Manchmal«, sagt sie, »na ja, eigentlich immer.«

Und dann gehen wir raus und rauchen eine, und sie holt einen Apfel aus ihrer Tasche und isst ihn zur Zigarette. Sie sagt, sie mache das immer so. Und sie sagt, es sei völlig in Ordnung, wenn man die Pathologie scheiße findet.

In einer halben Stunde wird das Heimspiel angepfiffen. Carla und ich treffen uns wie immer in der Südkurve, sie hat das Bier, ich die Zigaretten. Sie trägt ihre Frühlingsmontur, schwarzes Piratenkopftuch statt brauner Wollmütze, Totenkopf-Sweatshirt statt dicker Jacke und Millerntorschal.

»Ist das nicht ein bisschen kalt für neunzig Minuten?«, frage ich sie.

»Quatsch«, sagt sie, »es hat mindestens zwölf Grad. Los, Kippe her.«

»Bier her«, sage ich, und wir nehmen einen schnellen Gefangenenaustausch vor. Zu unseren Füßen ist das Spielfeld, am anderen Ende die Nordkurve mit den Modefans, und dahinter erhebt sich der alte graue Bunker in den Abendhimmel. Das Flutlicht heuchelt Beleuchtung, und aus den kaputten Lautsprechern scheppert schrecklicher Schweinerock. Im Grunde ist es furchtbar, aber wir lieben es. Es ist so ehrlich. Und wir haben jetzt schon schlechte Laune, wenn wir dran denken, dass in diesem Sommer in Deutschland eine Fußballweltmeisterschaft stattfinden wird. Erstens werden deshalb Stadien zu Arenen umgebaut, damit solche Schnösel wie Ronaldinho es auch schick haben, und dann wird die Blutgrätsche endgültig von der Rasenheizung verdrängt worden sein, was zumindest Carla und ich schlimm finden. Und zweitens wird Franz Beckenbauer einen Deal mit Gott einfädeln, und der geht so: vier Wochen Bombenwetter während der WM, dafür die nächsten drei Jahre kein Sommer. Ich weiß, dass das passieren wird. Na ja. Schwamm drüber.

Die Spieler machen sich warm, ich finde, dass wir das auch tun sollten, und trete von einem Fuß auf den anderen. Carla und ich haben selbstverständlich unsere Lieblinge. Ich mag den großen Mittelfeldspieler mit der Nummer 17, der ist nämlich ein Kollege. Ein junger Kriminalkommissar, der gut genug kicken kann, um neben seinem Vertrag bei der Kripo auch noch einen beim örtlichen Drittligisten zu haben, und wenn er ein Tor schießt, brüllt der ganze Rotlichtbezirk den Namen eines Bullen. Carla findet den jungen Verteidiger mit der Rückennummer 14 gut. Sie sagt, der würde »immer so charmant den Gegner umhauen«. Den Torwart finden wir beide schwierig. Er kommt aus dem tiefsten Bayern, und ich halte ihn für einen unterbelichteten und chronisch überschätzten Langweiler, der wegen mir endlich seine Handschuhe an den Nagel hängen könnte. Carla sagt, er sei ein beschissener Angeber ohne Manieren. Der Sozialhilfeempfänger, der immer neben uns steht, sieht es sportlich: »Die unhaltbaren Dinger, die hält er. Aber die ganz normalen, die lässt er grundsätzlich durch. Ich versteh das nicht.«

Er versteht so einiges nicht. Neulich fragte er mich in der Halbzeitpause, wie es denn angehen könne, dass seine Frau jetzt mit einer Prostituierten aus Billstedt durchgebrannt sei, nur weil er ab und an mal ein bisschen mit dieser kleinen Russin rumgemacht hätte. Ich konnte ihm da leider auch nicht weiterhelfen. Aber weil man sich eben mag, wenn man seit Jahren wortkarg nebeneinander steht, machte mich die Sache mit seiner Frau auch einigermaßen traurig.

Carla feuert unsere Jungs schon mal an. Sie findet, dass sie auch beim Warmmachen Unterstützung brauchen. Sie würden dann ganz anders in die Kabine gehen, sagt sie. Ich beschäftige mich vor dem Spiel immer damit, mir die verdrehten Ultras in der Gegengerade anzuschauen. Die nutzen die Zeit, um sich einzusingen, sich volllaufen zu lassen und sich gegenseitig die wilden Transparente zu zeigen, die sie dann gleich ausrollen werden. Ich kann noch nicht entziffern, was heute draufsteht, aber es wird wohl irgendwas mit dem Präsidenten zu tun haben, den sie immer loswerden wollen. Vereinspolitik interessiert mich nicht besonders. Ich will zweiundzwanzig Männer schwitzen und rennen und kämpfen sehen, und am Ende will ich einen klaren Sieg oder eine klare Niederlage, bloß kein Unentschieden, das finde ich unbefriedigend, da weiß ich nicht, wie ich mich fühlen soll, und ich gehe doch vor allem wegen des Gefühls zum Fußball.

Die Spieler traben so langsam Richtung Kabine. Carla unterbricht ihre Schlachtrufe und sagt: »Der Anzugtyp war heute im Café.«

»Und?«, frage ich.

»Er sah wieder aus, als könnte er eine Frau gebrauchen.«

»Aber ich sehe nicht aus, als könnte ich einen Mann gebrauchen, Carla.«

Sie schaut mädchenhaft zu mir hoch und klimpert mit den Wimpern.

»Vergiss es«, sage ich.

»Der ist echt gut!«, sagt sie.

»Dann nimm du ihn doch«, sage ich.

»Geht nicht ...«, sagt sie und schaut auf ihre Füße.

»Carla, jetzt sag nicht, dass Fernando wieder am Start ist.«

Sie zuckt mit den Achseln und schiebt das Kinn nach vorne.

»Oh, Mann«, sage ich.

Fernando ist seit Jahren Carlas On-Off-Lover, er ist ein Riesen-arschloch, aber er muss eine Granate im Bett sein. Er tut ihr dauernd weh, er bringt sie zum Weinen, aber sie kommt nicht von ihm los. Und wenn Fernando-Zeit ist, hat kein anderer eine Chance. Ich würde den am liebsten verhauen.

»Was ist jetzt mit dem Anzugtyp?«, fragt Carla. »Soll ich da mal was arrangieren?«

»Einen Teufel wirst du tun«, sage ich. »So was muss sich ergeben.«

»Höre ich da etwa Interesse?«, fragt sie.

»Mal sehen«, sage ich. Aber nur, weil ich meine Ruhe haben will. Sie spielen unser Lied, und ich muss zuhören. *Das Herz von Sankt Pauli, das ist meine Heimat, in Hamburg, da bin ich zu Haus, der Hafen, die Lichter, die Sehnsucht begleiten das Schiff in die Ferne hinaus, das Herz von Sankt Pauli, das ruft dich zurück, denn dort an der Elbe, da wartet dein Glück ...* So singen sie, die anderen. Ich singe natürlich nicht mit, aber ich höre zu, und dabei starre ich in den Himmel oder auf den Bunker an der Feldstraße. Damit man auch nie vergisst, wo man ist. Es tut gut, zu wissen, wo man ist. Dann kann man in diesem Augenblick schon mal nicht verloren gehen.

Carla nimmt meine Hand. Die Spieler laufen ein, mit einem Gongschlag und *Hells Bells* von *AC/DC*. Sie springen, sie winken, sie schlagen sich selbst auf die Wangen, sie machen sich aggressiv, das Stadion tobt, es ist irre laut, Papierschnipsel fliegen, bengalische Feuer brennen, es ist ein Riesending.

»Wenn sie doch nur mal so gefährlich wären, wie sie tun«, sage ich.

Carla sagt: »Scheiß drauf.« Sie fängt an, zu johlen und zu kreischen, und reißt meinen Arm in die Höhe, und dann johle ich auch mit.

Quellenverzeichnis

*

Averdieck, Elise: *Hamburgs Brand*. Aus: Lebenserinnerungen. Aus ihren eigenen Aufzeichnungen, zusammengestellt von Hannah Gleiss, S. 246ff. Agentur des Rauhen Hauses, Hamburg 1908.

Böttiger, Karl August: *Reise nach Hamburg 1795*. Aus: Literarische Zustände und Zeitgenossen. In Schilderungen aus Karl August Böttigers handschriftlichem Nachlasse, Zweites Bändchen, S. 15ff. Hrsg. von K. W. Böttiger. Verlag F. A. Brockhaus, Leipzig 1838.

Buchholz, Simone: *Originalton Hamburg**. Aus: Revolverherz. Kriminalroman, S. 37ff. © Suhrkamp Verlag Berlin 2021 (Erstausgabe 2008).

Duve, Karen: *Taxi*. Roman, S. 35ff. Erschienen bei Galiani Berlin, 1984. © 2015, Verlag Kiepenheuer & Witsch GmbH & Co. KG, Köln.

Frapan, Ilse: *Der alte Buchhalter*. Aus: Bescheidene Liebesgeschichten. Hamburger Novellen, S. 45ff. Meißner Verlag, Hamburg 1888.

Fuchs, Gerd: *Die Auswanderer*. Roman, S. 52ff. Edition Nautilus, Hamburg 2003.

Georg, Miriam: *Die Keime in der Stadt**. Aus: Das Tor zur Welt. Träume. Roman, S. 100ff. 2022, Rowohlt Verlag GmbH, Hamburg.

Giordano, Ralph: *Noch zehn Minuten für Jerusalem*. Aus: Die Bertinis. Roman, S. 183ff. © 1982, S. Fischer Verlag GmbH, Frankfurt am Main.

Goral-Sternheim, Arie: *Kaiserwetter*. Aus: Jeckepotz. Eine jüdisch-deutsche Jugend 1914–1933, S. 12ff. 2. Aufl., Lit Verlag, Hamburg 1996 (1. Auflage 1989).

Hansen, Dörte: *Familienstillleben**. Aus: Altes Land. Roman, S. 68ff.
© 2015, Albrecht Knaus Verlag, München, in der Penguin Random House Verlagsgruppe GmbH.

Heine, Heinrich: *Hamburg ist eine gute Stadt**. Aus: Aus den Memoiren des Herren von Schnabelewopski, S. 508 ff. In: Heinrich Heine: Sämtliche Schriften in 12 Bd., Hrsg. von Klaus Briegleb, Bd. 1. Ullstein Verlag, Frankfurt a.M., Berlin, Wien 1981 (Erstdruck 1834).

Ingram, Marione: *Gomorrha*. Aus: Kriegskind. Eine jüdische Kindheit in Hamburg, S. 86ff. Dölling und Galitz Verlag, München/Hamburg 2016. Die Originalausgabe erschien 2013 unter dem Titel The Hands of War bei Skyhorse Publishing, Inc., New York/USA.

Kleeberg, Michael: *Das steinerne Schiff**. Aus: Vaterjahre. Roman, S. 208ff. © 2014, Deutsche Verlags-Anstalt, München, in der Penguin Random House Verlagsgruppe GmbH.

Korn, Carmen: *Töchter einer neuen Zeit*. Roman, S. 7ff. 2016, Rowohlt Verlag GmbH, Hamburg.

Lenz, Siegfried: *Die allerletzte Reise*. Aus: Die Wracks von Hamburg, S. 127ff. Verlag Gerhard Stalling, Oldenburg und Hamburg 1978 (Erstdruck 1964).

Liepmann, Heinz: *... wird mit dem Tode bestraft*. Roman, S. 10ff. Europa Verlag, Zürich 1935.

Loewenberg, Jakob: *In Gängen und Höfen*. Eine Hamburger Erzählung, S. 7ff. 3. Aufl., Verlag M. Glogau jr., Hamburg 1910 (1. Aufl. 1893).

Maass, Joachim: *Die unwiederbringliche Zeit*. Roman, S. 79ff. © Suhrkamp Verlag, Frankfurt am Main 1985 (Erstausgabe 1935). Alle Rechte bei und vorbehalten durch Suhrkamp Verlag Berlin.

Nossack, Hans Erich: *Der Untergang*. S. 11ff. Suhrkamp Verlag, Frankfurt am Main 1961. © 1948 by Wolfgang Krüger Verlag GmbH, Hamburg.

Prell, Marianne: *Weihnacht 1813*. Aus: Erinnerungen aus der Franzosenzeit in Hamburg von 1806 bis 1814. Für Jung und Alt erzählt, S. 141ff. 3. Aufl., Herold'sche Buchhandlung, Hamburg 1898 (1. Aufl. 1863).

Reissner, Larissa: *Der Geist des Hafens**. Aus: Hamburg auf den Barrikaden. Erlebtes und Erhörtes aus dem Hamburger Aufstand 1923, S. 17ff. Neuer Deutscher Verlag, Berlin 1923.

Sieveking, Heinrich: *Georg Heinrich Sieveking*. Aus: Georg Heinrich Sieveking. Lebensbild eines Hamburgischen Kaufmanns aus dem Zeitalter der französischen Revolution, S. 411ff. Verlag Karl Curtius, Berlin 1913.

Timm, Uwe: *Heißer Sommer*. Roman, S. 85ff. © 1985, 2015, Verlag Kiepenheuer & Witsch GmbH & Co. KG, Köln.

Uebel, Tina: *Last Exit Volksdorf*. Roman, S. 47ff. Verlag C.H. Beck, München 2021.

* Die Titel mit Sternchen stammen vom Herausgeber.
Die historischen Texte wurden orthografisch behutsam redigiert, bei allen anderen Texten wurde die Originalschreibweise beibehalten.

Herausgeber

*

Werner Irro,
1955 geboren, arbeitet nach einem Studium der Literaturwissenschaft und Kunstgeschichte als freier Lektor und Autor in Hamburg. Zuletzt veröffentlichte er eine Studie über Helmut Schmidt und die schönen Künste (2019) und gab die Sammlung von Hamburg-Gedichten „Aus den Wolken fallen die Heringe" (2020) sowie die Anthologie „An diesem erschütternden Meere habe ich tief gelebt. Sylt literarisch" (2021) heraus.

Dank

*

Besten Dank an Joachim Düster, Robert Galitz, Uwe Naumann und Susann Richter, und ganz besonders an Harald Krämer und Wilfried Weinke. Bei der Texteinrichtung haben mich Raphael Iwanczuk und Wiebke Prestin unterstützt. Marita Ellert-Richter und Gerhard Richter haben das Projekt gefördert und konstruktiv begleitet. Ihnen allen danke ich.

Werner Irro

Werner Irro (Hrsg.)
„An diesem erschütternden Meere habe ich tief gelebt"
Sylt literarisch
Mit Aquarellen von Ingo Kühl

240 Seiten
16 x 24 cm
Hardcover auf Peyer lissé
978-3-8319-0806-6

Wenn Thomas Mann von Erschütterung spricht, ruft er damit die Kraft auf, die er als Mensch und als Künstler auf Sylt erfahren hat. Es ist eine besondere Energie, eine Tiefe der Empfindungen, die jede Besucherin, jeder Gast hier spürt. Wer, wenn nicht die Schriftsteller, wären ideale Begleiter, um Worte zu finden für diese Insel, fantasievoll und poetisch oder mit Realismus und nüchternem Blick, immer jedoch mit einer Sprache, die überrascht und verführt.
Die Anthologie macht die klassischen Sylt-Texte für ein neues Publikum zugänglich, von Theodor Storm bis Fritz J. Raddatz, von Wilhelm Raabe bis Max Frisch: „Man sitzt und schaut, ganz sich selber ausgesetzt." Daneben stellt sie neuere Texte von Autoren wie Thomas Hettche, Benjamin Lebert oder Jochen Missfeldt vor.
Dank der Lektüre sieht man das Einzigartige der Insel mit neuen Augen, man spürt der Weite, den Meeresfarben, den sandigen Landschaften intensiver nach. Und liefert sich ihr gern mit allen Sinnen aus, wie Christian Morgenstern: „Weil ich nur dieses Donnern wieder höre ... weil ich nur diesen Flugsand wieder fühle ... Nicht wie *ich* will – wie *Es* will, ist's am besten."

Sven Kummereincke
Geschichte Hamburgs
Von der Hammaburg zur HafenCity

224 Seiten
17 x 24cm
Hardcover
978-3-8319-0790-8

Warum weigerten sich verängstigte Berliner oder Bremer
im Sommer 1892, Telefonanrufe aus Hamburg anzunehmen?
Wieso ließen die Hamburger ihre eben noch gefeierten politischen
Führer Snitger und Jastram vierteilen, ausweiden und enthaupten?
Und weshalb wurde Hamburg erst 1768, also rund 1000 Jahre nach
der Gründung, eine Stadt des Deutschen Reichs? Nur drei der
vielen Fragen, die in „Geschichte Hamburgs" beantwortet werden.
Es ist keine klassisch chronologische Darstellung der Geschichte
der Stadt, sondern eine Art „Best of" der Hamburger Historie.
Stadtentwicklung und Katastrophen, Kulturgeschichte und Politik,
Wirtschaft oder auch Sport – thematisch geordnet und angereichert
mit vielen kleinen Biografien, bietet das Buch einen schnellen, aber
nicht oberflächlichen Blick in die reichhaltige und wechselhafte
Geschichte dieser Hansestadt.

Impressum

Bibliografische Information der Deutschen Nationalbibliothek
Die Deutsche Nationalbibliothek verzeichnet diese Publikation in
der Deutschen Nationalbibliografie; detaillierte bibliografische
Daten sind im Internet über
http://dnb.d-nb.de abrufbar.

ISBN 978-3-8319-0830-1
© Ellert & Richter Verlag GmbH, Hamburg 2022

Auswahl und Zusammenstellung der Texte:
    Dr. Werner Irro, Hamburg
Titelabbildung: Max Liebermann: *Regenstimmung an der Elbe,* 1902
    © bpk / Hamburger Kunsthalle
Gestaltung:
    BrücknerAping Büro für Gestaltung, Bremen
Gesamtherstellung:
    Neografia, Slowakei

www.ellert-richter.de / www.facebook.com/EllertRichterVerlag